사진관 앞
떡볶이집

이 책은 한미약품(주)의 지원으로 제작되었습니다.

한미수필문학상 작품집 네 번째

사진관 앞 떡볶이집

권준우 외 37명의 의사들 지음

청년의사

제정 취지 및 선정 방법

한미수필문학상은 날로 멀어져가는 환자-의사 관계의 신뢰 회복을 희망하는 취지에서 제정되었다. 신문 〈청년의사〉가 주최하고, 한미약품㈜이 후원하는 본 상은 수필 공모전으로서 지난 2001년부터 매년 하반기에 작품을 공모해왔다.

대한민국 의사 면허 소지자라면 누구나 응모할 수 있으며, 환자 진료를 소재로 원고지 20매 내외로 작성된 수필 원고를 공모한다. 심사는 황동규 시인이 심사위원장을, 성석제 소설가와 손정수 문학평론가가 심사위원을 맡아 진행한다. 시상식은 다음해 1월말 경에 있다. 대상 1인에게는 상금 500만원과 상패, 우수상 3인에게는 상금 200만원과 상패, 장려상 10인에게는 상금 100만원과 상패가 각각 수여된다.

의사가 자신이 진료했던 환자를 소재로 쓴 수필을 대상으로 하는 본 상은, 매년 가장 좋은 작품을 발표한 의사들을 표창함으로써 환자 대 의사 사이의 이해관계를 돕고 올바른 환자-의사 관계 재정립에 기여하고 있다.

• 목차 •

사진관 앞 떡볶이집

제10회 한미수필문학상

대상

우수상

장려상

심사평

제11회 한미수필문학상

제9회

한미수필 문학상 수상작

대상

성탄 선물에 부치는 편지

• 조수근

아이가 아프면서 슬프고 힘든 일이 종종 있었다. 반면에 감사할 일도 많이 있었다. 올해도 지난해처럼 아이들을 위해 크리스마스 선물을 준비했다. 그런데 이번에는 내게도 감사할 선물이 두 가지나 들어왔다. 아이가 입원해 있을 때 바로 옆자리에 있던 아이의 어머니가 우리 아이를 위해 특수의자를 보내주셨다. 우리 아이보다 더 심하게 아프던 아이였는데, 아이가 그 와중에도 잘 자라 이제는 그 의자가 맞지 않는다며 우리 아이를 잊지 않고 챙겨 보내주신 것이다. 그 아이가 잘 자라고 있는 것이 감사하고, 주변에서 늘 우리를 생각해주는 이웃이 있다는 것이 감사하다. 또 다른 선물은 오늘 한미수필문학상에 당선 되었다는 것이다. 그리고 이렇게 수상 소감을 쓰고 있는 지금 또한 감사드릴 일이다.

아이가 아픈 이후로 연락이 뜸했던 스승님이나 동료들이 이 글을 본다면 축하의 전화를 해야 할지, 위로의 전화를 해야 할지 고민스러울 수도 있겠다는 생각을 해본다. 주변에 아프거나 힘든 사람이 있을 때에는 '안됐다, 어떡하니, 힘들겠다'라는 말보다 '이렇게 보니 너 참 장하게 잘 이겨내고 있구나, 앞으로는 더 좋아질 거야'라는 말이 더욱 힘이 된다. 자연스럽게 힘든 이의 손을 잡아줘도 좋고, 아픈 아이의 머리를 쓰다듬어줘도 좋다. 누군가 아프고 힘든 일을 겪는다는 것이 자랑할 일은 아니지만, 그렇다고 숨기고 부끄러워 할 일도 아니다. 서로 이해하고 함께 나눌 때 더 꿋꿋해질 수 있기 때문이다.

의사로서 갖추어야 할 덕목이 참 많다고 생각한다. 아버지로서 갖추어야 할 조건도 무척 많아 보인다. 아이가 병실에 있을 때, 인턴의 능숙하지 못한 솜씨 때문에 내가 직접 뻗대는 아이의 팔다리를 움켜잡고 피를 뽑은 적이 더러 있었다. 아이야 울던 뻗대던 조그마한 손등이나 발등에 바늘을 사정없이 꽂고는 피를 뽑아대곤 했다. 혈액 채취가 끝나고 나서는 바동거리는 아이에게 미안해서 가슴에 꼭 안아주었다. 냉철하게 상황을 파악하고 정확한 진단과 처치로 환자에게 최선의 진료를 제공하는 것이 의사가 갖추어야 할 자격이라고 생각한다. 거기에 덧대어 때로는 환자의 아픔을 가슴에 같이 품을 수 있는 마음 또한 소중한 미덕이라고 생각한다.

나의 가장 든든한 동지인 아내에게 제일 먼저 감사하다는 말을 전하고 싶다. 씩씩하게 잘 자라주고 있는 큰아들 머찌와 작은아들 도이에게도 고맙다는 말을 전하고 싶다. 늘 옆에서 기도하고 힘이 되어주는 가족들과도 기쁨을 나누고 싶다. 응급실에서 우리 아이를 소생시켜준 아산병원 소아과 선생님들, 우리 아이가 잘 이겨낼 수 있도록 보살펴주는 소아과 교수님들, 조금씩 앞으로 나아갈 수 있게 끌어주는 재활의학과 선생님들과 물리치료실 치료사 선생님들, 내 일같이 걱정하며 챙겨주던 의국 내의 교수님들과 동기, 후배들 그리고 의국 식구들에게도 고마움을 전한다. 파견 근무 기간 동안 가족처럼 잘 챙겨주던 강릉 아산병원 재활의학과 선생님들과 과내 행사에도 우리 식구를 챙겨주며 자연스럽게 아이와 함께 어울려주던 강릉 아산병원 안과 식구들에게도 감사의 인사드린다. 아이 소식을 듣고 한달음에 달려와준 학교 선배들에게도 늦은 감사의 인사를 올린다. 힘든 시기에 큰 힘이 되어주신 박미정 선생님, 김헌정 선생님과 언제나 감사의 말씀을 전해주시는 김지형 신부님, 인생 선배로서 우리 부부의 아픔을 보듬어주시던 박일청 사장님과 사모님께도 깊은 감사의 마음을 보낸다. 병으로 고통 받고 있는 환자와 그 옆에서 간호하는 보호자들, 그리고 그 병마와 싸우고 있는 많은 의사 선생님들께도 '파이팅!'이라고 외쳐드리고 싶다. 끝으로 투박하고 '거친' 글을 예쁘게 봐서, 많은 고마운 분들께 인사를 드릴 수 있는 기회를 준 심사위원들과 청년의사 신문에도 감사하다는 말을 전한다.

• 조수근

제9회 대상 수상작

성탄 선물에 부치는 편지

조수근 (서울아산병원 안과 전임의)

사랑하는 작은아들 도이야!

새벽 어스름이다. 밤새 뻗대던 너를 진정시키느라 지칠 대로 지친 네 엄마가 형아랑 곤히 누워 있고, 너도 언제 그랬냐는 듯 더없이 편안한 얼굴로 새근새근 자고 있다. 그 일이 있기 전에 먹던 엄마 젖이 아직도 생각이 나니? 입을 쪽쪽 오물거리면서 자는 모습이 귀여워 아빠도 모르게 뽀뽀를 할 뻔했구나. 네가 엄마 젖을 오물오물 먹을 때로 다시 돌아갈 수만 있다면 얼마나 좋을까?

도이야, 아빠는 지금 너를 안고 긴 터널에 서 있는 듯하다. 저 긴 터널의 끝에 뭐가 있을지, 터널 안은 도대체 뭐가 있는지 감조차 잡을 수 없구나. 네가 나중에 커서 이 편지를 읽고 아빠의 마음을 헤아리게 된다면, 이 기나긴 터널을 지나는 힘겨움과 수고로움도 그저 지나가는 길 위로 스쳐가는 풍경처럼 흘려보낼 수 있을 텐데.

돌도 안 된 네가 갑자기 집에서 호흡을 멈추고 심장마저 멈추어 버렸던 그날 이후로 2년이 다 되어가는구나. 심폐소생술로 호흡을 살리고 심장을 다시 돌리고 나서, 휴우 이제는 살았구나 하고 정신을 차려보니, 너는 중환자실에 인공호흡기를 걸고 온갖 감시 장치를 몸에 붙이고 누워 있더구나. 바로 직전까지 중환자실을 활보하고 다니던 아빠는 졸지에 하루 두 번 있는 면회 시간을 기다려야 너를 볼 수 있는, 의사가 아닌 환아 보호자가 되어 버렸다. 그렇게 너를 만나서는 제대로 안아주지도 못하고 이마에 손만 얹은 채 '하느님, 제발 이 아이를 살려주세요. 제 생명을 깎아서라도 제발 이 아이를 살려주세요.' 라고 눈물을 흘리며 기도하는 것 외에는 아무것도 해줄 수가 없더구나.

"힘내세요. 신은 감당해낼 능력이 있는 사람에게만, 그 사람이 이겨낼 만큼의 시련을 주신다고 하잖아요."

"정말 신이 이런 일을 꾸민 거라면 내가 신을 절대로 용서하지 않겠다."

감사한 위로의 말을 들으면서도 아빠는 분노로 소리치곤 했었다.

진료실을 아장아장 걸어 들어오는 네 또래의 아이를 보면 귀엽다고 머리를 쓰다듬어주기보다, 행여 붉어진 눈자위를 아이의 보호자에게 들킬까봐 등을 돌리고는 차트에 머리를 처박고 진료를 보는 퉁명스러운 의사가 되어 버렸지. 나의 불행이 남의 행복이 되지는 않지만 적어도 그 순간에 아빠에게는 남의 행복이 아빠의 불행처럼 느껴졌었다.

한번은 외래에서 일하고 있는데, 소아 중환자실에 '심장박동 정지' 환자가 있어 응급 심폐소생술을 요한다는 병원 방송이 스피커에 흘러나왔어. 놀란 아빠는 한달음에 중환자실에 달려 들어갔고 '다행히' 네가 아닌 다른 아이라는 걸 확인하고서, 네가 무사하다는 것에 감사하며 밖으로 나왔단다. 그런데 중환자실 입구에 네 엄마 또래의 아주머니가 눈물로 범벅이 된 얼굴로 발을 동동 구르면서 울고 있더구나. 가운을 입고 중환자실에서 나오는 아빠를 보더니 대뜸 “선생님, 우리 아기, 우리 아기…….”하고 말을 더 잇지 못하면서 그만 풀썩 주저앉고 말았어. 아빠는 좀 전에 감사했던 게 부끄러워 아무 말도 해주지 못하고 그 자리를 빠져나오고 말았다. 계단을 터덜터덜 내려오면서 얼마나 낯이 화끈거리던지……. 다른 아이가 생사의 기로에서 힘들게 사투를 벌이고 있는데 단지 내 아이가 아니라는 이유로 감사했다는 것도 그렇지만, 누구보다 더 그 엄마의 마음을 잘 알고 있으면서 아무런 힘이 될 말을 한마디도 해주지 못한 것이 너무나 부끄럽더구나.

한 달 가까이를 병원에서 아무 호전 없이 속 타는 시간만 보내다가, 퇴원하는 날 처음으로 네가 신음소리 같은 울음을 터뜨리더구나. 눈은 초점이 없이 돌아가 있고, 사지는 나뭇등걸처럼 뻣뻣한 너를 안고 집으로 돌아왔단다. 비위관을 걸고, 산소포화도측정기를 놓고, 석션(suction)기를 옆에다 설치하고 나니 거실이 중환자실을 옮겨다 놓은 것 같더구나. 그러고 나서부터 엄마와 아빠의 힘겨운 전투가 시작되었단다. 엄마랑 아빠가 기대했던 것보다 회복은 너무나 더디었고, 24시간 활처럼 몸을 뒤로 휘고 뻗대는 너의 곁을 지키고 앉아서, 너를 어르고 안고 먹이고 하는 일이 조금씩 엄마와 아빠를 참담함 속으로 몰아넣었다. 엄마를 송두리째 빼앗긴 형아는 이른 아침부터 출근하는 아빠를 따라 어린이집에서 온종일을 보내고, 집에 돌아와서도 잘 때까지 엄마 품에 한 번 안겨보지 못한 채 하루하루를 보냈어. 부족한 수면과 정신적 혼란으로 아빠는 병원의 수련도 점점 버거워지기 시작했고, 엄마는 하루 종일 너만 안고 있느라 온몸이 성한 데가 남아나지 않았단다.

내가 처한 현실에 대한 남들의 관심이 거북하고, 세상에 너의 이야기를 드러내는 게 왠지 분하고 원통해서 아빠는 깊은 침묵과 외부와의 단절 속으로 빠져들었다. 어렸을 때부터 늘 불운은 아빠를 따라다녔다는 증거들을 기억 속에서 하나하나 끄집어내어 운명을 저주하고 남들보다 가지지 못한 아빠의 처지를 비관하곤 했다. 아빠의 논문이 지체되어 교수님의 재촉을 받고, 병원에서 하는 일들의 능률이 떨어지면 그 모든 원망을 그 당시에 닥쳤던 불행에 쏟아부었지.

아빠가 의사라는 사실이 더더욱 참담하게 느껴지더구나. 아무것도 해줄 수는 없으면서 닥쳐올 수 있는 여러 가지 합병증만 머릿속에 가득 들어찼지. 네 엄마에게는 아무 일 없을 거라며 안심을 시키면서도 정작 아빠는 혼자서 불안에 떨기도 했지. 의대생 시절에는 아는 것이 병이라고 학교에서 새로운 병을 배울 때마다 혹여 내가 그 병에 걸리지는 않을까 하는 걱정에 사로잡힌 적도 있었다. 그러다가 인턴, 공보의, 레지던트 생활을 보내면서 어쭙잖은 경력으로 병에 걸리는 사람은 따로 있다는 착각을 하게 되지. 질병이나 사고라는 것은 결코 나와 내 가족을 덮치지 않으리라는 망상에 나도 모르게 빠지기도 하고. 그러다가 무의식중에 환자라는 집단을 나와는 다른 부류로 보는 버릇을 가지게 되는 경우도 있지. 그래서 드물게는 환자와 보호자 위에 군림하려 하고 때로는 병에 걸린 것이 마치 환자의 잘못인 양 죄의식을 느끼게 하는 의사가 되는 수도 있지. 병실에서 너를 안고 회진을 기다리면서 아빠가 혹시 그런 의사는 아니었는지, 무심코 환자나 보호자에게 던진 말이 그들의 가슴에 못을 박은 일은 없는지 되씹고 되씹어보았더란다. 그러면서 아빠가 가진 능력이라는 게 얼마나 보잘것없는 것인지, 아픈 너에게 아빠는 얼마나 무력한 존재인지 뼈저리게 느껴지더구나.

'만약에 네가 호흡이 멈춘 그 순간에 아빠가 네 옆에 있었더라면…….'

'그날 술만 먹지 않고 일찍 들어왔었더라면…….'

'다급하게 아빠를 찾는 네 엄마의 전화를 받고 119를 기다리지 말고 바로 응급실로 들이닥치라고 했더라면…….'

아침부터 밤까지, 되돌릴 수 없는 시간 속을 헤매면서 머리를 쥐어뜯곤 했다. 아빠는 늘 투덜거리고 불평하고 짜증내고 화내는 사람, 후회하고 울먹이고 분통해하는 사람이 되어가고 있었다. 그런 아빠에게 하루는 네 엄마가 병실에서 너를 간호할 때 이야기를 해주더구나.

"여보, 병원에 있을 때 내 소원이 뭐였는지 알아? 밖에는 벚꽃이 흐드러지게 피어 있는데, 밤을 꼴딱 새워 퉁퉁 부은 얼굴로 도이를 안고 그 흐드러진 벚꽃을 보면서 무슨 소원을 빌었는지 짐작이나 가? 제발 집에 가서 우리 식구들이랑 같이 있고 싶다, 같이 밥 먹고, 같이 자고, 같이 울고 웃고, 자기랑 머찌랑 도이랑 한 공간에만 있을 수 있어도 좋겠다 생각했어. 지금 우리 그렇게 살고 있잖아. 병원에서 그렇게 그리워하던 모습으로……. 느리기는 하지만 도이가 조금씩 좋아지고 있잖아. 그러면 내일이 다르고, 한 달 후가 다르고, 일 년 후가 달라지는 거잖아. 앞으로 점점 좋아지는 일만 남은 거잖아."

엄마는 너무나 담담한 목소리로 아빠에게 이야기하더구나. 늘 겁 많고, 항상 아빠에게 기대려고만 한다고 생각하던 엄마였는데……. 그날은 아빠가 엄마라는 커다란 기둥을 안고 펑펑 울고 싶더구나.

'이렇게 하루하루 살아가는 나의 생활이, 나의 인생이, 나의 삶이 죽기 전에 내가 뒤돌아보았을 때, 아름다운 추억이 되지 못하고 슬픔과 고통과 분노로 얼룩진 회한이 되어서는 안 되겠다.'

느닷없이 들이닥친 엄청난 고통도 어깨를 짓누른 그만큼의 무게 그대로, 조금도 더하지 않고 덜하지도 않은 채로 그대로만 있어준다면, 시간이 흐르면 그 고통의 무게가 조금씩 덜해진다는 걸 차차 알게 되었단다. 하물며 시간이 흐를수록 조금이나마 그 고통의 무게가 줄어든다면 한결 편해지고 심지어는 행복해질 수도 있다는 걸 깨달았어. 오늘이 어제 같고 내일이 오늘 같아 보여도 한 달, 두 달, 한 해, 두 해가 다 되어 이렇게 너도 벌써 세 살이 훌쩍 넘었구나. 다른 아이와 하나도 다를 것 없이 평화롭게 자는 너를 이렇게 내려다보니 그새 부쩍 많이 컸구나, 아직 갈 길이 너무나 멀고 길어 보여도 그새 무척 많이 좋아졌구나 하고 느낀단다.

행복이 저 길 끝에 있을 거라는 확신을 가지고 힘겹게 한 발짝, 한 발짝 옮기며 살아오다가 길은 생각보다 훨씬 더 길고 그 끝은 훨씬 더 멀다고 느껴져 절망하기도 하고, 한 고비를 넘겨 목표점에 도달하고 보니 행복이라는 신기루가 그곳에 없다는 것을 알고 실망하기도 하지. 하지만 지나온 길들을 곰곰이 되돌아보면 지나온 그 과정 하나하나가 행복의 연속이었다는 것을 문득 깨달았다. 왜 아빠는 그런 행복들을 모르고 살아왔을까?

네가 처음으로 옅은 미소를 띠었을 때 아빠는 얼마나 좋았는지 모른단다. 아마 지난여름이었을 거야. 새벽녘에 출근 준비를 하던 아빠의 부스럭거리는 소리에 그만 네가 깨 버렸지. 자고 일어난 네가 여느 건강한 아이처럼 하품을 하는 모습이 예뻐서 아빠가 배에 얼굴을 문지르자 네 입꼬리가 거짓말처럼 빙긋 올라가더구나. 나중에 엄마 앞에서 네가 다시 그 미소를 보여줄 때까지 아빠는 얼마나 실없는 사람 취급을 받았던지. 이후로 네가 소리 내어 크게 웃고, 옹알이를 시작했을 때에는 또 얼마나 기쁘고 감사하던지. 다른 사람들은 엄마랑 아빠에게도 이렇게 행복한 때가 있는 줄을 모를 거야. 그치?

도이야, 어젯밤에 형아가 우연히 꺼낸 앨범에서 네가 아프기 전 사진들을 엄마가 봤나 봐. 아빠가 폴라로이드카메라로 이리저리 두서없이 찍어댄 사진이었는데, 'V' 자를 그리며 환하게 웃는 형아 뒤로 한 손으로 엄마의 다른 쪽 쭈쭈를 만지며 젖을 먹고 있는 네 뒷모습이 있었다더구나. 몽실몽실, 두루뭉술하게 보이는 너의 아프기 전 모습을 이야기하다가 엄마가 그만 눈시울을 붉히고 말았어. 행복한 시간도 많아졌고, 아픈 너를 안고 물리치료나 특수교육에 작업 치료를 받고, 보조기를 하고 뻗치는 너를 안은 채 사람들 앞에 나서는 것이 이제는 자연스러운 일상이 되어 버렸다고 생각했는데, 네가 아픈 것이 이제는 익숙한 일상이 되어 버렸다고 여겼는데, 이제는 아빠도 엄마도 잘 극복하고 이겨냈다고 생각했는데, 엄마에게 아직 눈물이라는 것이 남아 있구나. 담담함을 지나 평온하기까지 한 마음으로 편지를 쓰는 지금도 지난 시간들을 떠올리면 자꾸 모니터가 흐려지는 것처럼 말이다.

슬픔 가운데에도 행복이 있고, 행복 가운데 눈물이 있고, 또 그 눈물을 흘리면서도 웃을 수 있는 여유가 생기는 게 사람 사는 모양샌가 보다. 2년 남짓 시간동안 아빠는 힘든 가운데에서도 소중한 것들을 얻었어. 특히 의사로서 더할 수 없이 귀중한 걸 깨달았지. 환자의 마음, 보호자의 마음이라는 게 어떤 건지, 겪어보지 않고는 도저히 알 수 없는 새카맣게 타 버린 그네들의 가슴속을 알게 되었단다. 미루어 짐작하는 게 아니라, 글로 읽고 아는 척하는 것이 아니라, 그네들과 똑같은 처지에서 가슴으로 절절하게 느끼며 터득했지. 진료를 하면서 아빠가 무심코 던진 말에 환자들이 얼마나 상처받을 수 있는지, 아빠의 작은 눈빛 하나로도 보호자들이 얼마나 큰 위안과 용기를 얻는지 잘 알게 되었단다. 그리고 또 하나는 네 엄마와 형아랑 너를 더욱 더 사랑하게 되었다는 거야. 엄마는 긴 전투에서 훌륭한 베테랑 전우가 되었고, 감사하게 잘 자라고 있는 너와 형아는 아빠의 든든한 용기가 되었단다.

도이야! 너를 안고 물끄러미 네 눈을 바라보고 있으면 아빠를 뚫어져라 쳐다보는 그 눈으로 네가 아빠에게 말을 하고 있다는 걸 느낄 수 있어. 비록 몸이 말을 안 들어 옹알이 밖에 할 수 없지만 복지관의 선생님께서 말씀하신 것처럼 너는 이 자체로 천재일지도 모르는 거잖아. 그치?

"아빠, 내가 이렇게 잘 이겨내고 있잖아. 아빠도 힘내!"

앞으로 또 얼마나 많이 사회의 냉정한 벽들과 부딪쳐야 하고, 또 얼마나 힘겨운 가슴앓이를 해야 하고, 또 얼마나 많은 편견과 싸워야 할지는 모르지만 네가 잘 버텨온 것처럼 아빠도 잘 헤쳐 나갈 거야. 아들을 저승의 문턱에서 건져 올린 아빠가 무서울 게 뭐가 있고 두려울 것이 뭐가 있겠니? 이불 밖으로 삐죽 나온 형아와 네 발을 조심스레 만져보니 따뜻한 감촉이 아빠의 손을 타고 들어와 가슴까지 훈훈하게 덥혀주는구나.

도이야, 사랑하는 내 아들 도이야. 아빠와 엄마가 너를 부둥켜안고 굳건히 일어선 것처럼 너도 이 두 발로 씩씩하게 일어서고 힘차게 걸어보자꾸나. 저 긴 터널의 끝을 향해.

성탄절 새벽에 아빠가.

추신: 올 성탄절에도 어김없이 형아랑 너에게 선물을 주러 산타할아버지께서 다녀가셨구나.

제9회 우수상 수상작

청바지

안희경 (삼성서울병원 내과 전공의)

"야, 너 이게 뭐야? 이 날라리!"

의국에서 마주친 동기 전공의가 나를 보자마자 인사도 하기 전에 핀잔을 주며 달려온다.

"뭐 어때서! 아니, 좀 그런가? 척 봐도 알겠어? 괜히 입었나?"

그렇지 않아도 누가 알아볼까 조금 겁나던 참인데, 막상 '날라리'라는 평을 듣고 보니 애써 변명을 늘어놓지 않을 수 없다.

"토요일이잖아. 교수님들도 안 오실 텐데 기분 전환해보려고 입었지. 괜찮지 않을까? 심해?"

"그렇다고 너는 환자 보러 가는데 청바지를 입고 오냐? 하여튼 난 간다."

"어, 그래. 잘 가."

'의사는 환자가 자신의 생명을 맡길 수 있을 만한 신뢰를 주어야 합니다. 그러므로 어떤 사람이라도 납득할 만한 단정한 복장을 하도록 하세요. 여러분이라면 노란 머리에 티셔츠를 입은 사람에게 생명을 맡길 수 있겠습니까?

의대생 시절 스승님들은 늘 강조하셨다. 생명을 다루는 직위의 엄숙함에 어울리는 단정한 몸가짐과 단정한 외모야말로 의사의 기본자세라고. 의사는 남성성이나 여성성, 혹은 다른 개인의 취향을 표현하기 이전에 의사여야 한다고 말이다.

의대생으로서 처음 하얀 가운을 입고 병원으로 실습을 나가기 전 선배들이 일러주는 병원에서 지켜야 할 길고 긴 예절 목록에서도 복장은 아주 중요한 주제였다. 옷과 신발은 물론이고 액세서리나 머리 모양까지 아주 구체적으로 설명해줬는데, 예를 들어 운동화나 청바지는 아주 극악한 복장의 대명사였다. 이런 시시콜콜한 이야기들은 우리에겐 아주 중요했다. 병원이라는 이 낯설고 성스러운 공간에서 우리는 예의 바르게 행동해서 생명에 대한 경의를 표현하고 싶었으니까. 가끔 실제로 실습 중에 복장 때문에 지적당하기도 했는데 그럴수록 미래의 의사라는 자부심 반, 선배 의사들과 환자들의 시선에 대한 두려움 반으로 그 모든 규범을 더욱 열심히 지키려 노력했다.

시간이 흐르면 의대생은 의사 면허증을 받고 인턴을 거쳐 레지던트가 된다. 주말도 휴일도 없이 매일 일하면서 하루걸러 당직을 서야 했고, 환자의 상태 변화를 알리는 호출 소리는 시도 때도 없이 울려대면서 나를 괴롭혔다. 병원 밖의 친구들과는 연락이 끊기고, 취미 활동은 엄두도 못 내고, 입 · 퇴원하는 환자들만 파악하기에도 버거워하다 하루가 지나 버리면 한숨이 나왔다. 처음에는 수련을 통해 더 나은 의사로 거듭나고 싶은 욕심도 있었고 환자를 더 잘 책임지려면 스스로 오프를 반납할 수도 있다는 주치의로서의 자부심도 있었지만, 첫날부터 내가 모르는 수많은 문제들과 마주치고 많은 실수를 저지르면서 좌절과 자기 연민이 쌓이고 불만이 고개를 쳐들기 시작했다.

'나는 의사이기 전에 사람이야. 이건 정상적인 삶이 아니라고.'

마음은 매일 병원 밖으로 뛰쳐나갔지만 레지던트에게 실제로 병원 밖에서 지낼 수 있는 시간은 너무 짧았다. 대신 나는 마치 답답한 학교를 벗어나고 싶은 십대 아이처럼, 의사로서의 몸가짐에 어긋난다고 배웠던 일들을 하는 것으로 소심하게 일탈에 대한 욕구를 표현하곤 했다. 맨발이 보이는 샌들을 신거나 긴 머리를 풀거나 하는 차림은 크게 눈에 띄지 않으면서도 분명 기분 전환의 효과가 있었다. 내가 무엇보다 바랐던 것은 병원 밖에서의 작은 일상이기 때문이다.

토요일에 청바지를 입고 출근한 이유도 그래서였다. 청바지는 의사답지 않은 옷차림의 대명사이기 때문에 평일에는 차마 절대 엄두를 낼 수 없는 일이긴 했지만, 그렇기 때문에 청바지를 입고 집을 나설 때는 병원 아닌 다른 곳에 가는 길이라는 기분이 들어 오히려 쾌감이 증대된다. 청바지 위에 가운을 걸치고 병동을 누빌 때면, 누가 나를 보고 의사답지 않다고 생각할까 겁나기도 했지만 한편으로 내가 의사가 아니라 그냥 나 자신으로 느껴졌다. 어쩔 수 없이 병원에 구속받는 내과 레지던트가 아니라 그냥 이십대 후반의 일상을 누리는 '나' 말이다.

그렇게 기분 좋게 입고 온 청바지였지만 동료한테 농담 반 진담 반 날라리라는 말을 들으니 마음이 썩 편치 않았다.

'다른 사람도 이렇게 금방 알아챌까? 환자들이 보면 내가 의사이기 이전에 그저 혈기왕성한 젊은이로만 보이지는 않을까? 아, 그건 곤란한데. 내가 아무리 새까맣게 어린 레지던트이긴 해도 환자에게 신뢰를 줄 정도의 위엄은 있어야 하는데. 혹시 나보다 높은 사람이 보고 혼내거나 뒤에서 욕하지 않을까? 아, 모르겠다. 설마 별일 있겠어?'

걱정은 잠시 뒤로 하고 여느 때처럼 내가 맡은 환자들이 밤새 잘 지냈는지 확인하기 위해 병동을 돌기 시작했다. 그 달의 근무지는 혈액종양내과의 골수이식병동으로 주로 백혈병 같은 혈액암 환자들이 입원해 있다. 이들은 진단 후 수개월 동안 여러 차례의 항암 치료를 받은 다음 암세포가 더 이상 현미경으로는 보이지 않는 관해(寬解) 상태에 도달하면 몸에 미세하게 남아 있을지 모르는 암세포들을 마저 죽이기 위해 골수이식이라는 또 하나의 힘든 관문을 거친다.

전OO 씨는 40세 즈음의 여자 백혈병 환자로 관해 상태에서 골수이식을 기다리던 중이었다. 그런데 이식 날짜까지 다 정해 놓은 상태에서 백혈병이 재발했다. 환자가 입원한다는 말을 듣고 차트를 뒤적거리다 보니 한숨이 나왔다. 관해 상태로 있었던 기간이 몇 달 안 된다. 이런 경우에는 대개 병들이 그만큼 독한 놈들이어서 치료도 잘 안 되는데……. 환자는 다행히 생글생글 웃는 얼굴로 나를 맞이했지만 몇 마디 나누기도 전에 이내 웃음은 눈물로 바뀌었다. 이식만 하면 완치에 한 발짝 더 다가선다는 희망이 순식간에 사라지고 모든 게 원래 상태로 돌아가 버린 그 심정이 오죽하랴. 예후가 나쁠 가능성이 크다고 설명할까 말까 했던 고민은 필요도 없었다. 눈물을 떨구는 환자에게 그런 말을 할 수는 없지. 시간이 조금 더 걸릴 뿐 다시 처음부터 잘 치료하면 된다고 다독이고 돌아서는데 삼켜 버린 통계적 진실이 마음속에 돌덩이가 되어 가라앉았다. 바로 다음 날부터 항암 치료가 다시 시작되었다.

청바지를 입고 출근한 날, 밤새 잘 주무셨냐고 인사를 건네며 침대 옆으로 다가서자마자 환자는 대답 대신 나의 동기와 똑같은 반응을 보였다.

"어머, 선생님 청바지 입으셨네요."

아뿔싸. 얼굴이 화끈거렸다. 동기한테는 주말이라며 당당하게 항변했지만 이번에는 경우가 다르다. 내가 직무에 태만한 젊은 레지던트로 보이면 어쩌나. 딱히 변명할 말도 없고 부끄러워서 그저 얼굴만 벌겋게 달아올라가고 있는데 그이가 말을 이어갔다.

"바지 예쁘다. 나도 청바지 입고 싶은데……."

상냥한 얼굴 위로 언뜻 부러운 기색이 스쳐갔다. 이런, 예상치 못한 말에 당황스러웠다. 나는 내가 의사답지 않게 보일까 걱정했는데, 그이는 그저 자기가 못 입는 청바지가 부러웠을 뿐이다. 그러고 보니 그이는 며칠 전에는 나의 긴 머리를 보고 자기도 머리가 길었다며 빨리 치료가 끝나서 다시 머리를 기르고 싶다고 했었다. 거기까지 생각이 미치니 그녀의 부러운 얼굴이 어떤 의미인지 알 것 같았다. 내가 병원으로부터 좀 벗어나보고 싶어 청바지를 입은 것과 비슷한 마음일까. 아니 훨씬 더 간절하겠지. 환자복을 벗어 버리고 청바지를 입고 거리를 다니고 집에 가고 싶었으리라. 아, 나는 그 마음을 진심으로 알 것 같았다. 아니, 나는 감히 그 마음을 짐작한다고도 할 수 없겠다. 암이라는 진단과 항암 치료를 겪으며 외모도 달라지고, 사회생활이 중단되고, 병원을 꼬박꼬박 다녀야 하고, 치료비로 인한 경제적 어려움에 처하고, 무엇보다 미래에 대한 희망이 저당된 채 살아가는 삶을 감히 내 처지와 비교할 수 있을까.

나는 내 삶이 힘들다는 자기 연민에 빠져 내가 만나는 사람들이 그렇게 처절하고 숭고하게 생을 위해 노력하고 있다는 사실을 어느새 잊고 있었다. 병원에 첫발을 내디딜 때에는 환자들의 그 싸움이 너무나 엄숙해서 병원이라는 공간마저 신성하게 느껴졌는데, 전공의 생활에 쫓기다 보니 환자와 관련된 모든 것은 그저 실수하지 않고 최대한 빨리 해야 할 일로만 여겼다. 그런데 그이가 지금 나와 같은 것을 원하고 있다, 아마도 비슷한 이유로. 흡사 그림 속에 있던 사람이 갑자기 삼차원의 세계로 뛰쳐나와 나처럼 살아있는 존재임을 확인하는 기분이다. 환자에게 동질감이 느껴지면서 얼굴은 더욱 화끈거렸다. 내 옷이 그분에게 병 때문에 박탈당한 자유롭고 평범한 생활을 상기시켰을지 모른다는 자책감이 들었다. 앞으로도 한 달은 더 입원해 있어야 하는데. 그 이후에도 앞으로 반년은 끊임없이 입·퇴원을 반복해야 하는데. 그녀도 여기까지 떠올렸을까.

환자가 나를 부러워하면서 우울해하다니, 차라리 날라리 의사라고 욕을 먹는 것이 훨씬 낫겠다. 미안하고 부끄러운 마음이 뒤섞여 어찌할 바를 몰라 빨리 치료받고 퇴원해서 예쁜 옷 많이 입으시라고 얼버무리고는 서둘러 진찰을 마친 후 돌아 나왔다. 입버릇처럼 나는 의사 이전에 사람이라고 말하면서도, 환자들도 환자이기 이전에 나와 같은 사람이라는 것을 잊고 있었단 생각에 퍼뜩 정신이 든 채로.

석 달쯤 지나 다른 분과에서 근무하고 있던 어느 날, 심폐소생술을 알리는 응급 방송이 원내에 울려 퍼졌다. 혈액종양내과 병동이다. 헐레벌떡 뛰어올라 가보니 환자 주위로 꺼져가는 생명의 기운을 되살려보려고 의료진들이 잔뜩 모여 있었고, 바깥 복도에서는 보호자가 울부짖고 있었다. 주치의 말로는 지금은 어떤 치료도 듣지 않는 백혈병 환자로 전혀 가망이 없단다. 오늘도 또 한 분이 돌아가시겠구나. 불편한 마음을 안고 병실을 나오다 입구의 이름표에 눈이 멎었다. 혹시나 해서 환자를 유심히 다시 보았지만 검게 부은 얼굴은 내가 모르는 얼굴이었다. 그러나 차트를 뒤져보니 석 달 전 쓰인 입원 기록 말미에 내 이름이, 이분이 내가 기억하는 그분이라는 것을 증명해주었다. 순간 그 청바지가 떠올랐다. 입고 싶다던 청바지는 한 번이라도 입어봤을까. 아마 아닐 것이다. 석 달 동안 한 번도 퇴원하지 못했으니까.

출근 준비를 하다 옷걸이에 걸어둔 청바지에 눈이 멎었다. 일순간 마음도 같이 멎는다. 청바지가 예쁘다며 하얗게 웃던 얼굴이 겹쳐지며 결국은 이루어지지 못한 소소한 일상에 대한 갈망이 마음을 아프게 한다. 짧게 스쳐지나간 그 대화를 잊을 수 없는 것은, 그 순간 그것이 타인의 갈망이 아니라 바로 나 자신의 갈망이었기 때문이다. 병원에서 누리지 못하는 보통의 일상에 대한 그녀의 갈망에 작은 일탈을 맛보고 싶었던 내 바람이 공명하여 나를 뒤흔들고 나서야 나는 환자가 가진 질병 대신 그가 한 인간으로서 겪고 있을 어려움이 눈에 들어오기 시작했다. 언제쯤 나는 내가 돌보는 사람들의 마음을 진정으로 헤아리는 의사가 될 수 있을까. 아직 갈 길이 멀었다는 생각에 바지를 볼 때마다 부끄러워 한동안 그 옷을 입을 수가 없었다.

내 마음의 손전등

전현태 (제주 고신경정신과 원장)

"또 찢어졌어요? 알았어요. 지금 바로 갈게요."

벌써 몇 번째일까? 지팡이 한쪽에 간신히 몸을 의지하면서도 그는 쉴 새 없이 병동 이곳저곳을 들쑤시고 다니다가 넘어져 바닥에 온몸을 부딪치기 일쑤였다. 운이 좋아 가벼운 타박상에 그칠 때도 있었지만 가끔씩은 이마나 두피를 찢기는 작지 않은 사고를 당하기도 했다.

"왜 그렇게 돌아다니세요? 불편한데 자꾸 왔다 갔다 하니까 다치시잖아요. 덕분에 이제 저 성형외과 의사해도 되겠어요."

잦은 부상이 걱정스러우면서도 자기 고집대로 하려는 그에게 짜증이 났다. 외래 면담 중에 다쳤다는 보고를 받으면 급히 마무리하고 병실로 뛰어가야 했고, 병동 치료 프로그램을 하다가도 바로 중단하고 나와서 봉합을 해야 하는 경우가 한두 번이 아니었다. 그러다 보니 어시스트(assist)하는 애꿎은 간호사들에게 불빛이 가려서 찢긴 부위가 잘 안 보이니 좀 비키라며 신경질을 부릴 때도 많았다.

그때마다 그는 속사정도 모르고 맞장구를 쳤다.

"우리 선생님이 예쁘게 꿰매주실 거예요. 좀 비켜서세요."

아마도 만성 정신증(psychosis)의 가혹함은 사람을 갈수록 아이처럼 만드는 데 있지 않을까? 몸은 이제 하늘의 뜻을 알 수 있는 나이에 이르렀는데도 말과 행동은 초등학생의 그것과 크게 다르지 않은 상태……. 그는 그랬다. 분열정동장애(分裂情動障碍, schizoaffective disorder) 즉, 조울병과 정신분열병이 공존하는 상태다. 퇴원하지도 못하고 병원에서만 2년의 시간을 보냈음에도 그의 증상은 뚜렷한 호전이 없었고 늘 어린아이 같았다.

삼형제 중 둘째로 태어난 그는 공부 잘하고 모범생이었던 형제들 사이에서 항상 그들과 비교되며 무시당하는 아들이었다. 내성적이고 소심한 성격 탓에 남들 앞에 잘 나서지도 못하고 특출하게 잘하는 것도 없어 그의 표현대로라면 투명인간처럼 학창시절을 보내야 했다. 간신히 삼류 대학에 진학하기는 했지만 집안의 모든 지원이 명문대학을 다니는 형에게 집중되어 학비조차 자기 힘으로 벌어서 다녀야 했다. 대학 졸업 후에는 취직하여 돈을 좀 모으기도 했으나 주식에 손을 대면서 모든 것이 어긋났다. 부족하고 모자란 자식이란 꼬리표를 떼고 싶었던 그에게 주식 대박은 인정도 받고 인생을 역전시킬 수도 있는 희망이었다. 하지만 주가가 폭락하면서 수년간 모은 재산을 모두 날리고 빚까지 지게 되자 희망은 절망이 되었고 그는 자포자기의 삶 속에 빠져들었다. 35세가 되던 겨울의 끝 무렵, 달리는 열차에서 뛰어내려 생을 마감하려고도 했지만 결국 목숨 대신 오른 다리를 영원히 잃고 말았다. 엎친 데 덮친 격으로 큰 수술 이후 급작스레 심리적 불안정을 보이기 시작한 그에게 재앙처럼 정신이상 증세가 찾아왔고 그때부터 정신과 병동에 반복적인 입·퇴원이 시작되었다. 발병한 지 십여 년이 지난 최근 수년간 약을 복용하는 중에도 증상의 악화가 몇 개월 주기로 계속되어 집에서는 도저히 관리할 수 없는 상태에 이르렀다.

"식사는 왜 안 하세요? 그렇잖아도 걷기 힘든데, 기운내야 활동을 하시죠?"

잠 안 자고 돌아다니기, 온갖 종이에 불만 사항 메모하기, 다른 사람 일에 이것저것 참견하며 끊임없이 말하기 등 그가 보이는 다양한 증상들 가운데서도 단식투쟁은 가장 상대하기 힘든 것이었다. 이번에도 다치기 며칠 전부터 치료진이 자신의 퇴원 요구를 묵살한다며 물만 마시고 다른 음식은 전혀 입에도 안 댄 채 지냈다. 몸은 갈수록 야위었고 탈수나 영양 문제가 우려되어 주사제를 투여하면 자꾸 뽑아 버려서 어쩔 수 없이 억제(restraint)를 하고 수액을 줬지만 그것 역시 장기간 계속할 수 없다는 것이 문제였다. 그런 약해질 대로 약해진 몸을 해가지고서도 여기저기 돌아다니다가 넘어지고 다치기를 반복하는 것이다. 고민 끝에 보호자인 형을 불러 환자 보호를 위해서는 간병인도 있고 시설도 좋은 다른 병원으로 옮겨야 한다고 강력히 권유했지만 난색을 보였다.

"전에 간병인 두고도 있어 봤는데, 글쎄 녀석이 말재주가 어찌나 좋은지 간병인을 꼬여서 병원 밖으로 나와서는 택시 타고 집에 오더라고요. 그리고 이젠 간병인 들일 돈도 없어요. 선생님께서 저희 사정을 좀 봐주셔야지 어떻게 합니까? 모진 목숨 저렇게라도 살아있는데 어쩌겠어요? 병원에는 일체 책임을 묻지 않을 테니까 제발 좀 도와주세요."

형 말로는 아버지가 5년 전에 중풍을 맞아서 몸이 자유롭지 못한데다가 어머니는 최근 치매 증상이 심해져 요양원에 모시고 있으며 자신은 구조 조정 때문에 직장을 그만둔 상태라 온 집안에 성한 사람이 하나도 없다는 것이었다. 그런 상황에서 더 좋은 병원이나 집으로 데려가는 것은 불가능하다고 했다. 결국 협상을 할 수밖에 없었다. 퇴원을 못해서 하는 단식이니 집에 한 번 다녀오면 밥을 잘 먹겠다는 약속이라도 받아가지고 일시적 조치로나마 외출을 시행해 보자고 보호자에게 설명했다. 다행스럽게 두 사람 모두 제안에 수긍하면서 '2년만의 외출'이 성사되었다.

"집에 가면 뭐 하실 거예요? 병원에서 다른 환자들이랑 이야기하고 프로그램 들어가서 즐거운 시간 보내는 것이 좋지 않아요?"

오랜만의 나들이를 앞두고 다소 흥분되어 보이는 그에게 넌지시 말을 건넸다. 그는 약간 긴장된 목소리로 의외의 이야기를 전해왔다. 그저 기분의 하나로 생각했던 그의 요구에는 예상과 다른 의미가 숨어 있었다.

"아버지가 몸이 불편하셔서 내가 돌봐드려야 해요. 약 드실 때 내가 챙겨드리고 물도 떠다드리고 하면 얼마나 좋아하시는데요. 이번에 가면 목욕도 시켜드릴 거예요. 우리 아버지는 나 없으면 안 되는 분인데, 왜 사람을 이렇게 가둬만 두는지 모르겠네."

아, 그랬구나. 나도 모르게 짧은 탄성이 흘러나왔다. 자신의 몸도 성하지 않으면서 아버지 병수발을 하겠다는 그의 바람은 단순히 비현실적인 증상으로 치부해 버릴 수 없는 가슴 저린 희망이었다. 어려서부터 부모님께 따뜻한 말 한마디, 용기가 되는 격려 한 번 받지 못해 한이 서린 아들에게 아버지의 기분 좋은 웃음 한 번은 세상 그 무엇보다도 크고 소중한 의미였던 것이다. 왜 지금껏 나는 그의 증상이나 그가 처한 환경만 보고 있었을까. 그 절실함에 귀를 닫고 있었던 내 모습이 너무 부끄럽기만 했다.

그렇게 어렵사리 한 고비를 넘기고 조금이나마 안정을 찾아가는가 싶더니 끝내 우려했던 대형 사고가 터지고 말았다. 간식 시간이라고 급하게 병실 복도를 걸어 나오던 그가 미끄러지면서 뒤통수를 바닥에 크게 부딪치고 만 것이다. 처음에는 타박상 정도로 보였으나 상처 부위가 부어오르며 의식이 점점 기면 상태(drowsy state)에 빠져들었고 혈압은 갈수록 떨어졌다. 응급 상황이었다. 지체할 수가 없었다. 바로 보호자에게 연락하고 구급차에 실어 인근 종합병원으로 이송했다. 급하게 차를 몰았지만 15분 정도의 시간이 소요되었고 호흡에도 점차 문제가 생겨 차 안에서 심폐소생술을 실시해야 했다. 응급실에 도착하자마자 기관내삽관술(intubation)을 비롯한 응급조치가 신속하게 이루어지긴 했으나 생명은 여전히 위태로운 상태였다. 얼마의 시간이 지났을까. 그의 형이 허겁지겁 달려오는 모습이 눈에 들어왔다.

"죄송합니다. 저희도 하는 데까진 했는데 그만 이런 일이 생기고 말았네요. 정말 죄송해요. 너무 순식간에 일어난 일이라서……."

사고 경위에 대해 자초지종을 듣고 난 형의 얼굴에는 짙은 회한이 스쳐갔다.

"지 운명인 걸 어쩌겠어요."

그렇게 환자를 인계하고 응급실 문을 나서는 마음 한구석에 휑한 구멍 같은 것이 느껴졌다. 뭐라 표현할 수 없는 그 공허감은 한동안 일이 손에 잡히지 않을 정도로 나를 무기력하게 했다. 그로부터 며칠쯤 지나고 그가 사망했다는 소식이 들려왔다. 두개내출혈(頭蓋內出血, intracranial hemorrhage)이 심해서 수술을 해야 하는 상황이었지만 수술 후 생존율도 높지 않고 설령 산다고 해도 또 다른 심한 장애를 겪게 될지 모른다는 설명에 형은 수술을 포기했다고 한다. 그리고 평소 그의 소원이었다면서 장기 기증까지 마쳤다고 했다.

사실 그의 사고는 병원 내에서 발생했고 아무리 사고의 위험성을 보호자에게 설명했다고 하더라도 환자에 대한 관리 책임을 완전히 피해갈 수 없는 상황이었기 때문에 개인적으로는 안타까우면서도 조마조마한 마음이 있었다. 그러나 보호자로부터는 별다른 연락이 없었고 그가 남긴 병실 내 소지품들은 택배로 부쳐졌다.

그의 흔적과 함께 그에 대한 기억도 서서히 지워져가던 어느 날, 그의 형이 외래에 찾아왔다. 마침내 왔구나, 하는 생각에 어떻게 말을 건네야 하나 고민하고 있을 때 진료실 문이 열렸다.

"그동안 경황이 없어서 찾아뵙지도 못했네요. 장례까지 다 치르고 이런저런 뒷수습하다 보니 이제야 왔습니다."

비교적 부드러운 말투에 마음이 조금 놓였지만 여전히 긴장의 끈을 놓을 수가 없었다. 간단히 인사말을 한 후 동생에 대한 이런저런 추억들과 형으로서 잘 돌봐주지 못한 아쉬움, 그리고 때늦은 후회의 감정들에 대한 토로가 이어졌다. 그러고는 갑자기 가방에서 뭉툭한 뭔가를 꺼내 책상 위에 올려놓았다. 자세히 보니 펜 모양의 손전등이었다.

"선생님이 자기 찢어진 데 꿰맬 때 어두워서 잘 안 보인다는 이야기를 많이 하신다면서 다음 면회 올 때 작은 손전등 하나 꼭 사오라고 했었거든요. 이제 가고 없어서 그 녀석 꿰맬 일은 없겠지만 다른 환자들한테라도 필요하면 쓰시라고요."

순간 가슴이 먹먹해왔다. 형은 병원의 책임을 질타하고 보상 문제를 언급하기 위해서가 아니라 이 세상 마지막이었을 동생의 부탁을 들어주기 위해 나를 찾은 것이다. 그리고 뜻밖에도 그 부탁은 자신을 진료하던 의사를 위한 것이었다. 가느다랗게 떨리던 음성처럼 형의 눈가에도 작은 이슬들이 흔들리고 있었고 난 차마 고맙다는 말조차 할 수가 없었다.

그가 떠난 병원 앞 느티나무도 벌써 세 번째 다른 옷을 갈아입었다. 그리고 나는 수백 명의 환우들 속에서 또 다른 그와 만나고 헤어지는 일을 계속하고 있다. 가끔은 그들을 대하며 그 막막한 현실과 미래가 내게도 버겁게 느껴질 때가 있다. 그럴 때마다 가운에 꽂혀 있는 손전등을 꺼내 불을 켜본다. 그러면 생전에 귀 기울이지 못한 그의 진심이 내 그늘진 마음을 밝혀주는 듯 느껴진다. 아마도 그가 남겨준 손전등은 자신처럼 힘든 증상과 어려운 환경 속에서 어둠의 긴 터널을 지나고 있는 환우들에게 언제나 빛이 되어주라는 그의 마지막 바람이 아니었을까.

인연–인연이란 마음이 내는 길이다

채명석 (부산 OK오병원 외과 과장)

5년 전, 눈이 올 것처럼 구름이 잔뜩 낀 날이었다. 노숙자 쉼터에 있는 진료실로 한 여인이 찾아왔다. 어눌한 말투와 뒤뚱거리는 걸음걸이, 굽은 등에 작은 키, 언뜻 보아도 그동안 겪었을 어려움들이 한눈에 보이는 행색이었다. 그 여인이 쉼터에 오게 된 것은 만삭이 다 된 임산부의 절박함 때문이었다. 며칠 후 쉼터에 연계된 산부인과의 도움으로 3.5킬로그램의 사내아이를 분만했다. 장애가 있어 정상 분만이 힘들어 수술을 하긴 했지만 엄마도 아이도 건강했다. 산고를 잊고 아이를 안고 웃는 모습을 보니 그녀도 평범한 여인이었다.

하지만 출산이 끝이 아니었다. 퇴원 후 생활이 더 문제였다. 그녀가 역 근처에서 노숙을 하게 된 것은 일 년이 조금 넘었다고 한다. 그전에는 대구에서 살았으며 부모는 이미 돌아가셨고 이곳에는 아무런 연고도 없었다. 부모가 돌아가시고 난 후 대구에서 결혼을 하긴 했는데 아들을 한 명 낳고 곧바로 그 집에서 쫓겨났다고 했다. 아마 씨받이 역할을 한 것 같았다. 그 후로부터 부산으로 내려와 노숙을 하고 있었다. 대부분 노숙을 하는 여인은 혼자서 지내는 경우 주위 노숙자들에게 괴롭힘을 당하기 일쑤였다. 그래서 남자와 같이 지내며 보호도 받고 잠자리도 해결하는 경우가 다반사였다.

그나마 다행이라고 할까, 아이 아버지는 아니라고 했지만 계속 돌봐주는 남자가 산모의 옆에 있었다. 나중에 안 사실이지만, 그 남자가 굳이 자신과 닮은 아이를 보고 아버지가 아니라고 했던 이유가 있었다. 정상인 아빠가 있는 것보다 장애 엄마와 아이만 있는 경우에 정부에서 지원되는 생계비가 훨씬 많다는 것을 그 남자는 알고 있었던 것이다.

아이는 첫돌까지 큰 탈 없이 잘 자랐다. 쪽방이지만 같이 생활할 거처도 있었고, 생계비 지원도 받고 주위에서 도움도 주어 부족하나마 생활을 유지할 수 있었다. 하지만 그동안 지하철 앵벌이를 하며 지내온 여인이 출산 후에도 앵벌이를 그만두질 못하는 것이 문제였다. 앵벌이는 그녀가 쉽게 돈을 벌 수 있는 유일한 방법이었다. 우리는 몇 번을 말려보았지만 그때뿐이었다. 아이를 업고 앵벌이를 하면서 더 많은 돈을 벌게 되자 그 정도는 더 심해졌다. 아이에게 해서는 안 되는 일이었다. 우리의 간섭이 심해지자 그녀와 남자는 몰래 떠나 버렸다. 그 뒤에도 지하철에서 계속 앵벌이를 한다는 소리가 들리긴 했지만 점점 소식이 뜸해졌다.

그녀가 우리 앞에 다시 나타난 것은 얼마 전이었다. '긴급 출동 SOS 24' 라는 텔레비전 시사 프로그램이었다. 아이가 엄마와 같이 지하철에서 앵벌이를 하고 있다는 내용이었다. 주위에서 아이를 보고 신고를 한 것이다. 엄마는 알코올중독에 빠져 있는 상태였고, 아이는 앵벌이를 시키기 위해 먹이지 않아 건강 상태가 엉망이었다. 아이의 식사는 하루에 한 끼가 고작이었고 그것도 밥에 간장이나 김 반찬이 전부였다고 했다. 더 나은 앵벌이 도구가 되기 위해 아이는 점점 불쌍하게 만들어지고 있었던 것이다. 방송 이후 엄마는 연고지가 있는 대구의 한 알코올중독 치료 병원에 강제로 입원이 되고, 아이는 아동보호 시설에 입소하게 되었다.

그 시설에 평소 진료소와 왕래가 있던 사회복지사가 근무하고 있었다. 그 아이가 시설에 보호되고 있다는 연락이 왔다. 아이를 다시 보게 된 것은 4년만이었다. 아이는 심한 영양 결핍으로 발육이 제대로 되지 않은 상태였고, 약간의 지적 발달 장애를 가지고 있었다. 우리는 가족회의를 통해 그 아이를 집으로 데려오기로 결정했다.

주말에 아이를 만나러 갔다. 시설은 붉은 벽돌로 된 2층 주택으로 1층에는 사무실이, 2층에는 아이들이 생활하고 있었다. 시설에는 그 아이 말고도 여섯 명의 아이가 생활하고 있었는데 유독 아내의 마음을 더 잡아끄는 어린아이가 있었다. 이미 다른 가정으로 위탁이 된 아이였는데 돌보던 위탁모가 다리에 골절상을 입게 되면서 갑자기 시설에 다시 오게 된 것이었다. 아직 돌도 되지 않은 10개월 된 아이였다. 대부분 가정위탁지원센터에 보호되는 아이는 친부모가 있는 아동들이었는데 이렇게 어린아이는 드문 경우라 하였다.

그 아이를 만나고 온 아내는 두 아이를 다 데리고 올 생각을 했다. 하지만 그것은 마음뿐이었다. 위탁을 하려면 친자녀를 포함해 네 명이 넘으면 안 된다는 규정이 있었다. 아내는 마음 아파했지만 손길이 더 필요했던 어린아이를 데리고 올 수밖에 없었다. 그리하여 우리 집은 아들만 넷이 되었다. 데리고 오지 못했던 아이는 얼마 지나지 않아, 누나가 있는 다른 가정에 위탁이 되었다는 소식을 들었다. 계속 마음이 쓰였는데 다행스러웠다.

그렇게 우리 집 막내가 된 하늘(가명)이가 온 지 얼마 되지 않아 첫 돌이 되었다. 막내는 친부만 있었다. 아이가 태어나자마자 생모와 헤어진 아빠는 집도 없이 친구의 단칸방에 얹혀 몇 개월 혼자 애를 키우다 어쩔 수 없이 시설에 아이를 맡기게 되었다고 한다. 아이가 처음 시설에 왔을 때는 목욕을 언제 했는지 모를 정도로 머리카락은 엉켜 엉망이고 온몸에는 담배 냄새로 절여진 심각한 상태였다고 했는데, 다행스럽게 건강하게 잘 자라 돌을 맞게 된 것이었다.

친부에게서 돌잔치를 하겠다는 연락이 왔다. 그래서 우리는 그 후에 따로 조촐하게 가족끼리 돌잔치를 할 계획이었다. 돌이 되기 일주일 전 사정상 돌잔치를 하지 못하겠다며 다시 연락이 왔다. 우리는 서둘러 돌잔치를 하기 위해 뷔페를 예약하고 준비를 했다. 며칠 후 아빠로부터 또 연락이 왔다. 돌잔치에 참석하고 싶다는 거다. 처음에는 어떻게 할까 많은 고민을 했다. 친부의 마음이 이해가 되면서도 걱정이 되는 것이, 사실 친부가 있는데 우리가 부모 역할을 할 수도 없고, 그렇다고 들어 내놓고 소개하기도 그렇고 난감했다. 그러다 한 시간 전에 미리 뷔페에서 만나 막내와 친부를 위한 돌잔치를 하기로 의견을 모았다. 돌상 앞에서 기념사진도 찍고, 뷔페에서 차린 음식이지만 미역국도 같이 먹었다. 짧은 시간이지만 훗날 막내가 컸을 때 친부에 대한 기억이 좋게 남아 있기를 바랐다. 셋째가 열한 살이니 십 년 만에 하는 돌잔치였다. 모두가 진심으로 축하해주는 자리였다. 우리 아이들에게도 평생 남을 기억이 됐을 것이다.

돌상에서 막내가 무엇을 골랐으면 좋겠냐고 사회자가 물었다. 나는 돈이라고 했고, 아내는 청진기라고 했다. 막내는 주저 없이 돈을 골랐다. 그렇게 돌잔치는 즐겁게 끝이 났다.

'모든 인간은 다 천사다. 모든 천사는 다 인간이다. 그러나 사랑이 없으면 인간은 천사가 아니다. 선이 없으면 천사도 인간이 아니다.'라는 글을 본 적이 있다. 막내가 집에 오게 되면서, 우리 가족 모두가 조금씩 다 선해졌다. 우리 가족은 서로 기저귀도 갈아주고 분유도 타주며 아이를 통해 사랑을 배우고, 아이는 온갖 재롱을 떨며 우리에게 웃음을 주었다. 아이나 우리나 서로에게 준 것보다 받은 것이 더 많다. 다음 달이면 막내가 집에 온 지 2년이 되어간다.

얼마 전 안타까운 소식이 들려왔다. 위탁이 되었던 그 아이가 시설로 다시 돌아왔다는 거다. 그 위탁 가정에서 제대로 적응하지 못하고 또 새로운 가정을 찾아야 한다는 것이었다. 그 아이가 다시 돌아온 것이 우리 잘못 같았다. 아직도 아이의 친모는 알코올중독으로 입원 치료 중이어서 아이를 쉽게 데려다 양육할 수 있는 처지가 아니었다. 아이에게는 장기적으로 위탁을 해줄 가정이 필요한 처지다.

2년 정도 지나면 우리 집 큰애가 열여덟이 된다. 성인이 되면 자녀의 인원에서 제외되어 한 명을 더 위탁할 수 있다. 그때가 되면 우리가 위탁을 하는 것이 어떨까 생각 중이다. 주위 사람들도 아이가 태어날 때부터, 다시 시설에 오게 된 것까지 다 계속 되는 인연이라며 그렇게 하는 것이 좋겠다고 한다. 막내가 우리 집에 왔던 것처럼 그 아이와의 인연도 쉽게 끊어질 것 같지는 않다. 선한 인연이란 마음으로 새기는 행복의 지도 같은 것이라 생각한다.

Farewell

손승남 (하동우리들병원 신경과 과장)

"나는 의사다, 사람을 살리는 의사다."

2년 전 이맘때쯤이었던가, 인기리에 방송되었던 텔레비전 의학 드라마에서 주인공 역의 배우가 되뇌던 독백이 무척이나 가슴 시리게 다가왔었다. 사람을 살리는 사람이 의사라면 나는 의사가 아니라는 생각이 들었을 만큼 공중보건의사로 배치를 받은 시골의 요양 병원에서 맞닥뜨린 세상은 이전까지 내가 보아왔던 것과는 너무도 다른 낯선 곳이었다. 오랜 투병 생활에 지친 건 환자가 아닌 보호자였고, 치료를 위해 입원하기보다는 남겨진 가족들의 삶을 위해 어쩔 수 없이 병원으로 보내져야만 했던 많은 외로운 이들이 내 삶속으로 옮겨왔다. 의사로서도, 인간으로서도 나를 한 뼘은 더 자라게끔 만들어주었던, 그렇지만 목 놓아 울어주는 이 하나 없이 홀로 먼 길을 떠나야만 했던 내 환자들의 이야기이다.

문을 열고 나가 담배 한 개비를 꺼내 물었다. 땀에 젖은 옷에 부딪히는 초겨울 바람이 꽤 매섭다. 라이터를 꺼내어 불을 붙인다. 격한 심장마사지 때문이었는지 손끝이 떨린다. 어느새 병동에서 연락이 갔는지 영안실 직원이 침대를 밀고 병원으로 들어서며 가볍게 눈인사를 하고 지나간다. 담배 맛이 쓰다.

내가 그를 처음 만났던 건 몹시도 무더웠던 여름날 오후, 퇴근을 준비하고 있을 무렵이었다. 경기도 어느 노숙자 시설에서 연락이 되어 입원이 의뢰되었다는 그는 남루한 옷차림에 잔뜩 겁을 먹은 표정으로 진료실에 들어섰다.

"안녕하세요?"

"……."

대답이 없다.

"어디 불편한 데는 없으세요?"

"……."

허공을 응시한 채 말없이 서 있는 그의 몸이 가볍게 떨리고 있었다. 동행한 직원에게 물었다.

"할아버지가 말씀을 못 하시나 봐요?"

"아, 네. 저희 시설에 온 지 얼마 안 됐지만 한 번도 말씀하시는 걸 보지는 못 했습니다. 말씀을 알아들으시는 것 같기는 한데, 저희도 자세한 건 모르겠어요."

멀쩡히 자식들이 있는데도 거리에서 생활하는, 70세가 넘은 노인을 안타까워한 주민들이 이래저래 연락을 해서 노숙자 보호시설로 옮겨온 것이다. 열흘 남짓이 지났지만 항상 겁에 질린 표정으로 식사도 같이 하지 못하고 잠도 혼자서 구석에 웅크려 자는 모습이 나아지지 않아 치매 환자가 아닌가 싶어 모시고 왔다는 말만을 남기고 시설의 직원은 떠났다. 그리고 그는 병동에 입원을 했다.

다음날 병동 회진 길에 구석에 홀로 앉아 허공을 응시하고 있는 그를 발견했다. 담당 간호사에게 물어봤다.

"어젯밤에는 잘 주무시던가요?"

"아뇨, 계속 저렇게 웅크리고 앉아 계시던데요."

"말씀은? 무슨 이야기라도 하셨어요?"

"아무 말 않으시던데……. 여쭤보면 피해버리세요."

"보호자는요?"

"시설 직원이 전화번호를 주고 갔는데, 연락이 안 되네요."

매일 똑같은 곳에서 똑같은 자세로 웅크린 채 앉아있던 그가 하루하루 시야에 익숙해지며 그의 존재는 서서히 잊혀져갔다. 오더를 내다가 그의 이름이 적힌 차트가 보일 때에만 "OOO 환자는 요즘 어때요?"라고 겨우 관심을 가질 정도로 그는 내 머릿속에서 지워져가고 있었다.

그러다가 가을이 깊어져갈 무렵, 그가 다시 내 시야 속으로 들어왔다.

"과장님, OOO 환자 있잖아요?"

"왜요?"

"배가 자꾸 불러와요, 열이 나면서."

"그래요?"

여전히 환자는 침대에 누워 불안한 시선만을 허공으로 날려 보내고 있었다. 환의를 젖히니 제법 불룩해진 배가 눈에 들어왔다.

"그냥 가스가 찬 것 같은데, 할아버지, 아프셔요?"

"……."

아랫배를 누르니 허공을 향한 시선을 고정시킨 채 잠시 찡그리는 표정을 보이더니만 이내 무표정한 원래의 모습으로 돌아왔다.

"말을 못 하시니 알 수가 있나……. 사진 찍고 랩을 한번 해봅시다."

잠시 후 나온 검사 결과는 심한 백혈구 증가 소견을 보여 무엇인가 심각한 문제가 그의 뱃속에 발생했음을 보여줬다.

"외진 나가서 CT나 초음파 해봐야 할 것 같은데……. 보호자 연락해봐요."

"과장님, 저희가 연락해봤는데 보호자가 연락이 되지 않는데요."

"그럼 시설에라도 보호자 연락해 달라고 부탁해야지."

"그렇게는 해놓았습니다."

하루가 가고 또 하루가 흘러도 보호자의 연락은 없었다. 이유를 알 수 없는 할아버지의 복부 팽만은 점차 심해져갔고 이 병원 안에서 할 수 있는 온갖 처치를 다했는데도 좋아질 기미가 보이지 않았다. 코로, 항문으로, 호스를 주렁주렁 꼽고서도 그는 내내 표정 없이 허공만을 응시하고 있었다. 항생제를 최고 용량으로 사용해도 혈액검사 역시 좋아질 기미를 보이지 않고 있을 무렵 보호자와 연락이 되었다.

"과장님, OOO 환자 보호자와 연락이 되었습니다."

"그래요, 뭐라던가요?"

"자기들이 바빠서 도저히 올 겨를이 없다고, 그냥 이대로 보고 있으라는데요."

"돌아가실 수 있다고 이야기했어요?"

"예, 그래도 못 온답니다."

"무슨 그런 보호자가 다 있어? 내가 직접 통화해볼게요."

"아들이 무슨 회사 운전기사라서 밤에만 통화가 된다 하네요."

"알겠어요."

수화기 너머 신호음이 울린 지 한참이 되어도 응답이 없어 끊으려는 찰나에 '딸깍' 하는 소리가 들렸다.

"네."

삶의 피로가 묻어나는 한 마디가 수화기 너머로 전달되었다.

"OOO 환자 보호자 되시나요? 담당 의사인데요."

"네."

"아까 낮에 병원에서 전화 받으셨죠? 할아버지 상태가 많이 안 좋습니다."

"제가 요즘 많이 바빠요."

"할아버지 상태가 많이 나빠져서 큰 병원으로 전원(轉院)하셔야 할 것 같아 전화 드렸습니다."

"낮에 이야기 다 했는데요."

"이대로 두면 돌아가실 것 같습니다."

"바빠서 가볼 형편이 못되니 돌아가시면 영안실로 보내주세요."

"아니, 그래도……."

'뚜뚜뚜뚜……'

전화가 끊겨버렸다.

그가 어떤 아버지였는지 나는 몰랐다. 그리고 그의 아들이 얼마나 바쁜 삶을 살고 있는지도 나는 알지 못했다. 그렇지만 자기 아버지의 죽음 앞에서 그처럼 태연해하고 또 귀찮아하는 아들의 모습이 용서할 수 없을 만큼 미웠다.

점점 환자는 나빠져만 갔다. 항생제를 바꾸어보아도 전혀 효과가 없었다. 배는 '빵' 하고 터져버려도 이상하지 않을 만큼 부풀대로 부풀어 있었고 호흡도 힘들어져 갔다. 회진 길에, 혼자만 덩그러니 남겨진 병실에서 여전히 허공만을 바라본 채 누워 있는 그의 곁에 앉았다.

"할아버지, 어떻게 하죠? 제 능력으로는 이제 더 해볼 게 없는데요."

"……."

"미안합니다. 못 살려 드려서……."

그 순간 그가 떨리는 손으로 내 가운을 잡아당겼다.

"아……프……다……."

"네? 뭐라고요?"

'삐삐삐삐…….'

황급히 그의 몸에 붙어 있던 모니터의 알람이 울어대기 시작했다.

"간호사!"

기관 삽관을 하고 중심 정맥관을 삽입했다. 아무런 의미가 없는 행동인 줄 알았지만 그래야만 할 것 같았다. 삶의 마지막 순간까지도 외로움과 싸워야 했던 그에게 그 굴곡졌을 인생의 자락을 놔버리지 말라며 끝까지 붙잡아주는 이가 세상에 단 한 명이라도 있어야 한다는 생각이 들었다. 그것이 살려내지 못하는 의사로서의 마지막 작별 인사이자 떠나가는 생명에 대한 경외심의 표현일 것만 같았다. '우두두둑' 갈비뼈가 부러지는 소리가 들렸지만 계속해서 심장마사지를 했다.

"과장님, 아무런 반응이 없습니다. 돌아오지 않을 것 같은데요."

"계속해요."

"과장님……."

"계속 하라니깐!"

옷을 갈아입으려 진료실로 들어오니 어느 샌가 그의 차트를 가져다 놓았다. 차트를 열었더니 흰 종이가 보였다.

'사망진단서'

이름을 적고, 생년월일을 적었다. OO년 11월 27일 생, 열이틀이 지나면 팔순 생일이었다. 79년 353일의 삶을 살았던 그는 자신을 아는 이가 아무도 없는 곳에서 '아……프……다'는 한마디의 말만을 남기고는 세상을 떠나갔다.

선행 사인: 마비성 장폐색 의증
중간 선행 사인: 대장천공 의증
직접 사인: 다발성 장기부전을 동반한 패혈증

그 어디에도 그의 외로운 임종을 달래줄 말을 적을 공간은 없었다. 그렇게 그는 사망진단서의 종이 한 장으로만 남겨졌다.

제9회 장려상 수상작

비장의 무기

신종찬 (신동아의원 원장)

"원장님, 큰일 났어요! 빨리요!"

대기실 목소리가 진료실로 급히 달려온다. 환자 대기실로 나가니 할머니 한 분이 신음 소리를 내며 소파에 쓰러져 계신다. 힘든 기침 소리에 주변 사람들이 피한다. 열이 섭씨 39도를 넘으니 사시나무처럼 떠신다. 낯익은 얼굴이지만 지쳐서 낯설게 보인다. 진찰실에 들르지 않고 바로 수액 주사실에 뉘여 진찰을 했다. 신종독감이 의심되어 조치를 취하고 다른 환자를 보고 있는데, 수액 주사를 위한 정맥주사가 안 된다고 다시 부른다. 혈관을 찾아 촉진하니 고령으로 굳은 혈관이 고무줄처럼 딱딱하다. 고열로 정맥이 바짝 수축했다. 이럴 땐 마음속으로 '으랏차!' 하고 주사 바늘의 속도를 내어 단번에 찔러야 굳은 혈관이 도망가지 않는다. 단순한 방법이지만 고령 환자 정맥주사를 성공시키는 나의 '비장의 무기' 다.

그분과의 첫 만남은 이렇게 시작됐다. 약 5년 전 어느 나른한 봄날, 점심시간 직전에 정신이 버쩍 들게 하는 일이 벌어졌다. 진료실로 이마에 피를 흘리는 할머니 한 분이 젊은 부인의 부축을 받으며 들어오셨다. 이마의 피를 닦아내고 상처를 살폈다. 상처는 심하지 않아 압박만으로 지혈됐다. 진찰대에 누운 할머니는 무언가에 홀린 듯 했으나, 애써 정신을 차리려는 듯 입술에 굳게 힘을 주신다. 할머니를 병원에 모시고 온 이는 며느리의 친구라고 했다. 할머니의 며느리와 봄꽃 꽃꽂이를 같이 배운 후, 며느리보다 먼저 할머니 댁에 들어갔더니 할머니 혼자서 이마에 피를 흘리며 힘들어 하고 계시더란다. 누군가가 자신을 잡아가려 한다며, 끌려가지 않으려 식탁을 잡고 버티는 중이라 말씀하셨다고 한다.

"이제 병원에 오셨으니 안심하세요. 누가 할머니를 데려가려 했는지 기억할 수 있으세요?"

할머니를 안정시키며 여쭈어보았지만 별 말씀이 없었다.

"선생님, 괜찮아요. 이젠 됐어요."

곧이어 며느리란 분이 달려왔다.

"또 큰일 날 뻔하셨군요. '이 양반' 이 자주 헛것을 보고 놀라거나 어지러우시데요. 왜 이렇게 어지럽다고만 하는지……. 현재 정신과 치료도 받고 있죠!"

걱정을 하면서도 짜증스런 말투다. 오십대 중반을 넘어 보이는 말끔한 부인이 시어머니를 말끝마다 '이 양반' 이란다.

"이렇게 뚱뚱하면서 허구한 날 영양제 주사만 좋아하신다니까요. 체중을 좀 줄이라고 하니 얼굴에 주름진다고 '이 양반' 이 싫다하시네요!"

듣고 있는 나는 마음이 몹시 마뜩찮았다. 할머니는 며느리가 자신을 '이 양반' 이라고 부를 때 저항할 힘조차 없는 것처럼 보였다.

다음에는 큰아들도 할머니를 모시고 왔다. 할머니를 먼저 진료실 밖으로 내 보낸 후 '조용히 할 말이 있다' 고 했다.

"우리 어머니가 보통 분이 아니십니다. '이 양반' 이 늘그막에 영감 하나 사귀어 지난 십 년간 살림 차리셨지 뭡니까! 살면서 다정하게 해주던 '그 영감' 을 먼저 보내고 나니, 지금도 못 잊어서 저러시는 겁니다."

전혀 조용하지 않게, 괄괄하게 말했다.

"'이 양반' 이 종종 '그 영감' 이 같이 가자고 한다며, 허상에 저항하고 안 가려고 몸부림치시기도 합니다. '그 영감' 이 돌아가신 후, 처음에는 가끔 혼자 서울 근교 묘소까지 다녀오셨던 것 같습니다."

큰아들은 불만도 털어놨다.

고향에 묻힌 자신의 선친은 참 엄격하셨다고 했다. 기관장까지 지낸 자신이 창피하다고도 했다. 며느리처럼 아들 역시 어머니를 '이 양반' 으로 불렀다.

잠시 후 할머니 상태가 걱정이 되고, 신종독감 검사 결과가 양성으로 나와서 주사실로 갔다. 신종독감에 걸렸다는 말에 놀라신다. 너무 걱정 말라는 말에, 수액과 해열제 투여 후 열이 내려서인지 안도하는 눈치시다. 이렇게 추운 날 어딜 다녀오셨냐고 하니, 할아버지 산소에 다녀오셨단다. 산소가 어디 있냐고 물으니, 시골에 있는 산소라며 고개를 돌리신다. 고맙다는 인사와 함께 할머니 특유의 나직한 목소리로 말씀하신다.

"원장님은 괜찮으시죠? 미리 예방주사를 맞으셨으니……."

나는 그런대로 겨우 버텨가고 있다고 얼버무렸다. 매스컴을 통해 의료진부터 맨 먼저 신종독감 예방접종을 실시하고 있다고 정부가 말한 지 한 달이 지났는데도, 거점 병원을 제외하고는 근처 병원의 의료진 누구도 맞지 못했다. 나부터 신종독감에 걸려서 타미플루를 복용했고, 직원들도 모두 걸려서 치료를 받았다. 직원 한 명은 타미플루 투약 시기를 놓쳐 수일간 출근까지 못했다. 갑작스런 추위에 늘어난 환자로 출근한 직원들 고생이 이만저만 아니었다. 참고 견뎌준 직원들이 고맙다.

우리 집에서도 막내아들이 고열이 나며 신종독감 증세를 보였다. 아내는 나 때문에 식구들이 유행하는 병은 언제나 맨 먼저 앓는다고 불만이다. 증상이 보이자마자 아내와 딸에게도 타미플루를 투약했다. 직원들과 나는 조기에 치료해 심하지는 않았지만, 남들에게 신종독감을 전파하기에 충분했을 것이다. 현실적으로 나를 포함한 병원 식구들이 몸져눕지 않는 상태라면, 독감 전파를 막으려고 출근하지 않을 수도 없었다. 한편으로 나로 인해 신종독감을 앓게 되었을 분들에게 미안한 생각이 든다. 당국에서 거점 병원에만 백신을 먼저 공급할 것이 아니라, 실제로 제일 먼저 환자를 보는 1차 진료기관도 같은 조치를 취했어야 할 것 같다.

5년 전 처음 방문한 이후 할머니는 고혈압 때문에 주기적으로 우리 병원을 방문하셨다. 그 후 차츰 병세가 안정이 되면서 병원에 올 때면 늘 파티에라도 참석하듯이 잘 차려입으셨다. 나이 들었어도 자신의 모습을 아름답게 꾸밀 줄 아는 분이시다. 말투에서 교육받으신 분이라는 걸 알 수 있다. 병원에 오시면 할 수 있는 한 성의를 다해 드렸다. 정맥주사를 맞으실 때는 꼭 내가 직접 했다. 그럴 때면 다른 병원에서 정맥주사 때문에 고생한 것을 말씀하시며 '원장님은 내 비장의 무기'라고 하셨다. 가까이 가야 진실을 안다는 말처럼, 할머니 곁으로 가까이 가니 많은 것을 털어놓으셨다. 미국에 있는 딸과 일산에 사는 작은아들이 보내온 돈으로 경제적인 어려움이 없으나, 큰아들 내외와 불편한 관계라는 것을 조심스레 내비치셨다.

"병원비는 내가 다 내는데 웬 간섭이 그리 많은지 몰라……."

대학 병원에서 보내온 의뢰회신소견서에 따르면 할머니의 정신과적인 문제는 상실감으로 인한 우울증, 그로 인해 환청과 환시가 있다고 한다. 많은 것을 잃으면서 늘그막에 얻었을 새로운 배우자의 죽음을 경험했으니 우울증이 심했을 것이다. 용기 있게 새로운 삶을 택했지만, 전통적 가치관에 살아온 한국 여성이니 전 남편 생각으로 갈등을 겪고 있을 것 같기도 하다. 독감으로 오셨던 그날도 큰마음 먹고 고향의 할아버지(전 남편) 산소에 다녀오시지는 않았을까?

요즘 고령화로 노인병도 문제지만 건강한 노인들이 고독한 삶을 살아야 하는 것도 큰 문제다. 하루에 식구들과 대화 한 번 제대로 못하는 노인들도 많다고 한다. 조사에 의하면 65세 이상 한국 노인의 65%가 배우자가 없고, 또한 35%는 이성과의 진실한 대화를 원한다고 한다. 할머니가 나의 작은 친절한 대화에도 행복해하시는 이유를 알 것 같다. 노인들의 성(性) 문제도 사소하게 여길 일은 결코 아니다. 프랑스의 한 사회학자는 향후 인간 수명의 연장으로 일생 두 번 이상 결혼하는 것이 일반적인 사회가 올 것이라 예견하고 있다. 전통적으로 칭송받는 효도 방법 중에서, 자식이 어머님을 잃은 후 홀로 계신 아버님을 장가보내는 것을 면환(免鰥)이라 한다. 환(鰥)이란 물고기가 잠들지 못하고 뜬 눈으로 지낸다는 뜻이다. 뜬 눈으로 밤을 지새우는 노년의 외로움은 같은 노인이 가장 잘 이해할 것이다. 홀아버지의 외로움을 면환하자면, 그 고마운 상대역인 홀어머니가 꼭 필요하다. '악처가 효자보다 낫다'는 말을 여성의 입장에서 볼 때도 되지 않았을까. 오직 여성에게만 불리한 이중적 잣대로 보는 것이 안타깝다. 할머니가 안 계실 때 고부 갈등 없이 잘 지냈으니, 큰며느리도 고맙다고 생각할 수도 있다.

한편, 환갑이 넘은 큰아들 내외의 입장도 이해는 간다. 그들도 고혈압과 관절염으로 내게 치료를 받고 있다. 할머니의 병원 방문 등 일상 수발이 쉽지는 않을 것이다. 주변 사람들이 자신의 어머니를 보는 시각도 부담이 되었을 것이다. 멀리 있는 자식이 돈을 드린다고 할머니에 대한 자식으로서의 도리를 다할 수는 없다. 이분들이 직접 모시는 자식의 어려움을 다 이해할 수도 없을 것이다. 큰아들 내외에게 말할 기회가 주어진다면, 할머니를 이해하는 입장에서 따뜻하고 진솔한 가족 간의 대화를 권해보고 싶다. 전공의 때 은사님은 환자가 스승이니 환자에게서 잘 배우라고 하셨다. 할머니는 우리가 겪을 수도 있는 20년 후의 일을 가르쳐주고 계신다.

할머니는 고생은 했지만 노령에도 불구하고 무사히 신종독감을 이겨내셨다. 얼마 후 부탁이 있다면서 앳된 숙녀와 같이 오셨다. 오늘도 목에 두른 멋진 붉은 스카프처럼 웃으신다. 손부며느리가 애기를 가졌는데 낳으면 책임지고 내게 보낼 테니, 새아기에게 신종독감 예방접종을 맞혀주면 안 되느냐는 것이다. 임신부를 위한 신종독감 백신은 지금 인터넷에서 접수만 받고, 백신 공급까지는 좀 더 기다려야 한다. 나는 앓고 지나갔으니 백신을 안 맞아도 된다. 의료진을 위한 백신이 내일 우리 병원에 도착할 것이다. 나는 웃으며 말했다.

"내일 전화하고 와보세요."

할머니는 허리 한번 펴고 손부며느리를 보며 진료실을 나가신다.

"거봐라! 원장님이 내 '비장의 무기' 라고 했었지."

8번 베드 환자

신홍범 (코모키수면센터 원장)

"저는 내과 담당 인턴이지, 외과 담당이 아니란 말입니다."

나는 중환자실 간호사에게 소리를 질렀다.

내가 소속된 병원이 신도시에 새로 문을 연 병원과 모자 병원 관계를 맺은 후 인턴을 파견하기 시작한 첫해였고, 나는 첫 3월 인턴이었다. 간호사들은 전에 없던 인턴이 오자 이일 저일 가리지 않고 부탁했다. 인턴들은 내과계, 외과계, 응급실 담당으로 업무를 분담하였고 그에 따라 맡은 일을 하고 있었다. 그런데 간호사들은 인턴이 어느 파트 소속이라는 개념이 없었다. 그래서 간호사들과 사사건건 다투었다.

중환자실로 내려가면 일이 많았다. 간호사들은 그동안 밀린 일 보따리를 풀어놓았다. 한 번 들어가면 2시간이 지나도 빠져나오지 못하는 경우가 흔했다. 그사이에도 병동으로부터 인턴을 찾는 호출은 수시로 날아들었다.

인턴 일을 시작한 지 얼마 안 되었기 때문에 일이 서툴러 하나 끝내는 데도 시간이 오래 걸렸다. 그날도 새벽 두시가 넘었지만 일이 끝나지 않았다. 언제 일을 다 마치고 눈을 붙일 수 있을까 하는 생각에 신경이 날카로웠다. 환자나 간호사들 모두 나를 괴롭히려고 존재하는 것처럼 느껴지기도 했고 그래서 사소한 일에도 짜증부터 났다.

중환자실 분위기는 병동과는 달랐다. 병동 환자들은 말이 통하고 보호자도 있어서 사람을 대한다는 느낌이 있었다. 중환자들은 대부분 의식이 없었고, 언제 사망할지 모르는 사람들이었다. 여러 개의 관을 몸에 꽂고 있어서 사람이라기보다는 무슨 기계를 보고 있는 듯한 느낌이 들었다. 중환자실은 환자의 맥박, 혈압, 호흡 상태를 체크하는 기기들과 그들이 내는 소음, 희뿌연 형광등 불빛, 짙은 소독약 냄새 등으로 채워져 있었다. 의사 면허를 받고 한 달도 채 안 되어 의료 현장에 투입된 신입 인턴인 나에게 그런 중환자실의 분위기는 무겁고 막막했다.

파견 병원이라 동료라고 해야 두 명이고, 너무 바빠서 이야기 나눌 시간도 없었다. 간호사들은 낯설고 사무적이고 선배 의사들은 어렵기만 했다. 생로병사, 특히 죽음이 상존하는 병원이라는 분위기가 낯설고 무서웠다. 내가 택한 의사라는 직업의 고독감을 곱씹으며, 이런 일들에 익숙해지기를 바라며 하루하루 정신없이 살고 있었다.

의식이 없어, 전혀 협조가 되지 않는 뇌졸중 환자에게 L-튜브를 삽입하느라 거의 30분을 씨름하다 간신히 성공하고 막 중환자실을 나서려는데, 외과계 간호사가 달려와 나를 붙든 것이었다.

"8번 베드 환자분 폴리(foley catheter, 소변줄)를 갈아야 하는데, 외과 담당 인턴 선생님이 응급수술 들어가서 오실 수가 없어요. 이틀 전에 갈았어야 했는데……. 선생님, 환자분 생각해서 한 번만 해주세요."

'폴리 늦게 갈아서 요로 감염 생기면 안 되는데……' 하는 생각도 들고, 소리 지르며 너무 흥분한 것이 미안하기도 해서…….

"이번 한 번입니다. 어딘가요?"

점령군 같은 위세를 부리며 간호사가 안내해준 침상으로 갔다.

창가에 있는 침상에는 뇌졸중으로 코마(Coma, 의식불명 상태)에 있는 것처럼 보이는 앙상하게 마른 할아버지가 누워 있었다. 눈을 감고 입을 벌린 채 고른 숨을 내쉬고 있었다. 가습기에서는 하얀 김이 올라오고 있었다. 베드 옆에 놓인 소형 카세트에서는 클래식이 흘러나오고 있었다. '삐삐' 하는 모니터 기계음 속에서, 잔잔하고 애절하게 들렸다. 잠시 바람 부는 숲길을 홀로 걷고 있는 듯했다. 간호사가 폴리 세트를 준비하는 동안, 고개를 들어 어두운 유리창을 바라보았다. 큰 길의 자동차 불빛이 드문드문 보이는 깊은 밤이었다. 음악을 듣고 있으니 흥분된 마음이 좀 가라앉았다. 환자 바지를 내리고, 간호사가 건네준 폴리 세트를 풀어서 연결시켰다. 폴리를 꽂을 때 통증이 있었을 텐데 별 반응이 없는 것으로 보아 이 환자도 '거의 의식이 없구나.' 하는 생각이 들었다. 고맙다는 간호사의 인사도 건성으로 듣고 휑하니 병동으로 내달렸다.

일주일 후 중환자실에 들렀다가 또 그 간호사에게 붙들렸다. 이번에는 동맥혈가스검사를 해 달라는 것이다.

"내 이럴 것 같아서 지난번에도 안 하려 했는데……"

매정하게 거절 못하고 따라갔다. 간호사가 세트를 준비하는 동안 잠시 흘러나오는 클래식을 들었다.

"무슨 곡인가요? 음악이 참 좋네요. 일하면서 음악 듣는 것을 좋아하시나 봅니다."

"제가 듣는 것이 아니고 환자분이 들으시는 거예요."

나는 화들짝 놀라 환자 얼굴을 다시 쳐다보았다. 여전히 눈을 감고 있었지만 표정이 달라보였다.

"지금 동맥혈가스검사를 할 겁니다. 손목 부분을 찌를 텐데 조금 아프더라도 참으셔야 검사가 잘 됩니다."

설명하고 조심스럽게 프로시저를 진행했다.

일을 마치고 나오면서, 지난번에 환자에게 양해를 구하지도 않고 아무렇게나 바지를 내리고 폴리를 꽂았던 일이 떠올라 얼굴이 붉어졌다. 혹시 그날 밤 내가 간호사와 했던 대화를 들었을까 하는 생각도 들었다. 환자가 폴리 시술을 받을 때, 아무런 기척도 없이 참은 것도 그 때문일까 하는 생각이 드니 가슴이 먹먹했다.

며칠 후 식당으로 가는 길에 그 환자 담당 간호사를 만나 환자에 대해 들었다. 6개월 전 뇌졸중이 와서 이 병원에 입원 중이라고 했다. 오른쪽 반마비가 있지만 의식은 맑다고 한다.

다시 며칠이 지나 외과 인턴 부탁으로 혈액미생물배양검사를 하러 갔더니 이번에는 눈을 뜨고 계셨고, 왼손을 가냘프게 들어 아는 척을 하셨다. 너무 죄송한 마음에 눈도 마주치지 못하고 웅얼거리듯 검사에 대한 설명을 하고 검사를 마쳤다.

나중에 다른 환자 검사를 위해 8번 베드 앞을 지나다가 눈이 마주치자, 환자가 왼손을 들어 아는 척을 했다. 한편으로 반갑기도 하고 미안하기도 했다. 이후 중환자실에 갈 때마다 그 8번 베드로 눈길이 갔다. 환자는 가습기의 하얀 증기와 소형 카세트에서 흘러나오는 음악 소리에 싸인 채 고요히 누워 있었다.

두 달의 파견 기간을 마치고, 본원으로 들어와 파란만장한 인턴 생활을 이어갔다. 인턴 일이 좀 익숙해져 가던 6월 무렵, 소포 하나가 왔다. 파견 병원 중환자실 간호사가 보낸 것이었다. 카세트테이프 한 개와 짤막한 편지가 들어 있었다. 8번 베드 환자가 요양 병원으로 전원가면서 선생님께 보내드리라고 했다고 적혀 있었다. 카세트테이프에는 '모차르트 피아노 협주곡 20번, K.466' 이라고 적혀 있었다.

그때 그분이 듣던 곡이었다. 그 음악을 듣고 있자니, 깊은 밤 중환자실에서 내려다본 그날 밤의 칠흑 같은 어둠과 고독감이 느껴졌다. 평온한 얼굴로 눈을 감고 누워 음악을 듣고 있던 그 환자의 모습도 떠올랐다. 그분은 뇌졸중으로 몸은 부자연스러운 상태였지만 음악으로 남아 있는 인생의 한 부분을 채워가고 있었으리라. 몸이 병들었지만 그 병에 정신마저 속박당한 건 아니었던 것이다.

환자는 병으로 어딘가 불편한 사람이고 그래서 수동적이고 약한 사람이다. 심지어 아무것도 알지 못하고 느끼지 못할 것이라 생각하기 쉽다. 그래서 의사들은 환자를 하나의 인격체가 아닌 물건처럼, 어떤 시술의 대상물로 생각하기 쉽다. 그러나 환자는 누군가의 아버지며 남편이다. 모차르트를 좋아할 수도 있다.

영화 '쇼생크 탈출'이 생각난다. 주인공 앤디가 턴테이블에 올렸던 오페라 '피가로의 결혼'의 한 소절이 교도소를 가득 채우고 그 담을 넘을 때, 그 순간만은 죄수들의 영혼도 교도소에 갇혀 있지 않았을 것이다. 그분도 눈을 감고 음악을 듣는 그 순간에는 모니터 기계음과 소독약 냄새가 가득 찬 중환자실이 아닌 어느 콘서트홀에 있었을지도 모른다. 어쩌면 홀로 고즈넉하게 어느 가을날 숲길을 산책하고 있었을지도.

지금 생각해보면, 그 음악으로 중환자실의 잿빛 고독과 고단함을 견딘 사람은 그 환자만은 아니었던 것 같다. 그 카세트테이프는 지금도 책상 서랍에 들어 있다. 힘들고 답답한 일이 있으면 가끔 꺼내어 들어보곤 한다. 그때 일이 떠오르면 부끄럽기도 하고 흐뭇해지기도 한다. 그 환자가 나를 향해 들어 올리던 왼손이 떠오른다.

너, 의사 맞아?

유인철 (유소아청소년과의원 원장)

나는 한 아이를 잊지 못한다. 얼굴이 둥글고 뒤통수와 코가 납작하고, 눈꺼풀이 아래로 처져 있어 생기가 없어 보인다. 양미간이 넓고 혀를 '헤' 하고 내밀고 있으며 목이 짧다. 지능 저하도 있다. 다운증후군의 특징적인 모습이다. 가장 흔한 유전성 질환으로 이런 아이들은 부모를 닮지 않고 자기들끼리 같은 얼굴 모양을 하고 있다. 그 아이가 바로 다운증후군이었다.

소아청소년과 레지던트 생활을 막 시작했을 무렵, 네 살이던 그 아이의 주치의를 맡게 됐다. 아이의 차트는 만성질환이 있는 성인 환자의 차트처럼 꽤나 두꺼웠다. 폐렴과 요로감염증, 심장 문제로 입원과 퇴원을 반복하고 있었다. 다운증후군 아이들은 면역력이 약한데다 심장 질환도 흔히 동반되므로 감염 질환에 아주 취약할 수밖에 없다.

폐렴을 치료하고 퇴원한 지 한 달이 채 못 됐는데 다시 입원 서류를 들고 병동으로 올라왔다. 워낙 유명한 환자라 모르는 간호사들이 없었다. '왜 또 왔어? 아프지 말아야지, 병원에서 아주 살아야겠네, 힘드시겠어요!' 등등 저마다 한마디씩 위로의 말을 건넸다. 엄마 아빠는 무덤덤한 표정이었으나 지난번보다는 확실히 지쳐 보였다. 나를 보자 억지로 웃으려고 했지만 잘 안 되는 것 같았다. 걸핏하면 입원하는 아이 때문에 일이 손에 안 잡히고, 큰애도 제대로 돌보지도 못해 집안 꼴이 말이 아니라고 했던 기억이 떠올랐다.

아이는 컹컹 울리는 기침을 발작적으로 해댔다. 입술과 손발이 시퍼렇고, 오들오들 떨고 있었다. 체온이 40도가 넘었다. 하도 주사를 맞아 빠끔한 틈이 없는 손등에서 간신히 혈관을 찾아 링거주사액을 꽂고 약물 투여를 시작했다. 사흘 정도가 지나자 열이 어느 정도 잡히는 것 같았고, 기침도 한결 부드러워졌다. 나는 지난번에도 그랬던 것처럼 며칠 더 치료하면 될 거라고 생각했다. 심한 환자가 입원했다가 완치돼 퇴원하면 담당 주치의는 자기 실력인 양 우쭐해지기 마련이다. 그 아이도 내게 그런 기분이 들게 해줄 것으로 자신했다.

하지만 그 기대는 빗나가고 말았다. 금요일 오전부터 다시 열이 오르고, 기관지에 가래가 그렁그렁 심해지며 숨쉬기를 힘들어 했다. 산소를 주고 약을 추가했지만 좋아지기는커녕 처음보다 상태가 더 나빠지는 것 같았다. 일반 병실에서 어린이 중환자실로 옮겨야 했다. 당직이 아니었지만 일요일에도 병원에 남아 환자 상태를 수시로 체크하며 할 수 있는 모든 치료를 했다.

자기 아이 때문에 쉬지 못하는 내게 부모는 미안해했다. 점심에는 괜찮다며 한사코 사양하는 아이 아빠와 당직실 책상 위에 신문지를 깔고 마주앉아 자장면을 시켜 먹었다. 산전(産前) 진찰에서 이미 알고 있었지만 차마 생명을 포기할 수 없었고, 검사가 틀렸기를 얼마나 바랐는지 모른다고 했다. 말에 힘은 없었으나 아이를 사랑하는 마음만은 여느 부모 못지않았다. 곧 좋아질 것이라고, 주치의인 내가 해야 할 말을 아빠가 했다. 돈도 돈이지만 좋은 데 구경 한 번 못 가고 허구한 날 병원을 들락거리는 아이가 너무 불쌍하다고 했다. 이번 어린이날에는 아이와 함께 놀이공원에 가서 동물 구경도 하고 놀이 기구도 타며 맘껏 놀아주고 싶다는 말을 몇 번이나 했는데, 아빠의 굳은 의지에 반비례해서 내 마음은 자꾸 무거워졌다.

부모의 간절한 바람을 아이는 저버렸다. 심장박동이 빨라지며 호흡곤란이 심해졌다. 심부전 때문에 폐에 물이 차는 폐부종이 생겼다. 결국 인공호흡기를 달아야 했다. 다리가 붓고 소변량이 급격하게 줄어들었다. 신장 기능도 나빠졌다는 신호다. 혈액검사는 패혈증을 암시하고 있었다. 한 주가 지나고 다시 주말이 다가오자 나는 초조해지기 시작했다. 지난주에는 환자 치료에 매달렸고, 다음 주는 어차피 당직이고, 이번마저 못 나간다면 한 달 내내 병원에 붙들려 있게 되는 셈이다. 더구나 이번에는 데이트 약속이 있던 터라 더욱 애가 탔다. 아이는 인공호흡기에 의지해 가느다란 생명을 겨우겨우 이어갔다. 피부는 핏기를 잃어 창백해졌고, 열도 떨어졌다. 아니 열이 떨어졌다기보다는 차라리 몸이 식어가고 있다고 해야 옳을 것 같았다.

나는 어떤 식으로든지 결정이 빨리 나기를 바라고 있었다. 회복이 된다면 더할 나위 없이 좋겠지만 그럴 가능성은 거의 없었다. 그럼 환자 상태를 누구보다도 잘 알고 치료에 전적인 책임을 지고 있던 주치의로서 나는 무슨 생각을 했을까? 아주 난감하기는 한데 속내를 드러내 보이자면 '전기라도 나가 인공호흡기가 멈추기를 원했다' 다. 어차피 회복되지 못할 지경이 된 이상 이쯤에서 끝나는 것이 낫다는 생각을 한 것이다. 의사 앞에서는 어떡하든지 살려야 된다고 하면서 돈 문제, 간병 문제로 뒤에서 옥신각신하는 보호자들의 이중성을 얼마나 싫어했었는지 모른다. 그랬음에도 감히 상상도 할 수 없는 생각을 몰래 감추고 있었다. 환자의 생명보다 주말에 나갈 수 있나 없나 하는 문제가 내겐 더 신경이 쓰였다. 어떻게 생명을 그리도 하찮게 여길 수 있었을까? 예수님의 기준으로 본다면 나는 이미 살인죄를 범한 것이나 마찬가지다. 아침 회진에서 교수님이 아무래도 상태가 심상찮다고 하셨지만 그렇다고 그 말이 내게 면죄부를 주는 것은 아니었다.

입원 환자들의 퇴원 수속이 마무리되고 당직하는 의료진만 남아 있는 토요일 오후가 되면 응급실과 중환자실을 제외한 다른 곳은 적막해진다. 불 꺼진 외래는 으스스하기까지 하다. 나는 병원을 떠날 수 없었다. 하지만 그것은 치료를 위해서가 아니라 의례적인 처치를 위해서였다. 더 이상 방법이 없었다. 부모는 내게 최선을 다해 달라며 꼭 살려야 한다고 애원을 했지만, 그 애원은 내 가슴속까지 다가오지 못하고 그냥 튕겨져 나갔다. 그만큼 나는 차가웠다. 어둑어둑해질 무렵 중환자실에서 급한 콜이 왔다. 달려가 보니 아이의 심장 박동이 현저하게 느려지고 있었다. 나는 부모에게 연락해 임종을 지킬 수 있게 해주었다.

옷을 갈아입고 병원 문을 나설 때까지는 마음이 가벼웠는데, 병원에서 멀어지고 데이트 장소에 가까워질수록 눈덩이를 굴리고 가는 것처럼 죄책감이 커졌다. 친구를 보는 순간 갑자기 미워졌다.

'내가 이렇게 된 것은 다 이 여자 때문이야.'

그렇다고 대놓고 탓할 수는 없었다. 술은 쓰기만 했고, 고기는 니글거렸다. 밥을 먹는 둥 마는 둥 하고 밖으로 나왔다. 같이 있으면 늘 달콤하기만 하던 서울의 밤공기가 갑갑하고 낯설게 느껴졌다. 나는 친구를 떠밀다시피 차를 태워 보내고 정류장에 멍하니 서 있었다. 집으로 가는 113번 버스가 몇 대나 지나갔지만 탈 수 없었다.

휘적휘적 거리를 돌아다니다 병원으로 되돌아갔다. 범죄자는 반

드시 현장에 다시 나타난다고 했던가? 자꾸 궁금해져서 어린이 중환자실 쪽으로 발걸음을 옮겼다. 문 앞에 '김○○ F/3', '박○○ M/1' 등 다른 환자들의 이름표는 그대로 있었지만 그 아이 것은 벌써 치워지고 없었다. 돌아섰다. 그때 문 안쪽에서 생명의 줄을 간신히 붙들고 있는 어린 영혼들이 내 등에다 대고 '너, 의사 맞아? 너, 의사 맞아?' 하고 소리치는 것 같았다. 도망치듯 당직실로 왔다.

그날 밤 나는 알 속의 병아리가 탈각(脫殼)을 하기 위해 있는 힘을 다해 껍질을 쪼아대듯 나를 둘러싸고 있는 의사답지 않은 껍질을 벗겨내기 위해 밤새도록 가슴앓이를 했다. 그래서 그 이후로 가슴앓이를 더 이상 하지 않았을까? 아니다. 많은 시간이 지나갔음에도 나는 ○○답지 않은 껍질을 벗겨내기 위해 여전히 가슴앓이를 한다. 아들이지만 아들답지 않은 껍질, 아빠지만 아빠답지 않은 껍질, 남편이지만 남편답지 않은 껍질, 친구지만 친구답지 않은 껍질을 벗겨내기 위해.

제9회 장려상 수상작

가운과 보자기

윤창연 (23사단 본부근무대 군의관)

처음으로 흰 가운을 받던 날을 아직도 기억한다. 선배들이 입던 가운이 어떻게나 멋지게 보였는지, 첫 실습 전날 거울 앞에서 가운을 입었다가 벗고, 또 입었다가 벗으며 몇 개 되지도 않는 넥타이를 엉성하게 매어보곤 했다. 지금도 매한가지로 제대로 쓰지도 못하는 청진기며, 펜라이트며, 해머며 걸쳐보고 둘러보며 설레던 그날 밤을 기억한다. 나는 그렇게 가운을 입었다. 어릴 때 엄마 몰래 훔쳐낸 보자기 하나만 두르면 내가 마치 슈퍼맨처럼 날아가기라도 할 줄 알았던 그때처럼, 난 내 몸에 두른 흰 가운이 마치 나를 슈바이처처럼, 지바고처럼 만들어줄 것만 같았다.

가운을 입고 시작하는 병원 생활은 쉽지는 않았지만 기다렸던 만큼 즐거웠고 매일같이 설렜다. 아직도 흰 가운이 슈퍼맨이 되는 보자기인양 가운 소매를 걷을지 아니면 내릴지, 가운 길이는 얼마가 적당할지 따위나 고민하는 동네 꼬맹이였던 내게, 그렇게 들어간 인턴은 여전히 조금 더 힘든 놀이 가운데 하나였는지도 모른다. 인턴 생활은 모두가 얘기하듯 그만큼 힘들었다. 하지만 견딜 만큼 힘들었을 뿐 여전히 견디지 못할 만큼 설레고 두근거렸다. 처음에 익숙하지 않고 서투르기만 하던 일들이 조금씩 내게 익숙해지고 나아지고 있다는 걸 알았을 때마다 느껴지는 희열에 내 마음이, 몸이 반응했다. 그렇게 내게 조금 특별했던 그해 여름이 성큼 다가오고 있었다.

여름에 내게 배정된 파트는 꽤나 쉽지 않다고 알려졌던 심장내과였다. 당시에는 심장내과와 종양내과 인턴이 서로 카운터를 봐주며 오프를 나가는 체계였다. 원래는 다섯 명의 인턴이 돌아가는 파트였는데 그해 여름에는 어쩐 일로 일손이 모자라 네 명이서 시작하게 됐다. 물론 쉽지 않았지만 그래도 의사로서의 로망과 설렘을 지키기에 네 명이란 숫자는 충분했다. 일주일이나 되었을까. 어느새 하는 일들이 조금씩 손에 익어갈 무렵 갑자기 같이 일하던 인턴 한 명이 짐을 싸서 병원을 나가 버리는 일이 생겼다. 그리고 엎친 데 덮친 격으로 세 명 중 한 명이 휴가까지 가게 됐다. 결국 두 명이 200명 가까운 환자를 나눠 볼 수밖에 없었다. 정말 눈코 뜰 새 없이 바쁘다는 표현을 이렇게 적절하게 쓸 수 있는 순간이 있었을까. 몸이 열 개라도 모자랄 지경이었다. 의사라면 누구나 한 번쯤은 경험해봤음직한 하루에 두 시간씩 자며, 밥 먹다가 심지어 걸어가다가도 잠이 들곤 했다. 잠이 절대적으로 부족했고, 시간에 쫓겨 단 1분도 아쉽게 쓸 수 없어 엘리베이터를 기다릴 생각은 전혀 할 수 없었고, 항상 계단으로 뛰어다니곤 했다.

그런 바쁜 와중에서도 나를 두 배, 세 배로 괴롭게 했던 환자가 있었다. 구강암으로 수술 후 입원 중인 환자였는데, 30대 후반 정도의 나이에 암세포가 이미 얼굴에 3분의 1 이상 번져 코 아래부터 턱 아래까지 본래 모습을 상당히 잃어버린 환자였다. 이 환자가 날 괴롭게 한 이유는 매일 아침저녁 40~50분씩 걸리는 드레싱을 해야 했기 때문이다. 얼굴에 마치 베개를 붙여 놓은 것 같은 거즈들을 떼어 내고, 구석구석 꼼꼼히 소독을 하고 다시 하나하나 거즈들을 끼워 넣어서 드레싱을 마치면 40~50분은 족히 지나 있었다. 5분 단위로 일이 하나씩 생기던 그때, 드레싱하는 동안 수십 번씩 울리는 콜들에, 한 번 드레싱을 끝내면 끝이 보이지 않게 쌓여있는 일들, 오전에 힘겹게 드레싱을 끝내고 오후에 다시 열었을 때 오전과 별 차이가 느껴지지 않는 데서 오는 허탈감, 그리고 이로 인해 다가오는 드레싱 시간에 대한 압박이 이제껏 애써 즐겁고 설레려 노력했던 마음들을 정말이지 깨끗이 무너뜨렸다.

그래도 처음에는 하루 두 번씩 꼭꼭 거르지 않고 들려서 꽤나 즐겁게 하려 노력했다. 하지만 하루에 한두 시간씩 자는 날들이 하루 이틀 쌓이기 시작하면서 일 분이 한 시간처럼 소중하고 절실하게 다가왔다. 결국 점차 쌓이는 피로와 수면 부족을 견디지 못하고 현실과 타협하고 꾀를 부리기 시작했다. 하루 두 번하던 드레싱을 하루 한 번만 하고 넘어가기도 하고, 어떤 날은 미루고 미루다 결국은 못하는 마음 반, 안 하는 마음 반으로 넘어가기도 했다. 그렇게 미루다가 드레싱을 넘겨 버린 다음 날, 병동에 가자 간호사가 한마디 한다.

"선생님, 어제 왜 안 해주셨어요? 그 환자분 새벽 3시까지 선생님 언제 오냐고 기다리셨어요. 선생님이 꼼꼼하게 해주신다고 좋아하시던데……."

순간 애써 자기 합리화했던 내 마음이 쿵하고 내려앉는다. 그리고는 드레싱 거리들을 잔뜩 싸들고 환자에게 간다. 환자가 나를 보자 반색하며 눈을 빛낸다. 이미 내가 해준 드레싱은 안에서 나오는 온갖 분비물에 절어서 그 위에 수차례 거즈를 덧대고 있었다. 미안한 마음에 평소보다 더 꼼꼼히 드레싱을 해주리라 생각하며 드레싱을 여는데, 뭣도 모르는 내가 봐도 알 수 있을 정도로 악화되어 있었다.

매일 봐서 잘 몰랐는데 하루 거르고 보니 그야말로 엉망이 되어 있었다. 문득 처음 만났을 때를 생각해 보니 그때보다 얼굴이 한참이나 사라진 게 보였다. 왠지 내가 드레싱을 제대로 해주지 않아서 더 악화된 건 아닌지 죄책감이 들었다. 드레싱을 다하고 정리하는 내게 그 환자가 발음도 제대로 되지 않는 입으로 '고맙다' 며, 빵을 두 개 주었다. 본인은 먹지도 못할 텐데 날 주려고 산 건지, 설마 내가 아무것도 못 받아서 어제 하루 안 왔다고 생각한 건 아닌지, 쓸데없는 생각이 머리를 스친다.

문득 내가 보는 환자인데, 환자를 너무 모르고 무심하다 싶어 없는 시간을 쪼개 차트를 봤다. 웬만한 소설 저리 가라 수준으로 차트가 길고 복잡했다. 이미 턱을 대부분 들어내는 수술을 한 번 했는데, 더욱 악화돼 항암 치료 후 재수술에 대한 희망을 가지고 기다리는 분이었다. 하지만 안타깝게도 항암제에 전혀 반응을 보이지 않고 있었고, 환자도 병원도 그저 실낱 같은 희망만으로 버티고 있었다.

"저 환자분, 가족도 없고 아예 집까지 다 팔고 전 재산 병원비로 써서, 병원에서 아예 사세요."

간호사가 넌지시 알려줬다. 그리고는 한마디 붙인다.

"그래도 저분 하루 종일 선생님만 기다리세요. 선생님이 드레싱 해주시면 2~3시간은 사람처럼 돌아다닐 수 있다고요."

또 한 번 '쿵' 한다. 얼굴 피부가 암세포로 다 사라져서 맨얼굴로는 다닐 수가 없는 환자다. 그나마 드레싱을 하면 목에 깁스를 한 사람 정도로는 보였지만, 그마저도 2~3시간이 지나면 온갖 분비물로 드레싱이 엉망이 되어 버리고, 특유의 냄새가 배어나와 함부로 돌아다니지도 못했다. 내가 꼼꼼히 하루 두 번 드레싱을 하면 이 환자는 하루에 4~5시간 정도는 '병원에 입원해 있는, 그저 목이 삐끗한 환자' 정도로 지낼 수 있었다. 하루에 고작 5시간이라니……. 어쩌면 그때 하루에 두 시간 자던 나보다 이 환자가 하루가 더 바쁘고 짧았을지도 모른다는 생각이 들었다. 갓 드레싱 받은 후 뽀송뽀송한 패드를 목에 대고 병동을 걸어 다니다가도, 급하게 뛰어다니는 날 보고는 고개 숙여 인사하던 모습이 왜 그때 가서야 생각나는 건지. 혹시나 자고 있으면 내가 왔다가 그냥 갈까봐 졸린 눈 비비며 새벽 3시까지 기다리던 그 환자는 무슨 생각을 하고 있었을까. 이미 한참을 절어 버린 드레싱에 덕지덕지 패드를 덧대고 옆 건물까지 내게 줄 빵을 사러 가면서 그는 무슨 생각을 했을까. 어쩌면 그에게는 십 년과도 같을지도 모를 시간을 들여 사온 빵을 난 결국 먹지 못했다. 겨우 빵 두 개였지만 그때만큼은 난 그 빵을 한 조각조차도 먹을 자격이 없었다.

그 후로는 드레싱을 한 번도 빼먹지 않았다. 새벽 2시든, 3시든 아무리 늦더라도 꼭 가서 드레싱을 했다. 내게 40~50분이 그에게 2~3시간이 된다면 어쩌면 이 병원에서 내가 하는 일 중에 가장 가치 있는 일일지도 모른다고 생각했다.

그렇게 순식간에 여름은 지나갔고, 난 파트를 옮기게 됐다. 그리고 어느새 그때의 일이 과거의 한 조각이 되었을 무렵, 두 달 후에 다른 일로 다시 찾아간 그 병동에서 이미 한 달 전에 그때 그 환자가 세상을 떠났다는 말을 들었다. 아, 생각보다 빨리 돌아가셨구나. 생각하다가 문득 그러면 그 일이 있었을 때 여생이 한 달 남짓 남았을 때란 생각이 들었다. 그리고 그 환자에게는 억만금과도 같았을 한 달 중에 내가 아무렇지도 않게 던져 버렸던 그 환자의 시간들이 떠올랐다. 혹시나 그날 내가 하루 건너뛰지 않았다면 그 환자는 5시간 정도 더 살 수 있지 않았을까. 아니 빵을 사오지 않아도 되었을 테니 5시간에 30분 정도를 더 살았을까. 그에게 그 시간이 더 있었다면 뭘 하고 싶었을까.

어린 시절 보자기를 두른 꼬마는 높은 곳에서 뛰면 하늘 높이 날아오를 것만 같아 뛰어내리고는 이내 굴러 떨어져 상처투성이가 됐다. 아직도 꼬마인 나지만 내게 흰 가운은 더 이상 슈퍼맨의 망토가 아니다. 흰 가운 속에는 내가 평생 의사를 하며 얼마나 더 뺏어올지 모를 그 누군가의 여생 한 토막들이 담겨 있을 뿐이다. 어제보다 오늘 흰 가운이 더 무겁다.

제9회 장려상 수상작

눈멀었던 자는 과연 누구인가?

이효석 (제1179부대 의무중대 군의관)

"군의관님, 일주일 전부터 갑자기 눈이 잘 안 보이기 시작했습니다."

"아, 그래? 의무실에서 눈 쪽의 진료는 다소 제한이 된단다. 안과 진료가 필요하다는 소견서를 써줄 테니 네 지휘관한테 보여주고 외출 허락을 얻어서, 오늘 중으로 부대 근처의 안과에서 진료를 본 후에 다시 의무실로 돌아와 결과를 보고하렴."

과거 인턴 시절, 응급실에서 초진을 볼 적에 환자가 갑자기 눈이 안 보인다며 병원을 찾아온다면 망막동맥폐쇄나 급성녹내장 등 여러 질병들을 떠올리며 당장 안과에 연락을 하네, 검사 예약을 하네, 하면서 부산하게 움직였겠지만, 일 년여의 인턴 생활을 마치고 일반의 군의관으로 임관한 지 어느덧 2년째인 내 머릿속에는 '오늘도 또 꾀병 환자로군.' 이라는 한숨 섞인 생각 밖에는 들지 않았다.

군의관이 되기 위해 경북 영천에서 7주간 군인화 교육을 받으며, 몇 주 교육을 받는 것도 이렇게 힘든데 군대라는 폐쇄된 울타리 속에서 이 생활을 2년이나 해야 하는 병사들은 애환이 얼마나 많을까 하는 생각이 절로 들었다. 앞으로 내가 담당하게 될 부대의 병사들에게는 질병뿐만 아니라 그들의 고충과 아픈 마음까지도 돌봐주는 '참인술'을 펼치리라는 사명감을 가지고 교육과정을 마친 후 현 부대로 부임했다. 하지만 아프니까 훈련이나 작업을 열외로 시켜 달라며 민간에서라면 소독약 한 번 바르고 말 작은 상처나, 약 한 봉 털어 넣고 끝날 가벼운 질환들을 가지고 호들갑스럽게 의무실에 찾아오는 병사들에게 시달렸다. 익숙하지 않은 각종 행정 업무에 치이며 막상 환자다운 환자들이 오면 장비와 시설, 의약품의 부족으로 인해 군 병원으로 외부 진료를 보내야 하는 현실에서 2년을 지냈다. 그러다 보니 내 다짐은 점차 무뎌지고 마모되어, 근래에 들어서는 아픈 곳을 물어보고, 거기에 맞는 약을 처방하고, 의무실의 치료 능력을 초과하는 질환을 가진 환자들은 군 병원으로 보내는 '진료의 절차'를 기계적으로 반복하고 있을 뿐이었다.

특히 나를 당황하게 하고 좌절시키는 것은 흔히 '빼끼'라고 불리는 '꾀병'이었다. 이번처럼 "눈이 안 보여요." 하면서 온 환자도 몇 명 있었고, 다리가 안 움직인다거나 팔에 감각이 없다면서 나를 찾는 병사들도 많았다. 군의관으로 온 지 얼마 안 되었을 때는, 환자들의 연기에 속아 넘어가서 가능한 한 빨리 민간 병원의 진료를 받을 수 있도록 포상 휴가를 받는 데 힘을 써주든지, 질병의 치료에 전념할 수 있도록 각종 훈련이나 교육에 참가 안 할 수 있게 조치해준다든지 하면서 그들을 위해 최선을 다했다. 하지만 결국 한 명씩, 한 명씩 꾀병으로 판정되어 "죄송합니다."라고 말하며 내게 고개를 숙일 때마다 얼마나 억장이 무너지던지…….

이런 일이 반복될 때마다 병사들에게 속아 넘어갔던 내가 한심했다. 자신의 병을 담보삼아 훈련 열외나 휴식, 입실과 같은 2차 이득

만을 노리는 병사들, 낙후된 진료 시설, 나를 기만하는 가짜 환자들, 이 모든 것들이 지긋지긋해져갔다. 이곳에서 1초라도 빨리 해방되어 민간에서 어엿한 의사로 대접받으며 진짜 환자를 진료하고 싶다는 생각을 하루에도 수십 번씩 되뇌었다. 그나마 군 생활 동안 나름 소득이 있었다면, 몇 차례 꾀병을 겪으며 환자가 꾀병을 부리는 것인지 진짜로 아픈 것인지에 대한 감식안을 어느 정도 갖추게 되었다는 것일까?

이 병사 같은 경우에도 눈앞 50센티미터에서 내 손가락이 몇 개 펴져 있는지 말할 수 없을 정도의 심한 시력 저하인데도 일주일이나 지난 지금에야 의무실로 찾아왔다는 것, 한창 일이 많고 힘든 일병 1호봉이라는 점, 그리고 현재 부대가 유격 훈련을 앞두고 있다는 점들을 미루어 볼 때, 꾀병이 틀림없어 보였다. 하지만 그를 바로 꾀병 환자 취급할 수는 없는 노릇이었다. 팔다리에 힘이 안 들어가거나 감각이 없다고 오는 환자들 같은 경우 꾀병인지 아닌지를 의무실에서 바로 감별해볼 수 있는 간단한 검사가 몇 개 있지만 눈이 안 보인다고 오는 환자의 경우 의무실에 안과 검사를 할 수 있는 장비가 없어서 시력 저하 여부를 바로 확인할 수 없기 때문이다. 따라서 일단은 환자를 안과와 신경과로 보내서 진료를 받게 하고 별 문제없다는 소견을 받아오게 한다. 그 후 환자와 면담하면서 거짓말을 하거나 꾀병을 부려서 복무 기피를 할 경우 군법에 따라 처벌받을 수 있다고, 헌병대 한번 가보겠냐고 엄포를 준다. 그러면 '심 봉사 눈 뜨듯이' 바로 시력이 회복되면서 잘못했다고, 군 생활 열심히 하겠다고 빌게 되는 것이 일반적인 수순이다. 이 병사도 내원 당일 바로 안과로 보냈지만 안과적으로는 이상이 없다는 소견서를 들고 돌아왔었고, 그 뒤로도 국군 병원 안과, 대학 병원 안과와 신경과를 전전하며 시유발전위검사, 빛간섭단층촬영, 자기공명영상 등 여러 가지 검사를 받았지만 결과는 하나같이 '정상' 이나 '특이 사항 없음' 이었다.

하지만 여타의 꾀병 환자들과 한 가지 다른 게 있었다. 이쯤 되면 포기하고 실토하는 다른 꾀병 환자와 달리 이 녀석은 집요했다. 이 병원에서 특별한 소견이 나오지 않으면 다른 병원으로 찾아가고, 다른 병원에서도 별 말이 없으면 다시 병원을 옮기곤 했다. 원래 군 생활을 잘 하고 있었던 병사라고 들었기에 혹시 꾀병이 아니라 진짜로 시력이 나빠진 것일까, 내가 환자를 놓치고 있는 것인가 하고 생각한 적도 몇 번 있었다. 하지만 가끔씩 그를 유심히 살펴보면 눈앞이 잘 안 보인다는 녀석이 태연히 컴퓨터 앞에 앉아 있거나 텔레비전을 시청하고 있었다. 또 주변 병사들에게 그에 대해서 물어보기도 했지만 다들 하는 말이 눈을 항상 찌푸리고 있는 것 외에는 밥도 잘 먹고 잘 걸어 다니기도, 특별한 문제는 없어 보인다는 것이었다.

갈수록 '뺑끼' 라는 심증은 굳어져만 갔고, 결국 국군 병원 중 최상급 병원이라는 국군 S병원에서 '꾀병 의증' 이라는 소견서를 받아왔다. 나는 이 병사에게 최후통첩을 했다. 얼마 후에 예정돼 있는 S대학교 안과 진료에도 특별한 이상이 없는 것으로 나온다면 헌병대에 이야기하겠다고 말이다. 그리고 며칠 후, 그가 귀대할 시간이 되었고 난 '오늘 엄포를 좀 놓으면 그 녀석 바로 눈을 뜨겠지?' 하고 생각하면서 꾀병 환자를 다루는 데 필수적인 살벌한 분위기를 조성할 요량으로 컴퓨터 앞에 앉아서 '○○○ 일병, 헌병대 영창에 들어가는 데 건강상의 문제점은 없음' 이란 내용의 협박(?)용 소견서를 쓰고 있었다. 그런데 갑자기 내 앞에 하얀색 진단서 한 장이 '쓱' 하고 들이밀어졌다. '오냐, 네가 드디어 왔구나' 라고 벼르면서 진단서를 훑어보는데, 웬걸, 거기에는 검사상 양안의 시신경 병증이 있는 것으로 확인됐으며 수개월 정도 약물치료를 요한다고 써져 있는 게 아닌가?

참으로 어안이 벙벙했다. 이 녀석은 누가 보더라도 전형적인 꾀병 환자였는데, 진짜 이상이 있었을 줄이야……. 내가 너무 겁을 준 나머지 영창이 두려워서 진단서를 위조해온 것이 아닌가 싶어 첨부된 검사 결과 서류를 보고 안과에 있는 친구한테 물어보았지만, 검사 결과가 그렇게 나왔다면 진짜로 이상이 있어 보인다는 답변만 돌아왔다. 도대체 이게 어찌된 영문인지 알아보기 위해 진료실에 그를 앉혀 놓고, 몇 가지 묻기 시작했다. 그리고 이렇게 시작한 우리의 대화는 점차 길어져 갔고, 그와 몇 시간 동안 이야기하면서 내가 지금까지 여러 가지를 오해했음을 알게 됐다.

그가 제일 처음, 눈앞이 잘 안 보임에도 일주일 만에야 의무실로 왔던 것은 유격 훈련 준비로 동료 병사들이 바쁜데 자기만 쏙 빠져나오기 너무 미안하고, 동료들에게 걱정을 끼치기 싫어서 참을 수 있는 데까지 참다가 더 이상 견딜 수 없어서 의무실로 온 것이었다. 눈이 부시고 화면이 잘 보이지 않는데도 컴퓨터를 했던 것은 계속된 진료에도 정확한 진단이 나오질 않자 억울하고 답답해서 자신과 비슷한 경우가 있는지 찾아보려고 했던 것이었다. 넘어지지 않고 잘 걸어 다니는 것에 대해서는, 혹시 넘어져 다칠까봐 잘 아는 길 이외에는 가지도 않았다고 한다. 자신이 잘 걸어 다니는 것처럼 보였다면 아마 그 때문일 거라고도 했다. 그러면서 그는 내게 그간에 느꼈던 괴로움을 토로하기 시작했다. 갑자기 눈이 안 보이다 보니 전반적인 부대 생활이 너무 힘들었단다. 민간인 신분이었다면 마음껏 진료도 보고 검사도 받고, 필요하다면 입원 치료도 했을 터인데 군인이라는 통제된 신분이다 보니 병원 가는 것도 제약이 많았단다. 진료 날짜 잡는 것도 휴가 일정이랑 자꾸 어긋나고 그러다보니 군대에 와서 속절없이 장님이 돼서 나가는 것이 아닌가 하는 걱정으로 밤잠을 못 이룰 때도 있었단다. 하지만 눈이 잘 안 보인다는 것, 그리고 그 상태가 지속될지도 모른다는 두려움보다도 오히려 그를 제일 괴롭게 했던 것은 나를 비롯한 주위 사람들의 의심 섞인 시선이었다고 한다.

"이상이 없다는 소견서를 받아올 때마다 군의관님의 마치 '그럴 줄 알았다.' 는 표정, 그리고 부대 동료들과 주위 사람들의 나무라는 듯한 눈빛, '너 혼자만 편하려고 이렇게 거짓말을 하고, 가짜 연기를 하느냐?' 고 비난하는 듯한 그 시선들이 저를 너무나도 힘들게 했습니다."

그때서야 깨달았다. 눈먼 자는 바로 나였음을.

몇 년 전, 흰 가운을 입고 히포크라테스 선서를 하면서 환자의 고통에 공감하고 그들의 몸뿐만 아니라 마음까지 치료하는 의사가 되자고 결심했건만, 그간의 진료 경험들이 오히려 독이 되어 내 눈앞에 선입견의 장막을 쳐 놓았음을 말이다. 그리고 그 장막 때문에 환자가 내게 보여주고, 호소하는 것을 있는 그대로 받아들이지 못하고, 그로 인해 환자가 내게로 다가오지 못했다는 것도 깨달았다.

의사와 환자 사이의 공감이나 신뢰 관계(rapport)는 이미 교과서에나 나오는 개념이 되어 버린 것 같다며 요즘같이 의사와 환자 관계가 멀어진 적이 없는 것 같다고, 이 사무적이고 비즈니스적인 관계가 싫다고 친구들에게 잘난 척 말해왔다. 하지만 정작 그 괴리를 조장한 것이 바로 나 자신이었다는 사실이 너무나도 부끄러웠고 그동안의 편견 섞인 행동과 가시 돋친 말들이 후회스러웠다. 그리고 이러한 것들을 알아차릴 수 있게 기회를 준 그가 참으로 고마웠고, 그에게 진심을 담아 말했다. 그간의 일은 정말 미안하고, 이제나마 내 눈을 틔워줘서 정말 고맙다고…….

수개월 후, 다행히도 그 녀석은 어느 정도 시력이 회복되어 다시 정상적으로 군 생활을 할 수 있게 됐다. 나를 볼 때마다 씩 웃으며 인사하고 가끔씩은 자기 맘을 이해해줘서 감사하다며 음료수도 한 병씩 선물로 사 들고 의무실로 놀러온다. 그리고 그를 만날 때마다 난 다짐하게 된다. 앞으로도 계속 환자에게 속고, 그들과 다투고, 그들에게 실망할 때가 있겠지만 그래도 항상 초심, 환자들의 아픔을 함께하고 그들의 질병뿐만 아니라 마음까지도 보살피고 보듬어줄 수 있는 의사가 되리라는 마음가짐을 잃지 말고 그들에게 먼저 다가서겠다고 말이다.

내 의료의 공리(公理)

조용수 (도포보건지소 공보의)

"선생님, 나 다쳐서 왔소."

"오랜만인데 좀 좋은 일로 오지 그러셨어요?"

"그러게 말이요. 하하하."

"어떻게 되신 거예요?"

"어제 넘어져서 손바닥이 쪼까 찢어졌소. 근데 쉬는 날이라 선생님이 없는 거요. 그래서 섬 밖에 정형외과까지 나가서 꿰맸단 거 아니요."

"그러셨어요? 하루만 더 늦게 다치지 그러셨어요? 제가 해드렸을 텐데요. 하하."

"명심해서 담부턴 꼭 선생님 계실 때 다치겠소. 하하하."

후덕한 인상만큼 둥글둥글한 성격의 아주머니다. 나도 그렇게까지 모난 성격은 아니어서 상처를 앞에 두고도 부담 없이 농담을 주고받았다. 손에 감긴 붕대를 풀자 빨갛게 부어오른 상처가 나왔다. 두세 장 거즈가 덧대져 있었는데, 상처에서 진물이 너무 많이 나와 거즈가 전부 흡수하지 못하고 있었다. 심한 염증 소견에 나도 모르게 인상이 찌푸려졌다.

"어제도 이렇게 심하셨어요? 병원에서 별다른 얘기 안 하던가요?"

"아니, 어제는 이러지 않았는데……. 그냥 꿰매고 왔는데……."

아주머니도 상처 상태를 보고 당황했는지 말을 제대로 잇지 못하신다.

"이래서 어제랑 오늘이랑 그라고 아팠는갑네."

"염증이 심해서 그 병원 다시 가보셔야겠어요."

"오메, 그 먼 곳을 어찌 또 간다요?"

"그러게요."

안타까운 표정을 지으며 나는 어깨를 으쓱해보였다. 아주머니는 상처와 나를 번갈아가며 살피더니 긴 한숨을 내쉬었다.

'봉합(suture) 후 2차 감염 환자입니다. 드레싱(dressing)과 항생제(IM) 해주시기 바랍니다.'

아주머니가 하루 만에 돌아와 내민 진료의뢰서가 영 탐탁지 않다. 점잖게 표정 관리를 했지만 사실 속으로는 오만상이 써졌다. 이런 경우 총체적인 판단이 가능한, 원래 봉합을 한 의사가 관리하는 게 당연했다. 자기가 만든 2차 감염을 모른 척하는 그 의사가 못마땅했다. 앞으로 있을지 모르는 상처 악화의 책임을 떠넘기는 거 같아 불쾌했다.

문득 얼마 전에 겪었던 일이 떠올랐다. 한 여자아이가 아버지 손에 이끌려 진료실에 들어섰다. 아이의 얼굴을 감싼 수건은 이미 빨갛게 물들어 있었다. 조심히 떼보니 꽤 깊은 열상이 지저분하게 나 있었다. 아무래도 봉합 결과가 좋지 않을 듯해 아버지를 찾아보니, 무심하게도 대기실에서 텔레비전을 보고 있었다.

"상처가 깊고 모양이 불규칙해서 흉터가 남을 가능성이 많습니다. 성형외과에 가서 꿰매는 게 좋겠습니다."

"언제 성형외과에 데려가겠소? 그냥 꿰매주시오."

"그래도 여자아이 얼굴인데 웬만하면 성형외과로 데리고 가시지요."

"상관없으니 그냥 꿰매주시오."

"저는 성형외과 전문도 아니고 제 실력으로는 아무래도 힘들겠습니다."

"나중에 다른 말 안 할 테니 그냥 꿰매만 주시오."

그 이후로도 한참 동안 승강이를 벌였지만 완고한 고집을 꺾을 수 없었다. 고개를 돌려보니 아이가 소리 없이 닭똥 같은 눈물을 흘리고 있었다. 아이의 마음속까지 생채기가 남을까 걱정되어 한 시간 넘게 공을 들여 한땀 한땀 수를 놓았다.

불행히도 나는 다음날부터 아이 어머니의 앙칼진 신경질을 온몸으로 받아내야 했다. 날이면 날마다 흉터가 남으면 책임지라는 통에, 한동안 노이로제에 걸릴 지경이었다. 창 너머로 아이가 소독하러 오는 모습만 보여도 가슴이 덜컹 내려앉곤 했었다.

그 이후 나는 철저한 사유를 거쳐 의료에 임하는 하나의 자세를 정립했다.

'의사와 환자 사이는 일종의 계약 관계다. 의사는 최선을 다해 환자를 봄으로써 이 계약을 수행한다. 환자 또한 의사가 최선을 다해 계약을 수행해주리라 믿는다. 그러나 의사가 행하는 최선과 환자가 바라는 최선은 다르다. 갈등이 생기는 것은 필연지사. 의사는 어디까지나 과정의 최선을 담보하지만, 환자는 어디까지나 결과의 최선을 요구한다. 최선을 다한 과정이 항상 최선의 결과를 보장하지는 않는다. 고로 애초에 무리수는 두지 않는 것이 나 개인에게 최선이

다.'

그런 고로 아주머니와 평소 안면에도 불구하고 2차 감염 상처는 보고 싶지 않았다.

"아주머니, 아시다시피 상처 부위에 감염이 심해요. 솔직히 말씀드리는데, 저는 이렇게 상처가 감염된 경우의 처치는 해본 적이 없어요. 그쪽 방면 전문의에게 치료받으시는 게 좋겠어요."

"거기 의사분이 그냥 보건지소에서 처치해도 된다고, 그래서 더 이상 올 필요 없다고, 이거 의뢰서 써주던데……."

"이제 더 이상 올 필요 없다고 했다고요?"

"여기 선생님도 잘하실 텐데 뭐 하러 멀리까지 나오느냐고, 그냥 앞으로 여기서 하라고 하던데……."

예상치 못한 황당한 대답에 잠시 말문이 막혔다.

"선생님이 보기에도 상처가 많이 심하요?"

"네."

"그라믄 선생님이 보기에 앞으로 어째야 하겄소?"

"약 잘 먹으면서 매일 빼먹지 말고 소독 받으셔야겠어요."

"거까지 하루에 4시간씩 걸리는디, 어떻게 매일 나간다요?"

"……."

"선생님, 편의 좀 봐주시오."

아주머니는 거의 울먹이다시피 했다. 그러고도 내가 반응이 없자 일을 하지 않으면 굶어죽는다느니, 이럴 바엔 차라리 바다에 빠져 죽어버리겠다느니, 집에 봐야 할 애들이 있다느니 쉬지 않고 떠들었다. 냉정히 따져보면 남들과 다를 거 없는 평범한 생활 얘기였는데, 어지간히도 불쌍하게 묘사해서 졸지에 나는 피도 눈물도 없는 인간으로 몰리고 있었다.

붕대를 풀어 보니 상처가 공기 중에 벌려져 있었다. 혐기성미생물

(anaerobes)를 없애기 위해 봉합사를 풀어둔 상태였다. 어제와 똑같은 호전 없는 상처에 불안해졌는지 아주머니는 간절한 목소리로 다시 한 번 울먹거렸다.

"선생님 시키는 대로 뭐든 할 테니 제발 낫게 해주시오."

"그러면 날마다 오전 오후로 하루 두 번씩 오세요."

결국, 나는 입술을 깨물며 대답하고 말았다.

"고맙소, 고마워."

아주머니는 고맙다는 말을 수차례 반복하더니 금세 웃으며 호들갑을 떨었다.

하루하루 기울인 정성을 알았는지, 다행히 손바닥을 흐르던 흙탕물이 점차 줄어들었다. 대신 주위의 엷은 피부가 떨어지더니 상처가 넓게 벌어졌다.

"선생님, 많이 좋아졌어라."

상처를 보며 아주머니가 스스로를 대견하다는 듯 말했다.

"네, 그러네요."

"선생님 덕분이요. 이제 아프지도 않으요."

"진물도 안 나고 감염은 다 나았어요. 원래 이런 경우는 감염이 없어지면 다시 봉합해야 하는데, 상처가 너무 크게 남아서……."

나는 말꼬리를 흐렸다.

"어째 꿰매기 어렵겠소?"

"음, 상처 크기가 이렇게 커져서는 양쪽을 끌어당겨서 잘 꿰맬 자신이 없네요."

"그라면 어떻게 해야 한다요?"

"그때 그 정형외과에 한 번 더 가서 꿰매고 오세요."

"선생님이 다 해줬으면 하는디……."

"꿰매고만 오시면 그 이후론 제가 다 해드릴게요."

"선생님이 하란 대로 해야지요."

아주머니가 힘없이 고개를 끄덕였다.

다음날 아주머니는 아침 일찍부터 씩씩한 목소리를 냈다.

"선생님! 신세를 좀 더 져야겠소."

"잘 꿰매고 오셨어요?"

"아니, 거기서도 이제 꿰맬 수 없으니까 그냥 소독만 받으라고 합디다."

아주머니의 대답에 약간의 허탈감이 밀려왔다. 그러나 잠시 후 내 손으로 끝을 보고 싶다는 갈증이 일었다. 어제 환자를 보내면서 아쉬움이 조금 들었던 것도 사실이었다. 상처의 호전을 보면서 의사로서의 쾌감이 적잖이 느껴졌기 때문이었다.

"아주머니, 상처의 재봉합이 불가능하니까 새살이 찰 때까지 웨트 드레싱(wet dressing)이라는 것을 할 거에요. 아마 2주 정도는 걸릴 거 같으니까 지금까지 했던 것처럼 매일 하루에 두 번씩 오세요."

여기까지 와서 상처가 악화하는 건 참을 수 없었다. 나쁜 결과에 대한 두려움보다는 오기에 가까웠다. 지금까지 쏟은 정성의 대가, 그것을 깨끗한 완치에서 보상받고 싶었다.

"그라면 나는 좋지만, 선생님이 너무 고생하실 게 미안해서……."

"괜찮으니까 매일 잘 나오세요. 빼먹고 안 오셔서 상처 나빠지면 안 봐드릴 거예요."

아주머니는 차마 내 눈을 마주 보지 못하고는 멋쩍은 미소만을 지었다.

새살은 생각보다 더디게 차올라서 주말 쉬는 날도 따로 불러서 드레싱을 했다. 그렇게 수주일이 지나자 갈라진 땅과 같던 상처 틈새를 뚫고 새싹이 돋아 올랐다. 확연히 눈에 띄는 변화는 아니지만, 상처는 조금씩 새살로 메워졌다. 진심으로 서로를 칭찬하며 함께 기뻐

했다. 그러면서 점차 아주머니의 얼굴이 뜸해졌다. 수개월이 지나 찬바람이 불 때쯤 되어서는 더는 나를 보러 오지 않게 되었다.

나는 그동안 아주머니에게 내가 할 수 있는 최선의 과정을 행했고, 그것은 결국 최선의 결과로 이어졌다. 의사로서 최선과 환자가 원하는 최선이 일치하는 첫 경험이었다. 그 이후로 환자들과의 사소한 계약 하나하나에도 조금 더 신경을 쓰게 되었다. 이제껏 봐오던 환자들도 약간의 관심을 더 기울이자 그만큼 더 나은 결과들로 대답했다. 그래서 나는 내 의료의 새로운 공리(公理)를 세웠다.

'과정의 최선이 결과의 최선을 담보하는 건 아니지만, 과정에 최선을 다하면 더 나은 결과로 이어질 가능성이 커진다.'

제9회 장려상 수상작

눈빛을 잃다

조용진 (전남대병원 정형외과 교수)

'델겔경'

의사라면 누구나 한 명쯤 잊지 못할 환자가 있겠지만 나에게 '델겔경' 이란 이름은 지금까지 낯설고도 애잔한 느낌으로 남아 있다.

정형외과 수련의 생활이라는 것이 오늘과 내일이 별반 다르지 않다. 응급실 당직이냐 아니냐는 그날 하루 생활을 천당과 지옥처럼 갈라놓는다. 수련의 2년차가 거의 끝나가던 어느 날, 당직이 아닌데도 불구하고 오전 8시에 응급실 호출을 받게 됐다.

호출한 인턴을 갈아 마셔 버릴 작정을 하고 전화를 했다. 세상에, 환자 도착 시간이 6시 56분이란다. 인턴 호출 시간을 기준으로 응급실 당직자를 정했다가는 환자가 정형외과 의사 냄새도 못 맡고 응급실에서 퇴원해야 할 상황이 되기도 하므로 환자 도착 시간 오전 7시를 당직 기준 시간으로 정하고 있었다. 즉, 그 환자는 내 환자인 것이다.

응급실 인턴은 환자 설명보다 자기가 왜 이렇게 늦게 호출하게 됐는지부터 장황하게 설명을 늘어놓는다.

"선생님. 환자 도착 시간이 6시 56분이고요, 엑스레이 찍고 나니 7시 40분이 돼 버렸어요. 랩(RAB)은 씨비씨(complete blood cell count, 일반혈액검사)만 나왔고요, 케미(chemistry, 화학반응)는 아직 안 나왔는데요, 아무래도 빨리 와서 보셔야 할 것 같아……."

"뭔데?"

"32세 여자 환자로 새벽 6시 인카티에이(in car Traffic Accident) 이후 발생한 흉추 11-12번 골절이구요……."

그다음부터 듣지 않아도 충분하다. 응급실 인턴이 흉추 11-12번 골절이라고 한다면 당장 달려가 봐야 한다. 응급실에 도착해서 환자부터 먼저 찾았다. 교통사고로 하반신마비가 의심되는 환자라면 분명 A라인에 있을 텐데……. 예상은 틀리지 않았다.

"환자분, 제 말 들리시나요? 저는 정형외과 의사고요. 어디가 편찮으신지 좀 살펴볼게요."

그런데 이상하다. 환자가 내 말에 눈을 뜨기는 했으나 전혀 알아듣는 기색이 없다. 뇌 손상이 같이 있나? 덮여 있던 시트를 젖히고 외상이 있는지 먼저 살폈다.

"여기는 어떠세요? 만지는 느낌 있나요?"

아침부터 나의 코털을 건드렸던 응급실 인턴이 달려왔다.

"선생님, 이 환자 우리말 몰라요. 몽골에서 왔대요."

그럼, 영어는? 영어도 모른단다. 교통사고 현장에서 구급대에 의해 이송된 환자로, 같이 다친 운전자 역시 몽골인이며, 우리말은 모른단다. 응급실 도착 당시 눈에 보이는 외상이 없어서 방사선 촬영이 늦어졌고, 의사소통이 되지 않아 다발성외상 환자에 준하여 시행한 방사선 촬영에서 흉추 11-12번 사이에 골절이 발견됐다. 급한 대로 응급실 인턴에게 대사관에라도 연락해서 몽골어 통역이 가능한 지 알아봐 달라고 했다. 흉추 11-12번 손상이라면 초응급이다. 우선 자세한 신경검사가 필요하다. 나는 환자가 어디까지 통증을 느끼고 어디부터 감각이 없는지, 또 하지를 움직일 수 있는지 아닌지를 알아내야만 했다. 어차피 우리말도 영어도 안 되는 상황이라면 세계 공통어인 손짓 몸짓뿐이다.

"음, 음, 음. 으으으음, 음."

이건 뭐 침팬지도 아니고, 별안간 나는 환자 앞에서 '생쇼'를 하고 있었다. 그녀가 고개를 끄떡인다. 알아들었다는 뜻이렷다. 천천히 발끝부터 시작한다. 꼬집고 쳐다보고, 꼬집고 쳐다보고를 몇 번이나 반복했는지, 그녀는 배꼽 바로 아래까지 통증을 느끼지 못하고 있었다. 얼추 방사선사진 소견과 비슷하다. 이번에는 운동능력검사. 그런데 이것은 알아듣지 못해서 못하는 건지, 진짜 신경 손상 때문에 못하는 건지 분간하기가 어려웠다. 수차례를 반복했고 겨우 그녀의 상태를 파악할 수가 있었다. 급한 대로 그녀에게 허리를 가리키며 거기가 다쳤고, 수술이 필요하다는 시늉을 했다. 나는 그녀가 알아듣든 못하든 간에 겁에 질린 그녀의 눈망울을 바라보며 말없이 침대 곁을 떠나는 것이 옳지 않다고 생각했다.

그러는 사이, 그녀가 일하고 있던 김치 공장 관계자들이 도착했고, 멀리 인천에서 일하고 있던 남편에게도 연락이 됐다. 회사 관계자들에게 그녀의 상황을 설명했지만 회사 트럭에 의한 사고 걱정만 하고 있었다. 사고를 낸 동료는 남편의 절친한 친구이며, 추운 새벽길에 출근하는 그녀가 안쓰러워 회사 안에서만 운용하게 돼 있는 트럭을 몰고 나갔다가 이런 일이 발생한 것이었다. 회사 관계자들 역시 현장 작업에 필요한 몇 마디 몽골어만 익숙할 뿐 이런 상황에서는 속수무책이었다.

구석에 죄인처럼 앉아 있던, 사고를 낸 동료가 내게 다가와서 꼬깃꼬깃 접힌 메모지를 내밀었다. 전화번호다. 눈빛이 내게 뭔가 말을 하는데 분명 도움이 되었으면 되었지 해가 될 일은 아닌 것 같다. 전화를 걸었더니 어떤 여자가 받는데 역시 알아들을 수 없는 게 몽골어인가 보다. 실망해서 끊으려고 했더니, 그쪽에서 다시 뭐라고 말한다. 서툴기는 하지만 우리말이다. 자신은 몽골인이며, 현재 연세대학교에 유학 중이란다. 사정 설명을 했다. 도와달라고 부탁도 했다. 전화기를 들고 그녀에게 다시 갔다. 내가 전화 속 목소리에게 설명을 하고 나서 그녀에게 전화기를 가져다 대면 목소리가 몽골어로 통역을 하는, 복잡하지만 그것은 최선의 방법이었다. 그녀 눈에서 눈물이 흘렀다. 이미 직감하고 있었지만 그렇게까지 나쁜 줄을 몰랐나 보다.

전화 통역은 설명뿐만 아니라 소득도 있었다. 그녀는 약하기는 하지만 양쪽 고관절에 힘이 들어가고 있었으며, 그것은 나중에 하지 마비가 어느 정도 호전될 수 있다는 의미이기도 했다. 나는 다시 바빠졌다. 완전 척수손상을 동반한 흉추 11-12번 골절이라면 더 이상 나빠질 것이 없기 때문에 환자 전신 상태가 안정된 후에 수술을 해도 충분하다. 하지만 혹시 불완전 척수손상이라면 응급수술을 통해 척추를 안정화 시키는 것이 필요하기 때문이었다. 서둘러서 MRI와 CT 처방을 내고, 수술 준비를 시작했다.

인천에서 광주까지 다섯 시간을 달려온 그녀의 남편은 눈물부터 보인다. 모든 것을 운명처럼 받아들이고 담담해하는 그녀와는 무척 대조적이었다. 아마도 먼 이방인의 땅까지 와서 더 많은 돈을 벌기 위해 가까이 있어주지도 못했던 자신이 못내 아쉬웠으리라.

다시 전화기를 붙잡고 설명과 질문이 오갔다. 통상 우리말로 해도 20~30분이 소요되는 환자 상태 설명과 수술동의서 작성은 전화 통역을 통해야만 했기 때문에 더욱 더뎠고, 가끔 전화 속 너머 내 구세

주 역시 우리말에 익숙지 않아 무척 어려웠다.

무사히 수술을 마치고 그녀는 병동으로 옮겨졌다. 아침, 저녁 회진 때 나와 그녀는 오직 눈으로만 대화했다. 대화란 말로만 할 수 있는 것은 아니었다. 이제는 서로 그저 지그시 바라보기만 해도 그녀의 아픈 곳을 알 것 같았다. 날마다 수첩에 빼곡히 적힌 해야 할 일이 끝나기 전까지 환자의 통증 호소, 보호자의 불만, 심지어 간호사의 보고까지 바쁘다는 핑계로 들으려 하지 않았던 나였지만, 정작 필요한 것은 시간이 아니라 듣고자 하는 마음과 태도였다. 여유를 가지고 귀 기울일 때 외국어뿐 아니라 아기의 울음소리에서까지 진심을 들을 수 있었고 눈빛을 읽을 수 있었다. 이제 나는 일이 아닌 진료를 하고, 환자가 아닌 사람을 만날 수 있었다.

수술 일주일쯤 후, 전화 속 목소리가 병원까지 방문해주었다. 그녀와 그녀의 남편, 전화 속 목소리 그리고 나. 우리는 하고 싶은 말보다 듣고 싶은 말이 많았다. 그녀는 초등학교 선생님이었단다. 본국에는 어린 아들도 하나 있다고 했다. 일주일이 지났으나 그녀의 다리는 좀처럼 호전될 기미를 보이지 않고 있었다. 나는 그녀에게 아직은 시간이 좀 더 필요하다고, 슈퍼맨처럼 다시 일어나 걸을 수 있을 거라고, 그러니 희망을 버리지 말자고 말하고 싶었다. 이국땅 주치의는 그렇게 할 수가 없었다. 혹시나 오역이나 오해의 소지가 있는 말은 아꼈고, 사실과 증거에 근거한 건조한 설명만 할 수 있었다. 그녀도 이런 내 마음을 읽었는지 의지를 잃지 않았다.

그녀를 마지막으로 본 것은 그로부터 3개월 후, 외래에서였다. 바쁘게 외래 대기실을 빠져나오는 내게 휠체어 한 대가 덮칠 듯이 다가왔다. 내 이름도 호칭도 모르는 그녀였으나 반가운 마음에 그랬으리라. 이제 곧 본국으로 돌아간다고 했다. 우리는 한참 동안 서로 바라보다가 뜨겁게 손을 마주잡았다. 그리고 눈빛으로 말했다.

"델겔경, 고생했어요. 하지만 앞으로 더 고생될 거예요. 다음에는 꼭 두 발로 서서 만나요."

삶의 축복

최충언 (알로이시오기념병원 외과 과장)

"누군지 아시겠어요, 부장님?"

청바지에 모자가 달린 분홍 점퍼를 입고 머리를 두 갈래로 땋은 아이의 손을 잡고 수녀가 진료실에 들어서며 말했다.

"글쎄요. 잘 모르겠는데요, 수녀님?"

"유나예요."

그래도 내가 멀뚱해하자,

"배에 수술한 자국을 보면 아실 거예요. 꼭 한 번 보여드리고 싶어서 데리고 왔어요."

우상복부의 피부 절개로 보아서는 비후성유문협착증 수술을 한 흔적이었다. 기억을 더듬어보았다. 강보에 싸인 채 엄마 수녀 품에 안겨 울었던 유나였다. 피부가 하얗고 조금 길쭉하게 생긴 얼굴을 보니 바로 그 유나다.

"아, 예. 예쁘게 잘 컸네!"

입가에 절로 웃음꽃이 핀다. 이렇게 유나를 다시 만났다. 수술과 마취를 무사히 견뎌내고 울어주던 유나가 얼마나 고맙던지 기억에 새롭다. '유나야, 레치얌!' 하고 난 속으로 외쳤다.

유대인들은 '레치얌' 하고 외치며 건배를 한다고 들었다. 히브리어로 '삶을 위하여' 라는 뜻이다. 행복하고 아름다운 삶뿐만이 아니라 어렵고 힘들고 때론 부당하다고 느껴지는 삶일지라도, 삶은 여전히 거룩하고 서로 축복해야 한다는 의미가 담겨 있다. 전혀 기대하지 않았던 한 통의 전화, 가벼운 포옹, 귀를 기울여 들어주는 것, 따스한 미소나 눈인사 같은 단순하고 일상적인 행동이 우리의 삶에 활력을 불어넣기도 한다. 떨어진 귀걸이를 찾아주거나 장갑을 집어주는 행동들이 타인에 대한 신뢰와 사랑을 되찾아줄 수도 있다. 이렇듯 우리는 작은 행동으로 커다란 메시지를 전달하기도 하고 서로의 삶을 축복하기도 한다.

유나를 처음 만난 것은 '두 집 살림' 을 하고 있을 때였다. 마리아수녀회에서 운영하는 구호 병원을 떠나 후배와 달동네에서 개업을 하고 있었다. 8년 동안 외과 과장으로 '소년의 집' 아이들과 함께 했던 병원이었다. 자선병원이라 봉급이 박했다. 아이들이 커서 중학생이 되자 현실 문제로 고민하다 동업을 택했다. 병원을 떠나면서 일주일에 이틀은 구호 병원에서 외과 진료와 수술을 하겠다고 병원장 수녀님과 약속했었다. 병원에서는 따로 외과 과장을 구하지 않았고, 난 매주 화요일 오후와 금요일 오전에는 구호 병원으로 갔다. 이런 나를 두고 누구는 '두 집 살림' 이 얼마나 힘든 줄 아느냐며 그만두라고 농담 삼아 말하기도 했다. 그러나 수녀님과 한 약속을 꼭 지키고 싶었다.

평소처럼 금요일 아침에 병원에 들렀다. 강보에 싼 아기를 수녀님이 데려왔다. 5킬로그램의 당당한 몸무게로 첫울음을 울었던 미혼모의 아기였다. 생후 5주째부터 입과 코로 심하게 토한다고 했다.

처음 만났을 때 유나의 나이는 두 달이었다. 초음파 검사에서 비후성유문협착증이 의심된다는 소견이 나와 있었다. 더 이상 미룰 필요가 없었다. 유나는 배가 고파 연신 울고 있었다.

'빨리 수술해줄게. 조금만 참아라, 유나야.'

비후성유문협착증은 위의 가장 끝부분 즉, 십이지장으로 넘어가기 직전의 부위를 유문이라고 하는데, 이 부분의 근육이 두꺼워져 생기는 질환이다. 유문부 근육이 살이 쪄서 음식이 통과하는 길을 막게 된다. 생후 3주경부터 아기가 먹고 나면 왈칵 토하는데, 입과 콧구멍 양쪽으로 사출성 구토를 하게 된다. 아기가 토한 젖은 녹색의 담즙이 섞이지 않은 흰색이다. 아기는 먹은 것을 대부분 토했기 때문에 공복으로 인해 다시 먹으려고 한다. 처음에는 하루에 몇 번 토하다가 나중에는 먹을 때마다 토하게 되며, 체중이 줄고, 대변 양도 줄어 변비가 되고 소변 양도 줄게 된다. 가장 중요한 진단법으로는 환아의 증상과 함께 오른쪽 갈비뼈 아래에 연골 같은 딱딱한 지름 2~3센티미터 크기의 도토리 모양의 덩어리를 촉진하는 것이지만, 유나는 만져지지 않았다. 확진을 위해 복부 초음파로 비후된 유문 근육을 발견하거나 가늘게 좁아진 유문부를 확인하면 된다.

부끄럽게도 수련 기간에 나는 아기 울음소리가 정말 듣기 싫었다. 가뭄에 콩 나듯 집에 가는 날이면 밤새 울어대던 큰아이 우는 소리에 그만 짜증이 나서 '우유에 수면제를 조금 갈아 먹이면 어떨까?' 라고 아내에게 말을 건넸다가 눈 흘김을 당하기도 했다. 좋아서 한 번 가슴에 안아보려고 하면, 웬 낯선 사람이 병원 소독 냄새 폭폭 풍기며 다가오나 하면서 거의 얼굴이 새파랗게 변하면서 경기하듯이 넘어가곤 했다. 그 때문이었으리라. 아빠로서 나는 두 아이를 따뜻하게 안아본 기억이 별로 없다.

아이를 대하는 데 조금씩 변화가 찾아온 것은 구호 병원에 일하게 되면서부터다. 병원의 특성상 대부분 미혼모들이 낳은 아이들을 많이 만나게 되고 수술을 하게 되었다. 쥐꼬리만 한 연민이 나에게 남아 있어서일까? 아이의 울음소리도 귀찮지 않게 되었고, 안아주고 싶을 때도 많았다. 틈만 나면 아이들의 웃는 모습이나 우는 모습을 카메라에 담기도 했다. 아마 자식들에게 받지 못했던 것에 대한 보상 심리도 한몫을 했으리라.

토요일 9시에 구호 병원으로 갔다. 유나는 코에 튜브를 꼽았고, 가느다란 팔에 링거액 주사를 달고 배가 고픈지 마냥 울고 있었다. 아기들이 울 경우 열에 아홉은 배가 고파 운다. 울어 보채는 아기들에게 젖병을 입에 대어주면 뚝 그치고, 거의 필사적으로 숨도 쉬지 않고 젖병을 빠는 모습에서 알 수 있다. 그럴 땐 살기 위해 먹는 것이 아니라 먹기 위해 사는 것 같기도 하다. 수술대 위에 올라간 유나가 계속해 울고 있어 수술실 담당 수녀가 안아주었다. 손을 씻기 전이라 카메라를 들이대니까 울다가 울음을 멈추고 생긋 웃는다. 마취과 선생이 들어올 때까지 사진을 찍으며 달랬다. 그러나 그 시간도 잠시 잠깐, 마취 주사가 들어가자 유나는 사르르 잠 속으로 빠져들었다. 수술용 솔로 팔꿈치까지 씻으면서 속으로 수술이 잘 되게 해 달라고 빌었다.

신생아나 유아들을 수술할 경우는 수술 시야가 좁기 마련이다. 개복을 하니 늘어난 위가 자꾸 방해가 되었다. 그러나 신생아들은 체온을 빼앗기기 쉽기 때문에 최대한 수술 시간을 단축해야 한다. 새끼손톱 첫마디만한 쓸개가 빙긋 웃고 있는 듯이 보이지만 두꺼워진 유문부가 잘 보이지 않았다. 마음은 급하고, 신경이 곤두섰다. 조금 큰 견인기로 당기고 나니 두꺼워진 유문부가 보였다. 이제는 유문부를 끄집어내어 절개했다. 너무 길게 하면 십이지장에 구멍이 나기 쉽고, 너무 짧게 절개하면 수술 후 토하게 된다. 적당하게 절개를 가

한 뒤 유문부 점막이 천공되지 않게 두꺼워진 근육을 벌렸다. 그러면 마치 고무풍선을 손으로 누를 때처럼 점막이 부풀어 올라 음식 내려가는 길이 넓어지게 되는 것이다. 유문절개술이라는 수술이다. 출혈이 없음을 확인하고는 절개한 복부를 재빨리 꿰맸다. 마취에서 깨우자 유나는 또 운다. 배가 고파서라기보다 수술부위가 아파서 우는 것일 게다. 무사히 수술과 마취를 견뎌내고 울어주는 유나가 고마울 따름이었다.

'내일부터는 설탕물을 3시간 간격으로 15시시 정도는 먹을 수 있을 거야. 울지 마, 유나야.'

날마다 구호 병원에 갈 수 없어 유나의 상태는 전화로 확인을 했다. 수술 다음날 조금 토했다고 했다. 그럴 수도 있다. 대개 수술 뒤에는 토할 수 있기 때문이다. 우유를 먹이고 차츰 먹는 양을 늘려갔다. 더 이상 토하지 않고 오줌도 잘 누고 똥도 쌌단다. 외과 의사는 수술한 환자가 방귀를 뀌거나 똥을 누었다는 소리를 듣는 게 가장 반가운 법이다. 늘 느끼는 것이지만 행복이라는 것이 뭐 별 건가. 잘 먹고 잘 싸는 것 아닐까?

쉬는 날이지만 토요일 오전에 구호 병원으로 가는 발걸음은 한결 가벼웠다. 드디어 유나가 실밥을 풀고 퇴원하는 날인 것이다. 살이 쪘으면 얼마나 쪘겠냐마는 유나의 뺨을 보니 살이 오른 것 같기도 하다. 수술한 부위의 상처는 잘 아물었다. 아이들의 상처는 참 잘 아문다. 그만큼 재생력이 뛰어나고, 내부에 무한한 발전 가능성을 가지고 있기 때문일 것이다. 포대기에 싸여 보모와 함께 계단을 내려오던 유나가 간호사실 앞에 있는 나에게 왔다.

"유나야, 잘 먹고 다시는 토하지 말고 잘 자라라."

나는 어린 유나에게 축복의 말을 해주었다.

'유나야, 레치얌!'

현대사회는 얼굴 없는 생산과 얼굴 없는 소비로 이루어진 구조라고 한다. 마치 당구공과 당구공의 만남처럼 한 점에서, 그것도 순간에 끝나는 만남이라는 것이다. 이것은 만남이 아니요, 관계가 없는 것이다. 관계가 없기 때문에 서로를 배려할 필요가 없다. 무서운 사회를 살고 있다.

엄마 수녀의 사랑을 듬뿍 먹고 건강하고 예쁘게 자란 유나, 사진을 찍어줄 때 손가락으로 브이를 만들며 웃던 유나, 사탕을 쥐어주니까 진료실 문을 나가며 돌아서서 '선생님, 안녕히 계세요.' 라며 또박또박 말하던 유나를 다시 만난 건 또 하나의 삶의 축복이다. 살다보면 뜻밖에 반가운 일을 만나게 마련이다. 우리는 이런 관계와 관계 속에서 서로 힘을 얻고 살아간다. 삶에 감사하면서.

제9회 장려상 수상작

그녀가 일깨워준 사실

한아름 (원광대학병원 가정의학과 교수)

요즘처럼 날씨가 가슴 깊은 구석까지 시리게 만들 때면 그 환자는 슬픈 추억이 되어 뇌리를 스치고 지나간다. 이제는 따뜻한 밥과 이부자리가 있겠지만 5년 전에는 수용소에서 차가운 고통과 싸우며 하루하루를 살아남는 데 의미를 두던 그녀였다. 내가 탈북자의 주치의가 될 줄이야…….

레지던트 2년차 때의 일이다. 나는 가정의학과 레지던트라서 내과, 소아과, 산부인과, 외과 등 여러 과를 순환 근무하던 중이었다. 때마침 신경과 파견 근무를 나간 것이 운명처럼 그녀를 알게 된 계기가 된 것이다. 파킨슨병 진단 하에 입원실에 올라온 그녀를 처음 본 순간 나는 한국인이 아님을 짐작할 수 있었다. 150센티미터에도 못 미치는 작은 키에 한 주먹도 안 되는 왜소한 몸집, 화장기 없는 얼굴 속 불안에 가득 찬 큰 눈. 그녀는 오천 년 역사의 뿌리가 같은 한 민족이지만 지금은 국적이 다른 북한의 탈북자였던 것이다. 입을 여는 순간 방송에서나 듣던 북한의 사투리가 조심스레 흘러나왔다.

설마 했던 생각을 확인시켜주듯 그녀는 먼저 숨김없이 자신을 소개했다.

"선상님, 내래 귀순자인데 손이랑 입이 떨려서 세수도 못하고 밥도 못 먹겠데래예."

그러나 여전히 얼굴은 무표정하고, 큰 눈은 무엇인가에 쫓기는 듯 떨리고 있었다. 그녀의 기구한 사연은 드라마를 한 편 쓰고도 남을 정도였다. 방송에서 들은 북한의 실태는 과장 보도가 아닐까 할 정도로 처참해보였는데 그녀는 그보다 더 생생한 증언을 내게 들려주었다.

북한에서 정신과 병동의 간호사로 근무하던 그녀는 언제나 배는 고팠으나 나름 중산층에 속했고 얼굴이 반반하여 고위 관계자들과 친분이 있었던 사람이었다. 내가 주치의를 맡을 당시로부터 8개월 전, 탈북한 지 한 달 만에 방콕과 홍콩을 경유해 귀순에 성공했다. 실업자인 남편과 딸 세 명의 생계를 짊어진 채 살아가던 그녀는 중산층에 속했지만 끼니를 거르기가 일쑤였다고 한다. 옆집에서 굶어 죽은 시체가 발견되는 것은 놀랄 일도 아니었다고 한다. 그녀에게 다가온 더 끔찍한 일은 탈북을 시도하다가 갇힌 수용소에서의 생활이었다.

같이 들어간 500명의 수용자 중 살아남은 사람은 몇 안 된다며 살아남은 것에 대한 죄책감조차 그녀를 짓눌렀다. 하루 종일 산에서 나무를 줍고 석탄을 캐다가 배가 고파서 이름도 모르는 풀을 뜯어 먹고 수용소에서 나오는 멀건 옥수수죽 한 그릇으로 허기를 달래던 그녀에게 차가운 돌바닥에서지만 새우잠은 달게 느껴졌다고 한다. 그녀를 구해준 것은 다름 아닌 '자궁탈출증' 이었다. 상부에 지인이 있었던 것과 심한 자궁탈출증 때문에 걷지도 못했던 증세가 그녀를 가석방 시켜줬던 것이다. 그러나 이미 3년간의 수용소 생활 동안 그녀의 몸과 마음은 죽은 사람과 다름없었다. 귀순 후 낭종인 줄 알고 수술한 두 유방에서는 낭종 대신 기생충 덩어리들이 나왔고 자궁은 수술 후에도 자꾸 빠져나온다고 했다. 돌바닥에 눕던 몸의 오른쪽은 난로를 쬐고 있어도 얼음처럼 차갑고 아려온다고 했다. 무엇보다 고통스러웠던 것은 밤마다 찾아오는 수용소의 생생한 공포였다.

그녀는 귀순 때부터 PTSD(외상 후 스트레스 장애)와 우울증으로 정신과에서 약물치료 중이었고 전형적인 파킨슨 질환과는 조금 맞지 않는 부분이 있었으나 수전증과 안면 근육 둔화 등의 증상으로 치료 중이었다. 손발의 떨림, 느린 움직임, 근육의 경직을 보이는 파킨슨병은 뇌에서 도파민이라는 신경 전달 물질을 분비하는 특정 신경세포들이 죽어감으로써 도파민이 부족해져 여러 증세를 나타내는 질병이다. 파킨슨병은 여러 가지로 분류해볼 수 있는데 하나는 아직까지 원인이 밝혀지지 않은 특발성 파킨슨병이며, 다른 하나는 감염 후 뇌병증, 약물, 혈관성, 망간, 연탄가스 및 MPTP 등과 같은 물질에 의한 이차성 파킨슨증후군이다. 나머지는 다른 신경퇴행성질환에 동반된 파킨슨증이다. 또한 지금까지의 연구에 의하면 파킨슨병이 인간의 노화 현상과도 어떤 상관성이 있을 수 있고, 유전적인 요소와 환경적인 요소 모두 파킨슨병 발생에 원인이 되는 것으로 알려져 있다. 그녀의 파킨슨병은 이중 여러 가지가 그 원인에 해당한다. 파킨슨병은 완치가 불가능하고 이렇게 여러 가지 원인을 가진 환자는 치료가 더욱 힘들다. 특히 듣는 사람의 마음조차 후벼 파는 듯한 차가운 과거를 가지고 있는 그녀는 그 과거를 잊지 않는 한 더욱 치료가 힘들지 않을까?

내가 그녀에게 해줄 수 있는 것은 우선 그녀의 어두운 과거를 진심으로 들어주는 것이었다. 처음에는 그녀를 위해서가 아니라 귀순자에 대한 호기심 때문에 라운딩 중 한 시간을 넘게 그녀 곁에 있었다. 그러나 눈물까지 글썽거리는 그녀는 나의 동정심과 치료 의지까지 불러일으켰다. 다음날 애정을 보여줘서 고맙다며 음료수 한 박스를 들고 나를 기다리던 그녀는 조금은 편안해 보였다. 그러나 여전히 손이 떨려서 이를 닦을 수도 밥을 잘 먹을 수도 없는 상황이었다. 마침 담당 과장님이 이전에 교육을 목적으로 주신 파킨슨병 환자에게 도움이 되는 스트레칭 운동법이 담긴 CD가 생각났다. CD를 구해다가 그녀를 주치의실로 불러 동작을 가르쳐주기 시작했다. 신경과 명의도 아닌 평범한 레지던트인 내가 해줄 수 있는 유일한 치료였다.

조금 호전이 되는 듯하더니 며칠 후 평소보다는 더 수척해진 그녀가 안부를 묻는 물음에 이틀째 10분도 눈을 붙이지 못했다고 했다. 과거라고 하기에는 너무나 생생한 수용소의 어두운 방이 떠올라 이불 속에 숨어도 보았으나 공포는 현실처럼 그녀를 짓눌렀다고 하소연했다. 아이러니하게도 북한에 있을 때 그녀가 치료했던 정신 병동의 환자처럼 그녀도 정신과 환자가 되어 있었다. 정신과 교수님께 컨설트를 띄우고 답변을 기다리면서 내가 해줄 수 있는 것은 취미생활로 운동을 권유하고 친구들과 귀순한 딸들과의 만남을 더욱 많이 하라는 충고뿐이었다. 그리고 매일 묵묵히 그녀의 길고 암울한 이야기를 들어주는 것뿐이었다. 이럴 때 정신분석을 할 수 있는 능력이라도 있었으면 하는 간절한 마음까지 들었다. 내게도 환자에 대한 이런 깊은 애정이 생기다니.

언제부터인가 아무런 애정 없이 의무적으로 환자를 보고 있던 내게 병원 첫 근무 때의 열정과 애정을 잊지 말라고 하늘이 진료지침서를 보내준 것 같았다. 그녀뿐만 아니라 다른 환자들도 몸만 아픈 사람은 별로 없을 것이다. 몸이 아파서 정신이 병들어가든 정신적인 이유로 건강이 악화되었든 간에 몸과 정신은 같이 병들어 있을 것이다. 머리나 허리가 아픈 사람들도, 자주 감기에 걸리는 환자나 배가 이유 없이 아픈 사람들도 그런 증상을 일으키는 내면의 아픔도 같이 치료를 해주어야 완치가 된다는 것을 잠시 잊고 있었던 것이다. 증상만 치료하기에 급급했던 무성의한 의사였다는 사실에 차트를 쓰는 손이 부끄러워하며 호주머니로 도망쳤던 그때가 내게는 그래도 다시 의사다운 의사로 회복될 수 있었던 때였던 것 같다.

그녀의 딸이 아기를 안고 병문안을 왔다. 낯익은 어두운 얼굴. 몇 달 전 소아과 파견 근무를 했을 때 차갑고 의심 많은 보호자가 희미하게 기억이 났는데 그 보호자가 그녀의 딸이었던 것이다. 검사 결과를 꼭 두세 번씩 물어왔고 그때마다 쉽게 설명하는데 잘 알아듣지 못하고 미심쩍어 하는 보호자가 의아할 정도였다. 사실 보호자나 환자는 모든 검사가 생소하고 의학 용어나 결과 수치가 어렵게 들릴 것이다. 그럴 때 딱 두 번까지 웃으면서 설명해주는 게 나의 참을성의 한계였다. 내 몸이 아플 때 난 갑자기 중증 환자가 되어 궁금한 것도 많아지고 이미 알고 있는 사실조차 다른 의사한테 확인받고 싶어 한다. 그녀의 딸도 특히 낯선 나라에서 생김새조차 조금은 다른 한국의 의사에게 더 많은 이야기와 신뢰를 얻고 싶었을 것이다. 조금 더 친절하게 설명해주지 않았던 것이 못내 아쉬웠고 모든 사람들을 한 실타래 안에서 서로 엮어 놓는 인연의 힘이 놀라울 뿐이었다. 병문안 온 딸을 포함해 그녀의 딸 두 명은 가족 전체가 탈북을 처음 시도했을 때 운 좋게 탈출에 성공해 6개월 걸려 여러 나라를 경유한 후 한국에 도착했고 한 명은 실종되었다고 한다. 목숨을 내걸도록 그들을 나라 밖으로 내몬 배고픔에 몸서리가 쳐졌다. 그녀는 이 이야기 말고도 더욱 어둡고 슬픈 과거를 너무도 무덤덤하게 이야기해주었다. 웃음도 슬픔도 분노도 없는 무표정은 파킨슨병의 증상 중 하나인지 아니면 고통의 세월 속에 저절로 스며든 결과물인 것인지…….

의대생들의 신념을 지켜주기 위해 365일 하루도 빠짐없이 의대 앞을 지키던 히포크라테스 할아버지와 가슴에 새겼던 선서가 생각난다. 종종 가슴에서 꺼내 읽으며 나 자신을 더 의사답게 하는 일을 소홀히 하지 말라는 듯 그녀와의 만남은 나를 일깨워주고 갔다. 그녀의 표정을 조금 더 밝게, 손 떨림을 조금 더 약하게 해주는 의술이 사랑으로 인해 효력이 더욱 강해질 수 있길 내 자신과 수많은 의사들에게 바래본다.

심사의 노동이 즐거웠던 순간

황동규, 성석제, 손정수

이번에 투고된 글은 모두 72편이었다. 일차로 성석제, 손정수 두 사람이 작품을 읽고 본심에서 논의할 30편을 추렸다. 그리고 세 명의 심사위원이 그 30편을 정독하고 점수를 매겨 순위를 정하고, 그에 따라 수상작을 결정했다. 점수가 같아서 그 가운데 우열을 가려야 할 경우, 가능한 한 다양한 폭을 보여줄 수 있는 글을 우선적으로 고려했다. 그 결과 '청바지', '내 마음의 손전등', '인연' 등 세 편에게 우수상으로, '성탄 선물에 부치는 편지' 에게 대상을 주기로 했다. 네 편의 글들을 소개하면서 그 글들이 수상작으로 선정된 이유를 밝힘으로써 심사평에 가름하고자 한다.

〈청바지〉는 일상의 욕망을 누릴 수 없는 답답한 생활에서 벗어나고 싶어 어느 토요일 청바지를 입고 출근한 젊은 여의사의 이야기이다. 그런데 다른 의사들과 환자의 시선을 의식하면서 약간의 불안감을 안은 채 청바지 차림으로 출근한 그날, 무심코 벌인 그 일이 백혈병으로 오랫동안 침대에 누워 있어야 했던 어느 여성 환자의 욕망을 건드리고 만다. 그 환자는 얼마나 더 간절하게 일상으로 되돌아갈 수 있기를 원하고 있었겠는가. 자신의 일탈의 욕망에 공명된 환자의 갈망을 확인하는 순간 자신의 행동을 부끄럽게 돌아보지 않을 수 없다. 환자 역시 한 사람의 인간임을 새삼 확인하는 이 순간의 실감이 명료하게 표현되어 있어 여운을 남기는 글이었다. 뿐만 아니라 의사로서 가지는 인간적인 욕망을 다룬 점에서도 신선했다.

만성정신질환 환자와의 사연을 담고 있는 〈내 마음의 손전등〉은 투고작들 가운데 그 표현이나 형식이 가장 세련된 글이었다. 잦은 사고로 부상을 입곤 했던 그 환자는 자신의 몸도 성치 않으면서 어렵게 외출을 얻어 병든 아버지의 수발을 하고 돌아와서 '나'의 선입견을 부끄럽게 만들었던 인물이다. 그런 그가 사고로 넘어져 결국 응급조치 끝에 사망하는 사건이 일어난다. 며칠 후 찾아온 환자의 형을 보고 '나'는 병원과 의사에게 환자의 관리 책임을 물으러 온 것이라 생각하고 긴장한다. 하지만 환자의 형이 '나'를 찾은 이유는 그가 남긴 손전등을 전해주기 위해서였다. 그것은 잦은 부상 때마다 상처를 봉합해주었던 '나'에게 그가 전해주고자 했던 것이다. '나'는 그 손전등을 어둠의 긴 터널을 지나고 있는 환우들에게 언제나 희망의 빛이 되어주라는 그의 바람이라고 느낀다. 이 상징의 선명함과 반전의 이야기 구조가 인상적인 글이었다.

〈인연〉은 노숙자 쉼터에서 한 여인의 출산을 도운 적이 있는 '나'가 시사 프로그램에서 앵벌이를 하고 있는 모녀를 다시 보게 되면서 이야기가 시작된다. 엄마는 알코올중독 상태였고, 아이는 앵벌이를 시키기 위해 먹이지 않아 건강 상태가 엉망이었다. 가족회의를 통해 그 아이를 데려오기로 결정하고 시설을 찾아가 보니 더 어린아이가 있었다. 위탁을 하려면 친자녀를 포함해 네 명을 넘지 않아야 한다는 규정 때문에 그 노숙자 여인의 아이 대신 더 어린아이를 입양했지만, 그 시설에 두고 온 노숙자 여인의 아이가 계속 마음에 쓰인다. 큰애가 성인이 되면 그 아이에게 새로운 가정을 선물할 수 있으리라 생각한다. 글의 완성도를 떠나 글에 담긴 내용 자체가 읽는 사람을 숙연하게 만드는 숭고한 것이었다.

대상으로 선정된 〈성탄 선물에 부치는 편지〉는 심장병을 앓고 있는 두 살배기 작은아들에게 보내는 편지 형식으로 쓰인 글이다. 의사이면서도 아들에게 해줄 수 있는 것이 없는 처지에서 겪는 무력함, 아픈 아이를 기르면서 환자와 보호자의 마음을 더 가슴으로 이해하게 되는 과정, 아픔 속에서도 성장하는 아이를 바라보면 슬픔 가운데에도 행복이 있다는 사람살이의 이치에 대한 깨달음 등이 이 고백의 어조 속에서 생생하면서도 감동적으로 전해지고 있다. 이 수상이 아이와 아버지에게 또 하나의 작은 '성탄 선물'이 되기를 바라마지 않는다.

올해는 예년보다 투고된 글들의 수준이 높아서 심사의 노동이 즐겁게 느껴졌다. 한편 그 글들 속에서 표현된 의사의 생활이 삭막하고 고단해서 존경스러우면서도 애틋한 마음도 들었다. 수상의 여부를 떠나 자신의 삶을 되돌아보고 그것을 표현하는 기회를 바쁜 가운데에서도 소중하게 이루어낸 모든 분들에게 축하의 말씀을 드리고 싶다.

제10회 한미수필 문학상 수상작

대상

사진관 앞 떡볶이집

• 권준우

차가운 겨울바람에 기쁜 소식이 하나 날아왔다. 제10회 한미수필문학상에서 대상을 받게 되었다는 실로 행복한 내용이었다. 글쓰기에 관심을 갖기 시작했던 것은 고등학생 무렵부터였다. 소신껏 글을 써댔지만 그리 좋지 못한 평가를 받았고 절망과 좌절 속에 '나에게 글에 대한 재능은 없는 것 같으니 더 이상 어떠한 글도 쓰지 않겠다'는 다짐을 하기에 이르렀다.

하지만 글과의 인연은 끊을 수가 없었는지, 운 좋게도 2007년 제2회 보령의사수필문학상에서 대상을 받으며 수필문학 부문에 정식 등단하게 되었다. 다시 열심히 글을 쓰기 시작했고 글에 대한 평가도 예전보다는 훨씬 좋아졌다. 하지만 그 이면에는 내가 의사라는 이유로 덕을 보고 있었던 것이 아닌가 하는 걱정이 많았고, 능력보다 더 높은 평가를 받고 있다는 부담감이 심했다. 내가 제대로 글을 쓰고 있는지 다시 한 번 시험에 들고 싶었다. 의사 수필가라는 후광 효과를 벗어나기 위해, 조금 더 넓은 세계로 나아갈 용기를 얻기 위해 제10회 한미수필문학상에 도전하였고, 이번에도 큰 상을 받게 되어 정말 기쁘게 생각한다. 의사라는 타이틀을 떼고 나설 자신이 없었는데 이제 조금 용기가 생긴 것 같다.

조금 오만한 생각일지는 모르겠으나 '의사치고는 꽤 글을 잘 쓰네'라는 평가가 아닌 '의사답지 않게 글을 잘 쓰네' 혹은 '저렇게 글을 잘 쓰는데 정말 의사 맞아?'라는 평가를 받을 수 있도록 끊임없이 노력하겠다.

부족한 글을 대상으로 선정해준 심사위원들과 청년의사 신문 관계자들께 감사드린다. 또한 매번 엉뚱한 짓을 저지르는 아들을 믿고 응원해주시는 부모님께 고마움을 전하고 싶다.

• 권준우

사진관 앞 떡볶이집

권준우 (홍성의료원 신경과 과장)

레지던트 1년차 때, 응급실로 환자가 한 명 왔다. 50대 아저씨였는데 하필이면 언어를 담당하는 뇌가 손상되는 바람에 실어증이 생겨버렸다. 사람들이 하는 말은 알아들을 수 있지만 본인이 말하는 것은 힘든, 운동실어증(motor aphasia)이었다. 뇌 MRI를 보니 혈관 상태가 나쁘고 여기저기 좁아진 곳이 많아 금연하고 약을 꾸준히 잘 드시라는 조언을 해드렸다. 병이 더 진행되지는 않았지만 말이 통하지 않으니 답답할 노릇이었다.

아저씨가 퇴원한 후 학회에서 발표할 자료의 사진 인화를 위해 사진관에 가야 할 일이 생겼다. 버스에서 내려 집 근처 횡단보도에 서서 주변을 둘러보니, 횡단보도 맞은편에 사진관이 하나 보였다. 마침 잘 되었다 싶어 길을 건너는데, 뭔가 익숙지 않은 풍경이 눈에 들어왔다. 사진관 앞에서 떡볶이를 파는 것이 아닌가. 사람이 많이 다니는 번화가도 아니었지만 사진관과 떡볶이는 서로 어울리는 궁합도 아니었다. 사진관의 문을 열고 들어간 나는 사진관 주인의 얼굴이 낯익다는 것을 알아챘다. 주인아저씨는 나를 알아보고 뭐라 말하려 했으나 '어, 어' 하는 소리만 나올 뿐이었다.

"아, 얼마 전에 입원하셨던 아저씨 아니세요?"

아주머니도 나를 알아보며 반가워 하셨다. 같은 동네에서 사진관을 하고 있었던 것을 그제야 알았다. 퇴원한 후 집에서 쉬고 계셨는데 먹고사는 것이 막막해서 다시 사진관 일을 시작했다고 한다. 일은 하실 만하냐는 물음에 아주머니는 고개를 저으셨다.

"말이 안 통하니까 일은 거의 못해요. 증명사진 같은 건 이제 못 찍고……. 사진 인화하는 거야 기계가 알아서 해주니까 그런 일들만 하는 거죠."

힘드시겠다고 위로의 말을 전하는데, 아주머니는 그래도 낙담하지 않은 얼굴이었다. 사진관에 어울리지 않는 떡볶이 장사도 먹고사는 것이 막막해서 시작하셨다 한다.

"우리 남편이 떡볶이를 좋아해서 내가 떡볶이를 자주 해줬어요. 그러다 보니 내가 떡볶이 하나는 자신 있거든."

어쩐지 어울리지 않는 사진관과 떡볶이의 조합이더라니. 생계를 위해 어쩔 수 없이 떡볶이까지 만들어 파시는 아주머니의 노곤한 삶이 느껴졌다. 필름을 맡기고 가는 내게 아주머니는 떡볶이 한 봉지를 쥐어주셨다. 한사코 사양하는데도 아주머니는 3인분은 될 법한 떡볶이를 나에게 떠넘기다시피 했다.

"내가 떡볶이 하나는 잘 만드니까 맛은 보장해요. 한번 드셔보셔요. 돈은 안 받을 테니까. 호호."

몇 번이나 감사의 인사를 드리고 떡볶이를 들고 집에 왔다. 부모님과 함께 먹어보니 과연 맛이 좋았다. 아저씨가 좋아하실 만한 맛이었다.

그 후 사진관 앞 횡단보도를 지나칠 때마다 그 맛이 떠올랐지만 떡볶이집에 들어가지는 못했다. 괜히 떡볶이 달라고 하면 아주머니가 또 돈을 안 받고 공짜로 주실 것 같은 생각에 미안한 마음이 앞섰다. 몇 번이나 망설이다가 그냥 집으로 발걸음을 돌리곤 했다.

얼마의 시간이 흐른 후 아침부터 응급실에서 연락이 왔다. 뇌경색 환자가 있다 하여 가보니 아뿔싸, 그 아저씨였다. 옆에서 아주머니는 눈물을 줄줄 흘리고 있었고 나는 재빨리 아저씨의 상태를 파악했다. 사지마비에 눈동자의 움직임이 없었다. 나는 아찔함에 눈을 질끈 감았다. 이미 뇌 CT에서는 양측 소뇌에 뇌경색 소견이 보이고 있었다. 뇌기저동맥(basilar artery)이 막힌 것이다. 이대로라면 잘해야 식물인간이고 자칫하면 생명을 잃을 가능성도 높았다.

중환자실 입원을 권하고 설명을 드리자 아주머니는 서울의 대학병원에 가보고 싶다는 말씀을 하셨다. 여한이 없도록 최선을 다해보겠다는 것이다. 어차피 그곳으로 간다고 해서 뾰족한 수가 있는 것은 아니었지만 아주머니의 마음이라도 편하게 해주고 싶어 소견서와 함께 보내드렸다.

그 후 나는 아저씨의 상태가 궁금했지만 바쁜 1년차 생활에 미처 알아볼 생각을 못하고 있었다. 며칠에 한 번 집에 갈 때에만 횡단보도 앞 사진관을 살펴보곤 했는데 떡볶이집도, 사진관도 항상 불이 꺼져 있었다. 추운 날씨처럼 그 불 꺼진 사진관도 참 을씨년스러웠다. 그렇게 시간은 흘러갔다.

진눈깨비처럼 축축한 눈이 내리던 어느 날, 나는 버스에서 내려 집으로 향하고 있었다. 이미 어두워진 거리. 발밑으로 녹아 버린 눈이 '차박차박' 소리를 내던 그날 저녁, 나는 횡단보도 맞은편 떡볶이집에 불이 켜진 것을 보았다. 반가운 마음과 함께 불길한 예감이 들었다. 횡단보도를 건너보니 그 이유를 알 수 있었다. 떡볶이집은 불이 켜져 있지만 사진관은 꺼져 있었던 것이다.

나는 두근거리는 가슴을 진정시키며 떡볶이집으로 향했다. 떡볶이를 만들고 있던 아주머니가 고개를 들어 나를 바라보았고, 잠시 서로 아무런 말을 하지 못했다. 이윽고 아주머니가 고개를 숙이며 눈물을 흘리셨다. 아! 가슴이 무너지는 것 같았다.

아주머니는 눈물을 훔치며 서울의 병원에 가서 있었던 일들을 말씀해주셨다. 인공호흡기까지 달고 중환자실 치료를 했지만 고비를 넘기지 못하셨다고 했다. 마음이 아파 눈시울이 뜨거워졌지만 꾹 참았다. 이대로라면 아주머니가 계속 울다가 떡볶이 장사도 못할 지경이었다. 나는 일부러 기운을 내 말했다.

"아주머니, 이거 떡볶이 3인분만 주세요. 어묵도 좀 주시고요. 이번엔 공짜로 주시면 안돼요."

"아니에요. 선생님께는 그냥 드려야지요."

"에이, 무슨 말씀이세요. 아주머니 떡볶이 맛있으니까 장사 계속 하시면 대박 나실 거예요."

아주머니는 슬쩍 미소를 지으며 고개를 저으셨다.

"떡볶이 장사 이제 그만둘까 해요."

"왜요?"

아주머니의 입술이 떨리더니, 눈물이 한 방울 뚝 떨어졌다.

"떡볶이 좋아하던 남편이 자꾸 생각나서……."

울컥. 더 이상 참지 못하고 눈물이 고였다. 안타까움에, 아저씨를 지켜주지 못한 미안함에, 내가 할 수 있는 일이 아무것도 없다는 서러움에 그렇게 한동안 둘 다 말없이 눈물을 훔치며 서 있었다. 젖은 눈은 부슬부슬 내리고 에일 듯한 바람이 불어 너무나 추운, 심장이 텅 비어 버린 것 같은 날이었다.

제10회 우수상 수상작

해줄 것이 없다는 말

강동우 (경북대병원 정신과 전공의)

"인턴 쌤, 샘플 있어요."

의사라는 말을 듣기 시작한 지 약 두 달이 지난 작년 4월 중순의 일이다. 콜이 온 병동은 내가 일하고 있던 외과의 환자가 좀처럼 입원하지 않는 병동이라 샘플이 있다는 말에 다소 의아해하면서 엘리베이터를 탔다. 그러나 채혈에는 어느 정도 자신감이 붙어 슬슬 꾀가 생기려고 하는 시점이었기에 콜을 미루고 싶은 마음이 간절했다. 게다가 수술실에서 나온 직후라 더욱이 받기 싫은 콜이었다. 그렇지만 4월 인턴은 콜을 미룰 만한 크기의 간이 없는지라 투덜대면서 채혈 도구들을 챙겼다.

채혈을 해야 하는 환자는 충수돌기염으로 충수돌기절제술을 시행한 환자였다. 30대 초반의 건강한 환자의 혈관이라 눈을 감고 찔러도 성공할 것 같았다. 그러나 환자의 몸에서 주사 바늘을 뽑는 순간 오른쪽 새끼손가락을 훑고 지나가는 기분 나쁜 느낌. 결국 주사 바늘에 찔리고야 말았다. 어지간해서는 잘하지 않는 실수였는데 지나치게 방심한 탓이다. 일단 혈액을 담아 놓고 손을 씻었다.

찝찝한 기분에 열심히 손을 씻고 있는데, 간호사가 말했다.

"인턴 쌤, 혹시 찔렸어요? 이를 어째……. 그 사람 HIV 환자에요."

얼굴이 달아오르고 머리카락이 쭈뼛 섰다. 일단은 정리할 시간이 필요했다. 놀라고 걱정되기는 했지만 지금까지 나만 당한 사고도 아니었으니 호들갑을 떨 수만은 없었다. 게다가 HIV 감염자를 채혈한 주사 바늘에 찔렸을 때 감염될 확률이 0.3퍼센트로 극히 낮고, 사고 후 72시간 내에 항바이러스제를 먹으면 거의 감염되지 않는다는 사실을 의사 국가고시를 준비하는 내내 질리도록 암기했기에, 비록 인턴일망정 국가고시를 통과한 의사의 체면으로 애써 담담한 척했다.

"뭐……, 괜찮아요. 신고하고 약 먹으면 되겠죠."

운이 나빴다고 생각하기로 했지만 불안해하지 않았다면 거짓말이다. 주사침 사고 후의 절차에 따라 다음날 오전 감염내과 진료를 보고 난 뒤 HIV 바이러스 항체 검사를 했다. 결과 따위는 신경 쓰지도 않았다. 감염 후 항체가 만들어질 때까지 일정 시간이 걸린다. 따라서 사고 후 첫 시행하는 HIV 바이러스 항체 검사는 사고로 인해 생긴 감염을 확인하기보다는 사고 이전에 혹시 HIV 바이러스에 감염되지 않았나를 확인하는 검사라고 해야 맞다. 때문에 당연히 음성으로 나올 것이니…….

그러나 컴퓨터 앞에서 결과를 확인하던 그날 오후에는 세상이 조용해진다는 말을 새삼 실감했다. 컴퓨터 화면에는 또렷이 항체 양성이라는 말이 떠 있었고 졸지에 나는 HIV 감염이 의심되는 사람으로 분류되어 있었다. 서둘러 결과 조회 창을 닫았지만 그다음부터는 어떻게 지나갔는지 아직도 기억이 나지 않는다. 물론 HIV 감염의 진단 자체가 그리 간단한 일만은 아니다. 항체 검사가 양성이라도 확진 검사를 해서 양성의 결과를 얻어야 HIV 감염자라고 이야기할 수 있게 된다. 그렇지만 그날은 교과서에 나오는 그런 말들을 받아들일 만큼 이성적이지 못했다. 피검사에서 빼도 박도 못하는 HIV 항체 양성자가 되고 말았으니 뭐가 들리고 뭐가 보였을까?

그 순간부터는 내가 아무리 아니라고 말해도 일반인들이 말하는 에이즈 환자가 되어 버렸다. 확진 검사를 기다리고 말고 할 것도 없이 HIV가 주는 낙인은 너무 무서웠다.

'확진이 되면 일을 그만둬야 하겠지? 가족에게는 어떻게 설명해야 하나?'

하루가 지나자 이런 생각들로 괴로워졌고 결국에는 HIV 감염자로는 하루도 살고 싶지 않다는 생각이 들었다. 그때부터는 스스로 사고를 통제할 수 없었다. 하루에도 수십 번 아니 거의 매순간 죽음에 대해 생각했고 더 정확하게 말해 어떻게 하면 확실히 죽을 수 있을까 생각했다. 가장 확실한 방법은 높은 곳에서 뛰어내리는 수밖에 없다고 생각했으나 우리 집 옥상은 너무 낮았고 병원의 옥상문은 잠겨 있었다. 그렇지만 실제로 뛰어내릴 수 없었던 것은 일단 HIV 바이러스가 자라고 있을지도 모르는 내 혈액이 사방으로 튀어 다른 사람들에게 피해를 줄지도 모른다는 생각에서였다. 하지만 더 정확하게 말하면 막상 뛰어내릴 자신이 없었다. 이 상황을 더 힘들게 했던 것은 어느 누구에게도 이야기할 수 없다는 철저한 외로움이었다. 인턴 동료들조차 색안경을 끼고 볼 것은 뻔했기에 내 불안감이나 걱정을 누구와도 나눌 수 없었고 가족조차 외면할 것이라는 생각과 혼자라는 느낌은 너무 섬뜩했다.

이런 생각들을 하면서 우습게도 감염내과에서 받은 예방약제는 밥보다도 더 잘 챙겨 먹었다. 식사시간이면 약제 부작용으로 생기는 구토 때문에 밥을 제대로 먹을 수도 없었지만 내 인턴 성적을 쥐고 흔들 외과 전공의 선생님들에게 밉보일 수 없다는 생각에 꾸역꾸역 그릇을 비웠고 그 때문에 위장은 언제나 요동쳤다. 때로는 수술실에서 피 냄새 때문에 신물이 올라와 정신이 아득할 정도였지만 절대 아픈 티를 낼 수 없는 나는 인턴이었다.

그러나 그렇게 슬픔에만 잠겨 있기에는 확진 검사를 확인하는 날까지 남은 시간이 너무 짧았다. 확진 검사 양성 판정을 받은 후의 내 인생은 당연히 없는 것이라고 생각했었기에 사흘 정도가 지나자 편하게 마음을 먹자고 생각하기도 했다. 구체적인 방법은 정하지 않았지만 일단 확진되면 어떻게든 죽을 것이라고 결심하고 나니 겁나는 것도 없었다. 지금까지 공부만 하고 살았다는 게 억울하기도 했지만 '유럽 배낭여행도 가봤고, 랍스터도 먹어봤으며, 〈오페라의 유령〉도 봤으니 됐다'는 등 시답잖은 이유들을 붙여서라도 마음을 달래지 않고서는 견딜 수가 없었다. 괜히 친구들에게 전화해서 안부를 물어보기도 했다.

"갑자기 웬일이냐?"

"다시는 전화 안 한다."

친구의 질문에 농담으로 받아치기도 했지만 '안' 하는 것이 아니라 '못' 할 것이라고 생각하며 속으로는 얼마나 울었는지 모른다. 이렇게 하나씩 정리를 하다 보니 차마 마음이 아파서 직면하지 못했던 부모님 얼굴이 떠올랐고 일기장에 유언장을 남기기도 했다. 그러나 진실로 유언이 되기를 바랐던 것은 아니었고 친구들에게 했던 전화도 결코 마지막이 되기를 바라지는 않았다. 시간이 좀 더 지나자 죽는다는 것이 너무 무서워졌고 '감염자라 해도 투약하면서 잘 관리하면 건강하게 살 수 있으니 죽지 말고 살아볼까?'는 생각이 들기도 했으나 의사들조차 버리지 못하는 HIV라는 낙인을 가지고 살아갈 용기는 결코 없었다.

이런 생각들을 하면서 약 일주일을 버텼고 결국 확진 검사의 결과를 보는 날이 왔다. 외래에서 교수님을 마주하기도 전에 외래의 간호사가 말해주었다.

"인턴 쌤, 걱정 많이 했죠? 음성이네요."

지금 생각해도 내 인생에 그토록 시원했던 순간은 없는 것 같다.

"축하합니다. 약을 21일치 더 먹고 봅시다."

곧 이어서 들어간 진료실에서도 교수님은 농담을 건넸고 그 순간 이후 HIV에 감염된 인턴이라는 낙인에서 벗어날 수 있었다.

물론 그 후로도 한동안 예방약을 먹었고 6개월 후까지 피검사를 해야 했지만 확진 검사가 나오기까지 일주일에 비하면 그 시간들은 아무것도 아니었다. 이 일을 겪으면서 HIV 감염이라는 낙인을 절실히 느낄 수 있었고 에이즈 환자들을 죽이는 것은 바이러스가 아니라 낙인일지도 모른다는 생각을 했다. 내가 만약 HIV 감염이 아니라 암에 걸렸다는 말을 들었다고 해도 그토록 부끄러워하면서 죽으려고 했을까 생각하며 어떤 과의 전공의가 되더라도 나만은 절대 HIV 감염자에게 낙인을 내리지 않겠다는 생각과 그들의 절박한 마음을 모르는 체하지 않겠노라고 다짐하며 인턴 생활을 마쳤다.

인턴을 마친 후에는 정신과 전공의로 일하게 됐다. 전공의 1년차는 당직을 서게 되는데 당직 때 주된 업무는 응급실 환자를 보는 것이다. 올해 3월의 어느 날 내과 선생님으로부터 응급실에 온 죽음에 대한 불안감이 심한 HIV 감염자를 봐달라는 협진 의뢰가 들어왔다. 전화를 받는 순간 나야말로 이 환자에게 딱 맞는 정신과 의사라는 시건방진 생각이 들기도 했다. 환자는 40대 초반의 남자 환자였으며 검사상 별다른 이상은 없는데도 반복적인 호흡곤란과 전신 위약감으로 응급실에 자주 온다는 것이다. 내과적으로는 별 문제가 없으니 동반된 우울감과 불안감에 대해 정신과적인 개입이 필요할 것 같다는 이야기였다. 같은 증상으로 올해만도 응급실에 찾아온 것이 벌써 다섯 번째였고, 이미 작년에는 수십 차례라 할 정도로 자주 응급실에 왔던 환자였다. 그때마다 정신과 진료를 권유받았지만 환자가 번번이 거부했으나 최근 들어 호의적인 태도를 보여 진료를 보겠다고 했다는 것이다.

"내과적으로 별 문제가 없는 상황이고, 현재는 환자에게 내과적으로 별로 해줄 것이 없어요."

내과 선생님은 환자를 부탁했다.

"죽고 싶은 생각이 든 적도 있지만 그래도 지금은 자다가 갑자기 죽을까봐 너무 무서워요."

이 말로 환자는 말문을 열었고 그 후로도 환자와 나눈 이야기는 죽음과 관련한 공포에 대한 것들이었다. 환자를 만나기 전의 각오와는 달리 이후 면담은 너무 어려웠다. 이 문제만큼은 나도 절실히 느껴봤다고 생각했지만 구체적으로 어떤 말도 할 수가 없었다. 오로지 내가 한 것이라고는 환자가 표현하는 불안을 가만히 앉아 들어주기만 했을 뿐이었다.

"우울감과 불안 증상은 투약으로 도움을 받을 수 있습니다. 약을 처방해드리고 예약을 잡아드릴 테니 퇴원 후에는 정신과 외래를 다니시는 게 좋겠습니다."

면담 마지막에 내가 꺼낸 말은 이것이 다였다. 그러나 환자는 정신과 투약 및 외래 진료를 완강히 거절했고 이제 됐다며 자리에서 일어섰다.

환자의 경우가 경우이니만큼 미안함과 아쉬움이 섞인 묘한 감정이 마음을 불편하게 했지만 얼마 지나지 않아 이 일은 생각조차 않았다. 그러나 몇 주가 지나지 않아 그 환자는 똑같은 증상으로 응급실에 왔고 내과에서 또 연락이 왔다. 그때는 같은 1년차 동기가 당직이라 아침에 이야기를 전해 들었고 내가 본 날과 유사했다고 했다.

"약도 안 먹겠다고 하고 외래도 안 다닌다는데 별 수 있나?"

동기의 말에 무심코 긍정하면서 내 일이 바쁘다는 핑계로 그에 대한 생각을 잊었다.

그러나 그 환자는 죽을 것 같다며 그 후로도 몇 번 더 응급실에 왔고 어느새 그는 우리 정신과 동기들 사이에서 단골 환자로 일컬어지게 되었다. 숨이 차서 죽을 것 같다고 응급실에 와서 내과 진료를 보지만 불안감 이외에는 별다른 문제가 발견되지 않아 번번이 정신과 진료가 의뢰되고 응급실에서의 면담 이외에 정신과 치료는 강하게 거부하는 상황이 반복되고 있었다. 그렇기에 내과 당직 의사나 정신과 당직 의사의 입장에서는 그 환자가 응급실에 왔다고만 하면 난색을 표할 수밖에 없는 노릇이었다.

그러다 5월쯤 되었을까. 다시 그 환자가 응급실에 같은 모습으로 나타났다. 그때는 내가 당직이라 환자를 보러 응급실에 내려갔고 그날따라 일이 밀리고 밀려 정신이 없는 상황이었다. 환자는 여느 때와 마찬가지로 이야기를 좀 들어달라고 했고, 그동안 응급실에서 몇 번이고 반복했을 이야기들을 꺼내놓았다. 그러나 그날은 그 이야기들을 다 들어줄 여유가 남아 있지 않았다. 참다못해 신경질적으로 쏘아붙였다.

"이미 다 말씀하신 거잖아요. 응급실에 와서 죽을까봐 불안하다고 말만 할 것이 아니라 적극적으로 정신과 치료를 받으세요. 계속 이렇게 응급실에만 오시면 저희들은 해줄 수 있는 것이 아무것도 없어요."

그러자 원래 파리한 납빛이던 환자의 얼굴은 더욱 짙은 납빛으로 변했고 알겠다는 한마디를 남기고 자리를 떠났다.

막상 말하고 나니 후회스러웠고 그가 던진 냉소에 '아차' 싶었지만 상황을 수습할 수는 없었다. 그가 보여준 표정은 '네가 그러고도 다 이해한다고?' 라고 말하는 듯했다. 주사 바늘에 찔려서 고작 며칠 마음 졸인 것을 가지고 에이즈 환자의 마음을 다 받아줄 수 있을 것이라 생각한 유치한 내 자신이 너무 부끄러웠고 얼마나 나를 비웃었을까 하는 생각에 한참동안 일을 잡지 못했다.

의무 기록상으로 그 환자는 이 일 후로도 몇 번은 더 응급실에 왔다. 내과적 문제가 심해 입원을 하기도 했지만 어떤 경우에는 불안감만을 호소하면서 응급실에 오기도 했던 것 같다. 정신과에 대해 그렇게 심한 거부감을 보이면서도 응급실에서 우리를 잡고 이야기를 하던 그 환자의 속마음은 무엇이었을까? HIV 감염이라는 낙인 때문에 가족들마저 그를 떠나고 혼자 남게 된 현실에서 유일하게 자신의 불안을 나눠줄 수 있는 사람이 의사라고 생각한 게 아닐까 싶다. 죽음에 대한 공포가 혼자서는 결코 감당할 수 없는 상황에 이르자 응급실을 찾았던 것이고 자신의 불안에 대해 이야기하는 것이 그가 원하는 유일한 치료였을지 모른다. 정신과 의사의 동정적인 면담이나 항우울제가 아니라 그는 그저 이야기를 들어줄 사람이 필요했던 것이다. 그렇다면 그런 그에게 '해줄 것이 없다' 는 말은 절대 하지 말았어야 했다.

만약 그가 '선생님이 뭘 아십니까? 내일 아침이면 죽어 있을지도 모른다고 생각이나 해본 적 있어요?' 라고 묻는다면 아무 말도 할 수 없을 것이다. '당신과 같은 고통을 느껴본 적은 없지만 적어도 당신을 이해하려 하지 않느냐' 고 변명할 수 있겠지만 그의 마음을 열기에는 부족하다. 어설픈 위로보다 가만히 그의 불안과 공포를 들어주고 바라봐주는 것이 그에게는 최선이었으며, 내가 해줄 수 있는 것이었고 또 정신과 의사로서 했어야 하는 일이라는 생각이 든다. 그가 정신과 의사를 다시 찾지 않는 한 내가 할 수 있는 그 일을 할 기회가 없을지도 모른다는 생각을 하니 마음이 무겁다. 사흘에 한 번서는 당직 날이면 혹시나 하고 마음의 준비를 하지만 이후로 그는 정신과 의사를 찾지 않았다.

기지촌에 피는 꽃

김철환 (평택 새서울의원 원장)

'로데오거리' 라 불리는 미군 기지촌 유흥가에 의원을 연 지도 벌써 7년이 됐다. 개원 초기에는 마음고생이 꽤 심했다. 무엇보다도 이 마을 사람들이 이해할 수 없이 거칠고 뻔뻔했기 때문이다. 자기 생각대로 진단서를 써주지 않는다고 고래고래 소리를 지르거나 물리치료실 직원을 폭행해서 경찰을 부르기까지 했다. 급기야는 간호조무사에게 엉덩이 주사를 맞아 다리가 저리고 몸을 가누지 못한다며 진료실 앞에 드러눕는 환자까지 생겼다. 나는 이 마을이 무섭고 싫어지기 시작했다.

그러던 어느 날 저녁 무렵이었다. 할머니 한 분이 허리를 펴지 못할 정도로 심한 허리 통증을 호소하며 이웃들의 팔에 이끌려 들어왔다. 큰소리로 떠들어대는 이웃들로 어수선한 병원 대기실 의자에 할머니는 고개를 숙인 채 소리 없이 엎드려 있었다. 고개를 들어 나를 바라보는 눈빛은 극심한 통증에 지친 듯 차분해 보였다.

말없이 고통을 인내하며 나를 바라보는 모습에 얼마 전까지 기르던 '블랑키' 라는 강아지가 불현듯 떠올랐다. 바이러스성 뇌염에 걸려 끊임없이 떨고 있는 녀석을 나는 수의사의 권유대로 염화칼륨을 주사하여 안락사 시켰다. 밤새 계속된 경련이 일순간 멈추었을 때 나를 바라보던 녀석의 눈망울이 얼마나 아름답고 슬퍼보였는지! 그런 눈망울을 할머니의 눈에서 다시 보게 되었다. 할머니의 커다랗고 깊은 눈에서 소리 없이 눈물이 흘러내리고 있었다.

진찰 결과 척추 디스크 파열처럼 긴급한 수술을 요하는 상황은 아닌 듯했다. 일단 극심한 통증을 차단하기 위해 '경막외신경차단술'이라는 시술을 하기로 결정했고, 할머니도 순순히 동의했다. 할머니가 온몸을 새우처럼 구부리는 궁색한 자세로 옆으로 누워 있는 동안, 무자비한 바늘이 할머니 등의 피부와 근육을 뚫고 들어갔다. 바늘이 약물을 주입할 경막외강에 도달하는 순간, 연결된 유리 주사기의 공기가 음압에 걸려 스르르 빠져나갔다. 시술이 성공적일 거라는 신호였다. 천천히 약물을 주입하고 바늘을 뺐다.

"잘됐어요, 할머니. 조금만 누워 계시면 편해질 거예요"

뻣뻣하게 구부러진 몸을 펴드렸다. 그제야 나와 할머니는 안도의 눈빛을 나눌 수 있었다.

다음날 할머니가 의원에 나타나셨다. 어제의 풀 죽은 모습이 아니었다.

"아, 원장 덕에 살았어! 얼마나 편히 잤는지 몰라."

콧소리까지 섞인 게 아마도 통증이 반은 줄어든 듯하다. 그리곤 오늘은 진통 주사나 하나 놔 달란다. 나가면서 미군 부대 PX에서 구했다는 하우스 와인을 한 병 건네며, 와이프하고 멋지게 한잔하라는 둥, 오늘따라 잘생겼다는 둥, 실컷 농을 걸고는 윙크까지 하며 사라졌다. 할머니와 나의 각별한 인연은 이렇게 시작되었다.

그해 겨울, 눈이 펑펑 쏟아지는 날, 할머니가 눈길에 넘어지는 사고가 발생했다. 오른쪽 고관절을 꼼짝 못한 채 심한 통증을 호소하며 이웃들의 부축을 받아 들려왔다. 부리나케 방사선 촬영을 끝내고 침대에 눕히자 갑자기 식은땀을 흘리며 의식이 흐려지고 혈압이 뚝 떨어졌다. 순간 고관절 골절에 의한 다량의 출혈성 쇼크가 의심됐다. 방사선 사진에서 골절이 확인됐다. 이제 수액을 주입하고 최대한 혈압을 유지해서 종합병원으로 후송하는 일이 관건이었다. 구급차에 같이 올라탔다. 이송하는 동안에도 팔의 맥박이 희미하게 전달됐다.

10여 분만에 응급실에 도착했다. 당직 의사에게 상황을 설명하고 돌아서는데 그녀가 내 손목을 꼭 잡았다. 순간 '이 노인네, 살겠네.' 하는 생각이 들었다. 할머니는 힘든 수술을 잘도 이겨 내고 한 달여 만에 마을로 돌아왔다.

그 후로 손재주가 좋은 할머니는 여름이면 망사 조끼를, 겨울이면 털실로 짠 조끼를 선물해주었다. 가끔씩은 미군 부대에서 나온다는 사탕과 초콜릿을 한 봉지 가득 담아오기도 했다. 그녀의 유쾌한 태도와 따뜻한 마음씨는 고단한 나의 진료실을 포근하게 감싸주었다.

어느 봄날, 할머니는 고이 간직한 사진 한 장과 메모를 보여주었다. 이제 막 돌을 넘겼을 듯한 흑인 혼혈 아이의 사진이었다. 그리고 메모지에는 오빠의 연락처가 적혀 있었다. 유일한 혈육이라는 오빠의 이름과 전화번호를 차트에 적어놓으라면서 부탁을 했다.

"당신이 내 주치의니, 내가 죽을 상황이 되면 여기로 연락해 줘."

들려주신 할머니의 일생은 우리 현대사의 축소판이자 깊은 상처의 아물지 않는 흉터 같았다. 돈을 잘 벌 수 있다는 기지촌 술집에 들어온 것이 스무 살 때였다. '양공주' 라고 받는 천대도 가난한 가족들에게 다달이 돈을 부쳐주는 기쁨으로 견딜 수 있었다. 하지만 몇 년 뒤 공장에서 일한다고 했던 거짓말이 탄로 났고, 아버지는 한

걸음에 찾아와서 머리채를 쥐고 흔들며 대성통곡을 하셨다. 그러고는 시름시름 앓다가 얼마 지나지 않아 심장병으로 돌아가셨다.

미군 병사와의 동거는 포주의 손아귀에서 벗어나서 자유롭게 살 수 있는 유일한 방법이었다. 아무리 벌어도 늘어만 가는 빚을 한 번에 다 갚아주었고 생활비 걱정을 하지 않아도 되었다. 몇 년간 살면서 아이도 낳았지만 결국 흑인 병사는 떠났고, 아이는 미국에 입양을 보내야 했다. 그 뒤로는 술과 담배로 괴로움을 달래면서 살아야 했다.

"만나면 꼭 안아주고, 정말 미안하다고, 보고 싶었다고, 만나고 싶었지만 연락할 길이 없었다고, 너무나 사랑한다고, 그렇게 말해주고 싶어."

생이별한 아이에 대한 평생의 소원을 뱉어 내자, 할머니의 마른 입술이 떨리고 눈물이 쉼 없이 흘러내렸다. 나도 할머니의 손을 잡고 한참을 함께 울었다.

아이 사진을 보여준 날로부터 얼마 지나지 않아 할머니는 내게 기지촌 할머니들만의 은밀한 모임인 '국화회'를 소개해주셨다. 그날은 할머니의 주선으로 이뤄진, 건강 교육과 점심식사를 겸한 자리였다. 진료실에서는 별다른 감흥 없이 만나던 분들이었지만, 함께 모여 기도하고 찬송하는 모습을 보니 전혀 다른 무게로 다가왔다. 힘겨운 삶을 지탱하고 견뎌온 강건함과 우애와 자조(自助)로써 서로 함께하는 평온함이 느껴졌다. 노년기 건강관리법에 대한 강의 후에 나는 말했다.

"여기에 계신 어머님들이 이 세상 어떤 꽃들보다 아름답고 귀하게 느껴집니다. 누구보다도 소중한 삶을 살아오신 당신들을 존경합니다."

할머니들 몇몇의 눈가에 눈물이 고이고 있었다.

색 바랜 꽃은 꽃이 아니던가? 한 나무에서도 다양한 모양의 꽃이 피는 것을 볼 수 있다. 꽃잎의 일부가 병들거나 벌레 먹었다고 해서 그 꽃의 잘못이 아닌 것처럼, 할머니의 피눈물 나는 일생은 우리 공동체와 역사라는 한 나무의 상처와 아픔이다. 할머니가 피우신 삶의 꽃은 너무도 존엄하고 아름답지만, 또한 한없이 가엾고 서글프다. 내년 봄에도 마을 초입에 심긴 벚나무에서는 수천수만 송이의 꽃들이 피었다가는 스러질 것이다.

思師曲

이은경 (국립암센터 내과 전임의)

'OOO 선생님 별세'

동창회 소식지를 보다가 어느 은사님의 부고를 보니 쓰라린 기억이 되살아난다.

그해 가을, 나는 내과 중환자실 주치의였다. 아는 것보다 모르는 것이 더 많다는 것을 깨닫던 시절, 하룻밤 사이 환자 상황이 급변할 수 있다는 사실에 잠 못 이루던 시절, 내게 중환자실 주치의는 그런 시절이었다. 인계받은 환자 여섯 명 중에 낯익은 이름 하나가 있었고, 환자의 얼굴을 보고는 그분이 맞다는 걸 알았다. 예전보다 많이 야위고 기관절제술을 하여 목소리는 들을 수 없었지만 그 선한 눈은 변함없었기 때문이다. 목소리 울림이 무척이나 듣기 좋았던 고등학교 은사님.

매일 수차례 검진을 하고 회진을 돌면서도 아는 척을 할까 말까 몇 번을 망설였다. 환자가 나 자신과 사적인 관계로 얽히는 순간 의사 결정 과정에 객관성을 잃고 자꾸 사적인 요구와 희망이 끼어드는 것을 피하고 싶어서였다. 그리고 선생님과 제자라는 관계가 밝혀지는 순간, 환자와 의사라는 역학 관계가 무너질지 모른다는 두려움이 있어서였다. 하지만 왠지 선생님은 나를 알아보시는 것만 같았고, 인사를 드리지 않는 것은 선생님에 대한 예의가 아니라는 생각이 들었다. 그리고 그 맑은 눈을 보면서 내 자신이 곧 털어놓고 말 것이라는 것을 직감했고 그럴 바엔 빨리 밝히자고 생각했다.

그래서 5일 정도 되던 날, "OO고등학교에 계셨지요?"라고 여쭈었더니 필서로 '네' 라고 하셨다. "선생님께 수업을 듣지는 못했습니다만 생물반 제자입니다."라고 인사를 드렸더니 무척이나 반가워하셨다. 아, 이제 생각해보니 고개를 그처럼 크게 끄덕이셨던 것은 이미 알고 계셨다는 말씀이셨나 보다.

의사가 되면 인간관계에 있어 많은 변화를 경험하게 된다. 모든 상황에 있어 나 자신이 이미 '환자' 이기보다는 '의사' 이기를 자처한다. 무엇인가 확실치 않은, 이해할 수 없는 논리로 수많은 환자들을 호도하는 치료 방법들을 보면 정의감에 불타 먼저 화부터 낸다. 어떠한 상황이건 의사의 입장에서 늘 판단하고 결정하려 하는 탓에, 열나는 아들에게 선뜻 항생제 먹이기를 두려워하고, 배 아픈 어머니에게 주저 없이 금식을 요구하는 등 주변으로부터 원성을 사는 조치를 취하기도 한다. 그리고 또 한 가지, '주변 사람들의 건강' 에 대한 태도가 변한다.

일단 가족들에게 어떤 '이상 소견' 이 발견되면—적어도 나의 경우에는—의심이 풀릴 때까지 꽤나 적극적으로 검사를 하는 편이다. 그 과정에서 빚어지는 불편과 복잡다단한 결과에 대한 치료 과정을 오롯이 내가 함께하며 책임질 수 있다고 생각하기 때문이다. 하지만 내 가족이 아닌 분들의 경우에는 그 검사로 인해 초래될 불편, 고통을 생각하면 그렇게 적극적으로 권하지 못하고 일단 '전문가' 를 소개해드리고 그 선생님의 방침에 온전히 따르도록 한다. 어찌 보면 책임을 다른 분께 슬쩍 넘겨 버리는, 무책임해 보이는 행동이지만 의학은 배우면 배울수록 불확실한 것에 대해 더욱 자신 없어진다는 것이 나의 궁색한 변명이다.

그때, 의사가 된 지 3년 된 경험 많지 않은 내과 전공의는 아는 사람이 환자로 오면 어떻게 해야 하는지 배운 적이 없었다. 막상 은사님이 내 환자로 눈앞에 누워계시니 그만 딜레마에 빠졌다. 편하게 해드릴 것인지, 아니면 모든 수단을 다 동원할 것인지. 환자의 편의를 봐드리자면 정상적인 흐름대로 진료를 하지 못하게 되고, 환자의 불편을 눈감고 밀어붙이면 수많은 복잡다단한 의료 환경 안에서 어느새 기진맥진해지고 말 것이기 때문이다. 내게 그 선생님은 이 딜레마가 아주 고통스럽게 느껴지던 환자였다.

선생님이 중환자실에 계신 이유는 특발성 폐섬유화증이었다. 스테로이드와 각종 약제들을 써보았지만 결국 폐 기능은 점차 떨어져 기관절제술을 하고 기계에 의존하여 간신히 호흡하고 계셨다. 산소 수치가 잘 오르지 않는 채 간신히 유지하는 정도. 그러던 어느 날 갑자기 산소 수치가 떨어지면서 굉장히 힘들어 하셨다. 평소 폐 기능이 좋지 않은 환자가 기계 호흡을 할 때는 기계가 불어넣어주는 바람을 충분히 들이마시고 내뱉는 과정에 잘 적응해야 하는데, 막상 산소 수치가 떨어지게 되면 환자 자신이 '죽을 것 같다' 는 공포감이 같이 엄습하면서 숨을 가쁘게 몰아쉰다. 그렇게 되면 두려움 때문에 효과적인 기계 호흡을 할 수 없는 일종의 악순환에 빠지게 되는데, 그런 경우 진정제를 쓰면 도움을 받을 수 있다.

아마 다른 환자 같았으면 진정제를 투여했을 수도 있을 것 같다. 하지만 선생님의 경우에는 왠지 그랬다가 최악의 경우 가족들 얼굴도 제대로 보지 못하고 돌아가실 것 같아서 내가 고집을 부려(약을)

드리지 않았다. 기대와는 달리 잘 버티지 못하셨고 이내 산소 포화도가 떨어지고 심장박동이 느려졌다. 그다음에는 내가 진정 우려하던 상황이 벌어졌다. 내 자신이 선생님을 그냥 보내드릴 수가 없게 된 것이다.

'지금은 아니지 않나요? 왜 저인가요? 왜 제가 보내드려야 하나요? 열도 나지 않고 문제없었는데 갑자기 이렇게 되실 이유가 없잖아요?'

수많은 생각이 머릿속을 오갔다. 이전부터 교수님께서 하신, 심폐소생술도 소용없을 것이라는 말씀과 암 환자들이 호스피스 병동에서 맞는 편안한 임종의 모습은 이미 내 기억에서 사라지고, 어느새 침대 위로 뛰어올라가 소생술을 하기 시작했다.

약 15분 정도 소생술을 하니 선생님께서 갑자기 방긋 웃으셨다. 아, 마치 무의식 속에서도 웃음을 잃지 않도록 내재되어 있었던 것 같은 웃음. 앰부를 짜고 흉부 압박을 하는 그 상황에서 보여주셨던 해맑은 웃음은 아마 평생 못 잊을 것 같다. 마치 '애썼다, 내 제자' 라고 말씀하시는 것 같았다. 느닷없는 눈물이 흘렀다. 옆에서 간호사들은 이상한 듯 쳐다보았지만 봇물 터지듯 흐르기 시작한 눈물은 멈추질 않았다. 엉엉 울면서 여러 가지 약물을 투여하는 기묘한 상황을 연출하는 동안 드디어 혈압도 조금 오르고 산소 수치도 조금 올랐다. 가족들께 환자의 상태에 대해 이야기를 하는데 다시 호흡이 없어졌다. 그리고 또 소생술을 했다. 이번엔 가족들이 그만하자고 했지만 결국 한 시간을 채우고서야 나 자신이 포기했고 이후에 임종 선언을 했다.

5년이 지난 지금까지, 좋은 의사가 되었다는 걸 보여드리고 싶었던 알량한 자존심 때문에 선생님을 괴롭힌 것은 아니었는지 나 자신에게 다시 묻고 또 묻는다. 그리고 내가 고집부린 것들이 선생님께 고통이 되지는 않았는지 걱정이다. 조금 편하게 해드릴 수 있는 진정제를 투여했더라면, 심폐소생술을 하지 않았더라면 마지막 가시는 길이 좀 더 편하지는 않았을지. 그 눌리는 고통이 세상을 저버리게 할 만큼 힘들지는 않으셨는지…….

이미 대답을 들을 수도 없지만, 그래도 가끔 그 웃음이 생각날 때면, 가끔 그 웃음이 어느 환자의 얼굴에선가 스칠 때면 가슴이 아프고 죄송해진다.

제10회 장려상 수상작

엄마 딸 수진 씨

김부경 (고신대복음병원 내과 전공의)

병원 안에 수진 씨를 모르는 내과 레지던트는 없었다. 수진 씨는 우리 사이에서 유명한 '왕건이' 였다. '왕건이' 란 여러 과에 걸친 다양한 문제를 가지고 있으면서 상태가 매우 좋지 않아 그 환자 한명을 보는 것이 다른 환자 열명 보는 것보다 더 힘든 환자를 부르는 우리 사이의 은어다. 그녀는 만성신부전으로 우리 병원에 오랫동안 다녔던 환자로 이번에는 위중한 상태로 입원했다. 이번 입원은 여러 과로 전과되기를 반복하면서 입원 기간이 엄청나게 길었기 때문에 내과 안에서 그녀의 담당 의사를 해보지 않은 레지던트를 손꼽을 수 있을 정도였다. 운 좋게도 나는 그녀의 그 긴 입원 기간 중 마지막 담당 의사였다.

담당 의사가 되어 그녀를 처음 만난 날 나는 두 가지에 깜짝 놀랐다. 첫째는 그녀가 너무 어리게 보인다는 것이었다. 34살의 그녀는 초등학교 2~3학년 정도의 체구에 삐삐머리를 한 개구쟁이 어린이의 표정이었다. 오랜 시간 병을 앓아 온 사람들은 몸집의 크고 작음을 떠나 그 얼굴에서 실제 나이보다 더 험난했던 시간들이 나타나기 마련인데 그녀는 아무리 보아도 체구도, 얼굴도 초등학생 정도 밖에 보이지 않았다. 둘째는 그녀가 너무 멀쩡하다는 것이었다. 몇 달 전 중환자실에서 보았던 그녀는 조그만 몸에 온갖 호스와 관들을 주렁주렁 달고서 인공호흡기와 투석기에 연명하며 간신히 생명을 이어가고 있었다. 그런 그녀의 모습을 본 사람은 누구도 그녀가 이렇게 멀쩡히 앉아 있게 되리라고 생각 못했을 것이다. 그런데 담당 의사가 되고서 처음 만난 그녀는 아무런 기계도, 호스도 달지 않은 자유로운 상태로 눈을 반짝 뜨고 나를 쳐다보고 있는 것이었다. 내가 보고 있는 이 조그만 꼬마 아가씨가 몇 달 전 무시무시한 모습으로 누워있던 그 '왕건이' 가 맞나 싶었다.

그녀는 19살부터 투석을 받아왔던 환자로 이번에는 투석 중 고열과 의식저하가 있어 입원했다. 심내막염에 의한 패혈성 색전(septic emboli)으로 인해 다발성 뇌경색(multiple cerebral infarction) 진단이 내려졌고 항생제 치료와 수술을 받으면서 감염내과, 신경과, 흉부외과, 심장내과, 신장내과로 전과에 전과를 거듭했다. 그렇게 의식이 없는 채로 중환자실에서 두 달이 넘는 시간을 견뎠다. 그 긴 시간을 이겨내고 의식을 찾고 인공호흡기를 떼고 일반 병실로 올라오기는 했지만 아직도 그녀에게는 문제들이 남아있었다. 오랜 시간의 사투 끝에 얻은 양쪽 엉덩이의 크고도 깊은 욕창과 말을 알아들을 수는 있지만 말을 할 수는 없는 운동성 언어장애가 있었다. 그녀를 맡게 된 첫날 차트 리뷰를 한 나는 그녀가 이 정도로 회복된 것이 참 신기한 일이라 생각했다.

처음 그녀를 만나서 확인한 욕창은 뼈가 드러날 정도로 깊고, 주먹이 쑥 들어가고도 남을 정도로 컸다. 성형외과에서는 이 정도 상처는 결코 자연 치유되지 않기 때문에 근육과 피부를 함께 이식하는 수술이 필요하다고 했지만 그녀의 어머니는 이미 엄청나게 불어나 더 이상 감당할 수 없는 병원비와 그녀의 전신상태 때문에 차일피일 수술을 미루고 있는 상황이라고 했다. 신경과와 이비인후과에서는 운동성 언어장애에 대해 언어치료를 권유했지만 그것 역시 비용을 감당할 수가 없어 그녀의 어머니가 열심히 말을 시키고 텔레비전을 보여주는 것으로 대신하고 있었다.

내가 담당 의사가 된 지 이틀째 되던 날 밤이었다. 그날 성형외과에서 저녁 늦게 수진 씨의 욕창을 봐주었고, 나는 그녀가 성형외과에 다녀온 것을 확인한 후 퇴근을 했다. 그런데 다음날 아침 출근하는 길에 투석을 받으러 가는 수진 씨를 만났는데 수진 씨의 어머니가 나를 향해 싸늘한 눈초리를 보내는 것이었다. 병동에서 무슨 일이 있었냐고 물어보니 새벽에 전날 밤 성형외과에서 제거(debriment)한 괴사된 조직에서 출혈이 있었고, 내가 전화를 받지 않아 성형외과 선생님과 당직 선생님에게 노티 되어 혈액을 검사하고 수혈을 받았다고 했다. 나는 아침에 투석실로 가는 두 모녀의 얼굴 보았기에 나중에 다시 만나서 이야기해봐야겠다 생각하고 그 일을 교수님께 보고하지 않았다. 그런데 교수님과 함께 회진을 도는데 투석실로 내려갔던 수진 씨 어머니가 어느새 올라와 병실에 피에 젖은 침대시트를 확 펼쳐 놓는 것이 아닌가? 그 광경은 정말 충격적이었고, 속으로 '아, 이제 나는 교수님께 죽었구나.' 싶었다. 알고 보니 새벽에 나에게 연락을 했는데(우리 병원은 담당 의사가 'first call'을 받는다) 전화를 받지 않자 당직 선생님과 성형외과 선생님에게 노티가 되고 성형외과 선생님이 보러 오는 사이 시간이 많이 흘러 출혈량이 꽤 많았던 것이었다. 내가 새벽에 그 전화를 받았다면 출근 시간보다 한 두 시간 더 일찍 와서 환자의 상태를 확인하고 보호자와 면담을 했을 텐데 전화가 온 줄도 모르고 늦게 와서 상황을 파악하지 못했던 것이다. 수진 씨의 어머니는 투석실에 가다가 너무 화가 나서 안 되겠다 싶으셨던지 피가 흥건한 시트를 찾아서 주워온 것이었다. 나는 그때서야 아침에 수진 씨의 어머니가 나를 왜 그렇게 싸늘하게 쳐다보았는지 이해가 되었다.

역시 예상했던 대로 나는 교수님께 구석으로 끌려가 호되게 혼이 났다. 환자가 저렇게 출혈을 많이 했는지 몰랐다는 사실과 이런 일이 있었다는 것을 보고하지 않았다는 것 때문이다. 그 일이 있은 후로는 수진 씨와 그 어머니를 대하는 것이 영 편하지가 않았다. 내가 잘못한 것에 대한 미안함도 있었지만 버린 시트까지 찾아와 병실에 펼쳐 놓을 것까지 있었는가 하는 생각도 들었다.

그렇게 시간이 흐르고 수진 씨의 욕창은 수술하지 않으면 절대 낫지 않을 거라던 성형외과 선생님들에게 보란 듯이 새살이 차오르고 있었다.

그러던 어느 날 기적같이 수진 씨가 말문을 열었다. 예전에 같은 병실을 쓰던 아주머니가 다시 입원해서 수진 씨에게 놀러왔다가 '뭐가 먹고 싶냐' 고 물으니 '통닭' 이라고 대답한 것이다. 길고도 긴 사투 끝에 중환자실을 벗어나고서도 한참동안 침묵하던 수진 씨가 몇 개월 만에 처음 내뱉은 말이 '엄마' 도 아닌 '통닭' 이어서 조금 우습긴 했지만 그 일은 우리 병동에 일대 사건이 되었다. 모두들 수진 씨가 말문을 연 것에 대해서 축하했고, 나도 크게 감동을 받았다. 솔직히 나는 수진 씨가 다시 말을 하게 되리라고는 기대하지 않았다. 실은 중환자실에서 보았던 그 '왕건이' 가 이렇게 살아 있으리라고도 생각하지 못했기 때문이다. 지금까지 보아온 많은 환자들 중에서 그런 상태에서 살아난 사람이 별로 없었기에 나는 '죽을 사람은 죽는다' 는 생각을 가지고 있었다. 수진 씨가 살아 있고, 욕창에 새살이 돋고, 말문을 열게 된 이 모든 것이 기적 같았다. 그날 이후로 우리는 수진 씨가 새로운 단어를 말할 때마다 아기가 처음 말을 배울 때처럼 박수를 치며 기뻐했다.

그렇게 수진 씨와 정이 들어갈 무렵이었다. 병원에서는 수진 씨의 입원일수가 너무 많아 진작부터 퇴원을 권고하고 있었다. 수진 씨의 상태도 퇴원을 해도 좋을 만큼 호전이 된 지 오래지만 수진 씨의 어머니는 그 엄청난 병원비를 지불할 수가 없어 퇴원하고 싶어도 할 수가 없었다. 어느 날 수진 씨 어머니의 얼굴에 수심이 가득해 보여 또 병원비 때문이겠거니 싶어 물었다.

"어머니, 병원비는 어떻게 해결이 되고 있나요?"

"아니요. 큰일 났어요. 아이 아빠가 췌장암이래요."

나는 뭐라 위로 드릴 말이 없어 말문이 막혔다. 그리고 잠시 하늘이 원망스러웠다. 다른 사람도 아니고 왜 또 수진 씨의 아버지란 말인가? 그리고 이제는 수진 씨의 아버지 병간호에 병원비까지 감당해야 할 수진 씨 어머니의 얼굴을 똑바로 바라볼 수가 없었다. 며칠 후 수진 씨가 잔뜩 찌푸린 얼굴로 턱을 괴고 앉아 있었다. 내가 뭐라 물어도 아무런 대답도 하지 않고 돌아앉는 것이었다.

"오늘은 수진 씨가 기분이 많이 안 좋네요?"

수진 씨 어머니에게 물었다.

"아버지 소식 들었어요."

어머니가 말했다.

나는 수진 씨가 아버지 소식을 듣고 저렇게 우울해하는 것이 신기했다. 수진 씨가 말도 못하고 꼬마처럼 어리게 보여서 그랬을까? 다음 순간 나는 무엇인가에 머리를 얻어맞은 듯 커다란 충격을 느꼈다. 자식이 부모가 암이라는 소식을 듣고 우울해하는 것이 뭐가 신기하단 말인가? 내가 왜 이 사실을 신기해한단 말인가? 나는 그동안 수진 씨를 무엇으로 대했단 말인가?

나는 수진 씨에 대해 다시 한 번 생각해보았다. 수진 씨는 19살 때 투석을 시작하여 15년째 투석을 받고 있다. 언젠가 병동에서 수진 씨가 키 165센티미터의 예쁘고 날씬한 아가씨였다는 이야기를 들은 적이 있다. 지금의 꼬마 같은 수진 씨의 모습만 본 나로서는 그 모습을 상상할 수가 없었다. 그저 놀라운 이야기일 뿐 그리 깊이 생각해보지 않았다.

만성신부전 환자들은 신성골이영양증이라는 합병증으로 뼈가 변형되고 휘어지기도 하고 부러지기도 한다. 수진 씨도 그런 합병증 때문에 온몸에 칼슘이 침착되고 뼈가 휘어지고 키가 작아진 것이다. 신성골이영양증은 부갑상선 기능의 항진이 그 원인인데, 그래서 수진 씨는 지금까지 부갑상선을 제거하는 시술도 여러 번 받았다. 키 크고 날씬하던 아가씨가 이렇게 조그만 꼬마 아가씨가 되기까지 얼마나 긴 시간 아파야 했을까. 그 오랜 시간을 병마와 싸워온 수진 씨와 그 과정을 지켜봐야 했던 어머니의 세월이 마음속에 그려지면서 나는 진심으로 마음이 아팠다. 그리고 어머니가 왜 그렇게 수진 씨를 끝까지 포기하지 못했는지 이해할 수 있었다. 솔직히 나는 중환자실에서 수진 씨를 보았을 때 저렇게까지 할 필요가 있는지 조금 회의적이었다. 다발성 뇌경색이 온 상태에서 의식이 돌아올지도 모르는데 인공호흡기에 투석기를 주렁주렁 달고 심장수술까지 하는 것이 과연 환자가 원하는 것일까 하는 마음이 들어 끝까지 적극적인 치료를 원하는 수진 씨 어머니가 정말 대단하다 싶었다. 이제 와서 생각해보니 그것은 내가 아버지 소식을 듣고 우울해하는 수진 씨를 신기해하는 것과 똑같은 것이었다. 세상에 어느 부모가 자식의 생명을 포기하겠으며, 세상에 어떤 자식이 부모를 걱정하지 않을 수 있단 말인가? 나는 그동안 수진 씨 어머니의 마음을 조금도 알지 못했고, 수진 씨 마음을 조금도 이해하지 못했던 것이다. 그것은 내가 수진 씨를 환자로 대했을 뿐 수진 씨가 누구의 딸이라는 생각을 하지 못했기 때문이었다. 그리고 진심으로 수진 씨와 어머니에게 미안했다. 처음 수진 씨가 출혈했던 날도 수진 씨를 내 딸이라 생각해보았더라면 조금 더 이해하고 따뜻하게 대할 수 있었으리라.

그리고 지금까지 내가 맡았던 수많은 환자들과 보호자들에게 미안했다. 사실 나는 내가 비교적 정확한 판단에 빠른 일 처리를 하는, 꽤나 괜찮은 의사라고 스스로 자부하고 있었다. 그렇지만 교수님께 크게 꾸지람 들을 일 없이 프레젠테이션을 준비하고, 크게 말썽날 일 없이 일 처리하는 게 좋은 의사가 아니란 사실을 알았다. 환자들에게 좋은 의사란 그 환자가 누군가의 자녀임을, 누군가의 부모임을, 누군가에게는 정말 소중한 사람임을 잊지 않고 그를 소중하게 대해주는 것이 아닌가 싶다. 그리고 그동안 나의 사무적이고 냉정한 말에 상처받았을 많은 환자들과 보호자들에게 마음으로 용서를 구했다.

얼마 뒤 수진 씨는 병원 사회사업실을 통해 여러 자선재단에서 구한 돈으로 퇴원을 하게 되었다. 수진 씨가 퇴원하던 날 나는 노란 병아리 모양 쿠션을 선물했다. 그동안 나는 퇴원하는 환자에게 선물을 한 적이 한 번도 없었다. 그렇지만 수진 씨의 퇴원은 정말 진심으로 기뻤고 축하해주고 싶었다. 그날 수진 씨는 노란 쿠션을 받아들고 정말 해맑게 웃어주었다.

그 후로 한참동안 수진 씨의 소식을 들을 수가 없었다. 어느 날 병원 로비에서 수진 씨의 어머니를 만났다.

"아, 어머니 안녕하세요? 잘 지내셨어요? 수진 씨 아버지는 좀 어떠세요?"

"아버지 돌아가셨어요."

"아, 네……. 수진 씨는 어디 있어요? 투석실에 있어요?"

"수진이 또 중환자실에 입원했어요. 저번처럼 열이 나서요."

나는 또 말문이 막혔다. 수진 씨 어머니의 마음을 과연 무엇으로 위로할 수 있을까? 어머니에게 간단한 인사를 하고 돌아서는 내 마음에 수진 씨가 과연 이번에도 고비를 넘길 수 있을지 의문이 들었다. '이번에는 쓸 만한 항생제나 있는지 몰라' 라는 생각이 들었지만, 다음 순간 왠지 수진 씨가 이번에도 이겨낼 수 있을 것 같다는 생각이 들었다. 지금까지 수진 씨가 몇 번이나 죽음의 문턱을 넘나들면서도 기적같이 살아나주었던 그 이유를 알 것 같았다.

'수진 씨, 이번에도 일어나요. 수진 씨는 우리 병원에서 제일 유명한 불사조 왕건이잖아요. 그리고 수진 씨는 엄마 딸이잖아요.'

초겨울 비 내리는 날

김영전 (서울대 사범대학 교육학과 박사과정)

초겨울 비가 내렸다. 중부지방은 눈이 온다더니 예상했던 것보다 기온이 높았나 보다. 비는 소리 없이 내렸고, 촉촉하게 젖은 창밖의 거리가 비의 흔적을 담았다. 실내는 난방 때문에 따뜻하다 못해 포근할 지경이다. 그런데 내 마음은 물에 젖은 카펫마냥 묵직하고 답답하다. 그날도 이런 날씨였다.

비오는 초겨울 저녁 시간의 시골 의료원 응급실은 대개는 한산하다. 비 때문에 야외 활동이 많지 않아서 사고가 거의 없고, 배가 아프거나 머리가 아프다고 수시로 드나들던 노인 환자들도 추운 날씨에는 비를 맞고 의료원까지 찾아오는 수고를 하지 않는다.

나는 그 당시 뭘 하고 있었던가? 20여 남짓한 응급실 침대 위에 서너 명의 환자가 누워 있었던 것 같고, 난 간호사에게 조금 전에 진찰한 환자의 처방을 내렸을 것이고, 그리고는 올해 인턴 근무가 끝나면 뭘 해야 할지 고민을 하고 있었을 게다. 당시 난 임상 의사의 진로에 대한 확신이 없었고, 의학이나 의료보다는 세상이 많이 궁금한 초보 의사였다. 대학원에 진학하여 다른 학문을 공부할까 생각하기도 했었고, 그냥 여행을 다닐까 싶은 생각도 했던 것 같다.

내 복잡한 사고의 흐름을 깬 것은 아기를 들쳐 업은 아이 엄마와 그 아이 엄마의 엄마쯤으로 보이는 환자가 응급실을 찾아오면서부터였다. 의료원을 들어선 아이 엄마는 무척이나 화가 난 듯이 보였고, 그 아이 엄마의 엄마는 몸을 못 가누고 휘청대면서 피식 웃었던 것 같다. 술 냄새가 났었던가? 환자의 주 호소 증상은 두통이었다. 머리가 깨지도록 아프다고 했다. 환자는 혀가 꼬인 말투로 알아듣지 못할 이야기를 하고 있었고, 자신의 무게가 버거운 듯 심하게 몸을 흔들고 있었다. 환자의 딸은 이런 엄마의 모습이 답답한 듯 화난 표정을 지었지만 그것이 모두 제 탓인 듯, 이를 지켜보는 의료진들에게는 연신 미안함을 표현했다.

나는 보호자를 옆에 두고 환자를 진찰한 뒤, 그동안 의료원에 내원했던 의료 기록을 확인했다. 술을 마시고 두통 때문에 이렇게 응급실에 온 것이 여러 번이었다. 대개는 수액과 간단한 약물을 처방받고 하루저녁 지켜본 뒤 상태가 호전되면 퇴원하는 방식이었다. 나는 보호자에게 두통이 주 증상일 때 발생할 수 있는 질병을 재빠르게 나열하면서 이를 감별하기 위해 할 수 있는 몇 가지 검사를 권했지만 보호자나 나나 이런 설명이 별 의미가 없다는 것을 알고 있었다. 나는 의사로서 설명의 의무를 이행하는 것이었고, 보호자는 적극적인 검사를 거부하고 간단한 증상 치료만을 원하는 것으로 기록하고 나면, 나는 포도당 수액에 두통을 조절하기 위한 약물을 처방하고 지켜보면 된다.

처방을 내고 차트를 작성하는데 환자의 딸이 내 앞을 서성거렸다. 나랑 눈이 마주치자 조심스런 표정으로 급하게 오느라 아기 분유랑 기저귀도 못 챙겨왔다고, 집에 다녀오고 싶은데 그래도 되냐고 물었다. 숙제 검사를 기다리는 초등학생의 표정으로 내 대답을 기다리는 그녀를 보면서 난 잠시 주저했다. 자세히 본 보호자는 스무 살 안팎의 앳된 얼굴이었다. 술에 취해 소리를 질러대는 엄마와 등에 업혀 칭얼대는 아가의 무게가 버거워 보였다.

"환자는 아직 저와 정상적인 의사소통이 불가능하기 때문에 보호자가 계셔야 해요. 혹시 다른 보호자는 안 계신가요? 다른 보호자가 오고 나면 다녀오셔도 되는데……."

나는 다른 가족들이 있는지 물었고 그 보호자는 대답 못하고 고개만 저었다. 추운 빗길을 뚫고 들어온 의료원의 따뜻한 공기가 어색한 듯 그녀의 얼굴은 발갛게 상기되어 있었고, 포대기를 고쳐 매는 아이 엄마의 손은 보기에도 차가워 보였다. 아버지 없이 모녀만 살던 가족이라고, 최근에 아이 엄마가 출산할 때도 아이 아빠는 없었다고 간호사가 나에게 슬쩍 언질을 주었다.

그리고는 갑자기 환자가 밀려왔다. 복통을 호소하는 할아버지와 고열의 아이, 그리고 대학 병원으로 전원해야 할 환자의 서류 작업 등 나는 조그만 응급실을 종종거리며 환자의 상태를 확인하고 처방을 내고 차트를 작성하면서 그렇게 몇 시간을 보냈다.

"선생님, 교통사고 환자랍니다. 의식은 없고 복부 출혈이……."

119대원의 전화를 받은 간호사의 보고가 끝나기 무섭게 응급차의 사이렌 소리가 들려오기 시작했다.

한 간호사는 심폐소생술을 위한 장비를 준비하고, 다른 간호사는 외과 계열의 다른 당직 의사와 응급의학과 과장님을 급히 호출했다.

"50대 추정 여자 환자, 자발 호흡 없고, 맥박 촉진 안 되며 혈압 안 잡힙니다. 뺑소니 교통사고로……."

나는 119대원의 보고를 받으며 산소 호흡기를 연결하고, 심폐소생술을 시작했다. 황급히 내려온 다른 당직 의사들이 합류했고 그렇게 몇 분간 심폐소생술을 시행했다.

"선생님, 이 환자…… 아까 그 술에 취해서 온 여자 환자……."

간호사의 놀란 목소리가 나를 뒤흔들었다.

연락을 받고 급히 병원으로 온 환자의 딸은 여전히 아이를 업고 있었다. 창백한 얼굴은 눈물로 범벅되어 있었다. 그러면서 그 하얀 주먹으로 자신의 가슴을 치고 있었다. 환자의 딸은 수액을 맞고 있었던 환자를 두고 잠시 자리를 비웠고, 눈을 뜬 환자는 딸을 찾다가 몰래 병원 밖을 나갔던 것이다. 환자가 침대를 빠져나간 것을 확인한 간호사는 병원 경비원을 통해 주변을 수색하던 중이었고, 환자는 그 시간 병원 앞 도로를 건너다가 뺑소니 교통사고를 당했다. 다른 운전자에 발견된 환자는 의식을 잃은 채 119구급차에 실려 응급실로 다시 온 것이다.

30여 분 가량 진행된 심폐소생술에도 환자는 소생할 기미가 없었다. 환자에게는 사망이 선고됐다. 환자의 몸에서 손을 뗀 나는 온몸의 기운이 다 빠진 듯 허탈했다. 잠시 동안 머리도 멈춰 버리고 심장도 멈춰 버린 듯 아무 생각이 없었다. 온 힘을 다해 간신히 차트를 작성하고 과장님께 상황을 간단히 보고한 후 주섬주섬 화장실로 도망갔다. 화장실 문을 잠그고 변기 위에 앉아 그렇게 얼마간 죄책감인지 슬픔인지 연민인지 모를 분통터지는 기분 속에서 어젯밤 환자가 처음 내원한 시각부터 지금까지의 시간을 곱씹고 또 곱씹었다. 옆 칸에서 통곡 소리가 들려온다. 아기의 울음소리도 커지고 있다. 새벽녘 두 사람의 울음소리는 화장실을 꽉 채우고 있었다. 내가 먼저 어떤 말이라도 해야 할 듯했다. 그런데 나는 아무 말도 하지 못하고 그렇게 십여 분을 더 화장실 변기 위에 쪼그리고 앉아 슬픔과 원망이 담긴 통곡 소리와 자지러지는 아이의 울음소리를 듣고 있었다.

"선생님, 죄송해요. 선생님이 자리 비우지 말라고 하셨는데, 제가 병원에서 날 새려면 아기 기저귀가 필요해서요."

응급실로 돌아온 보호자는 멍한 표정으로 앉아 있는 내게 말을 걸었다. 나는 아무 말도 못했다. 나에게 사과하려는 보호자가 당황스러웠다. 보호자는 나에게 더 할 말이 있어 보였다.

"엄마가 불쌍해서……."

눈빛은 흔들리고 있지만 그 눈빛이 나를 바라보는 것을 알 수 있었다. 그렇게 당황스런 몇 초가 지나고 보호자는 별다른 반응이 없던 나를 뒤로하고 영안실을 향했다.

나는 겁이 났다. 달달 외운 의학 지식이 행여나 기억이 안 날까 싶어 《수련의 진료 매뉴얼》을 가운 속에 넣고 다녔지만, 그 속에는 환자나 보호자의 아픔을 어떻게 받아들이고 표현해야 하는지는 없었다. 당혹스러움과 죄책감이 뒤섞인 내 감정을 어떻게 조절하고 표현해야 하는지도 몰랐다. 목까지 가득 찬 혼란스런 감정들은 그렇게 원래부터 없었던 듯 무표정한 표정 속에 묻어 버리면서 애써 그 일을 잊어갔다.

나는 그해 수련을 그만두고 그동안 하고 싶었던 다른 공부를 시작했다. 그사이 결혼도 하고 아이도 낳았다. 그러면서 나는 의사가 아닌 누구의 엄마로 불리기 시작했다. 세상 밖에 나오면서 넉살 좋은 아줌마의 수다도 배우고, 가족 앞에서는 무서울 것 없는 엄마의 용기도 생겼다. 그렇게 세상 속에서 난 마음을 여는 법을 배워갔다.

아줌마 의사가 된 나는 가끔 이렇게 겨울에 비가 내리면 그녀를 생각한다. 그때 나는 그녀를 그렇게 보내지 말았어야 했다. 미안하다고, 내 불찰이라고 사과를 했어야 했다. 환자를 세심히 살피지 못한 것은 어쨌거나 내 잘못이다. 얼마나 상심이 크냐고 위로를 했어야 했을지 모른다. 줄곧 혼자인 그녀가 안타까웠다. 등에 업힌 아이가 울지 않도록 달래줄 수도 있었다. 겨울의 비바람을 맞으며 다녔을 아이가 춥지 않도록 모포라도 덮어줬어야 했다. 그리고 그 모든 것이 그녀의 잘못이 아니라고 꼭, 말해줬어야 했다. 평생 죄책감에 사람들에게 사과하지 않도록……. 아무 말도 전할 수 없는 나는 다만, 그녀가 강하고 다부진 아줌마로 건강하게 살아가고 있기를 기도한다.

마음의 파장

박상호 (신사호이비인후과 원장)

진료실 풍경 1

오후 3시였다. 상철이 어머니가 진료실로 들어왔다. 상진이는 안고, 쌍둥이인 상민이는 업고, 맏이 상철이의 손을 잡고 들어왔다. 넉넉해 보이지 않는 옷차림. 하지만 입가에는 늘 미소가 맴돈다. 그리고 "애들이 아프다."며 증상을 얘기한다.

"어머니, 아이들 셋 키우기 힘들지 않으세요?"

"힘들죠, 그런데 아이들 때문에 많이 웃어요."

"돈 많이 버셔야겠어요."

"하하하, 그러게요."

벌써 2년째다. 상철이 어머니가 아이 셋을 데리고 병원에 다닌 지가 말이다. 아이 하나 키우기도 벅찬 세상이다. 그런데 셋을 키우는 상철이 어머니의 얼굴에서 그런 '벅참'이 보이지 않는다. 항상 밝고 경쾌하다. 어디에 있을까? 사람들이 짐작하는 생활의 찌듦, 육아의 고단함은 어디에 숨겨 두었을까? 아무리 찾아도 읽히질 않는다. 진료실에 들어온 상철이 어머니를 찬찬히 살폈다. 아파하는 아이, 등에서 보채는 아이, 옆에서 장난을 치는 아이를 데리고도 여유가 있었다. 하는 말도 그랬고, 하는 행동도 그랬다. 진료하는 내내 상철이 어머니는 '아주 여유 있는 어머니' 였다.

그런데 참 묘했다. 아이 셋과 보호자가 들어온 진료실, 북적북적했을 풍경 속에서 나는 오히려 차분하고 여유로운 물결 속에 푹 잠기는 기분이었다. 왜 그랬을까? 대체 무엇이 진료실에 그런 '여유의 바람' 을 불게 했을까? 곰곰이 생각했다. 이유는 간단했다. 그건 '마음의 파장' 이었다.

1년 전이었다. 상철이네는 할아버지가 있었다. 하루는 상철이 어머니가 시아버지께 보청기를 해드린다고 찾아왔다. 며느리가 시아버지의 보청기를 마련하는 광경은 참 보기 좋았다. 부모의 연세가 많아서 귀가 불편해도 그냥 참게 하는 경우가 많다. 보청기 가격이 생각보다 꽤 비싸기 때문이다. 내 병원에서 시아버지 보청기를 해드리려고 며느리가 찾아온 경우는 처음이었다.

상철이 어머니는 웃으며 얘기한다.

"아버님 귀에 보청기 해드려야겠어요. 요즘 자꾸 되물으세요."

넉넉한 형편이 아님에도 꽤 좋은 보청기를 해드렸다. 할아버지는 보청기를 맞춘 후 두 번 정도 병원에 와서 보청기 조절을 받으셨다. 손자들 재롱떠는 소리가 잘 들린다며 무척 좋아하셨다. 상철이 어머니도 시아버지와 언성을 안 높이며 대화할 수 있다며 흐뭇해했다. 하지만 안타깝게도 그 후 한 달 만에 할아버지는 폐렴으로 갑자기 돌아가셨다.

얼마 전에 아이들 진료하면서 물었다.

"어머니, 할아버지 보청기 얼마 쓰지도 못하고 돌아가셔서 안타까워요."

"한 달 동안 아버님이 좋아하셨으니 괜찮아요."

요란스런 세 명의 남자아이들, 연로한 시아버지, 넉넉하지 못한 경제력, 지지고 볶는 일상. 상철이 어머니가 이런 힘든 상황에 마음이 매여 있다면 그렇게 온화하지는 못했을 것이다. 하지만 아마도 여러모로 즐거움을 안겨주는 세 아이에 대한 고마움, 이 정도라도 아이들을 키울 수 있게 하는 가정 형편, 가까이서 시아버지의 불편함을 덜어줄 수 있는 감사함에 상철이 어머니의 마음이 가 있지 않았을까?

진료실 풍경 2

늘 시끄럽다. 병원 맞은편 4층 건물의 주인인 정갑부(가명) 씨가 진료실에 들어설 때면 목청부터 커진다. 그리고 병원 직원에게 호통도 친다.

"아, 왜 이렇게 안 나아?"

"한 달에 한 번씩 병원에 오면서 오늘은 또 어디가 아프세요?"

"아, 내가 사업하느라 영 바빠서 시간이 없어. 원장이 빨리 고쳐줘야지."

"……."

이 사람은 묻지도 않은 말을 한다. 그것도 목청을 높여서.

"나는 맞은편 건물주야. 한 달에 걷는 월세만 총 ○○○○만 원이지. 얼마 전에 산 땅은 왜 이렇게 값이 안 오르는지……. 지난 번 주식이 올랐을 때 팔기를 잘했지."

그런데 이 말을 듣는 주위 사람들은 다들 불편한 표정이다. 그를 처음 본 환자들은 얼굴을 찌푸리기도 한다. 그래도 그는 아랑곳 않는다. 말을 하면서 손을 자주 드는 버릇이 있다. 그럴 때마다 손목에 걸린 금딱지 시계가 번쩍거린다. 억지로 참고 겨우 진료를 마친다.

정갑부 씨만 왔다 가면 진료실에는 썰렁한 냉기가 찬다. 이것도 정갑부 씨가 주는 '마음의 파장' 때문일 거다. 이 사람은 내가 가지고 있는 것에 대한 감사함은 보이질 않는다. 내가 가지지 못한 것에 대한 아쉬움, 불만만 가득하다. 자기 합리화에 능하다.

그런데 가만히 생각해보면 내 모습이 정갑부 씨와 닮았다. 난 열심히 환자 보는데 왜 환자가 더 없을까? 조금 더 환자가 많았으면 좋겠는데. 몇 천 원짜리 환자가 뭐 이렇게 질문이 많은 거야? 왜 나는 시절 좋았던 십 년 전에 개업하지 못했을까? 부유한 선배들을 보면 단지 먼저 개업을 해서 그렇지 않을까 치부해 버린다. 아휴! 환자 보기도 지겹고 빨리빨리 대충 보고 집에나 가자.

내가 어떤 마음을 먹으면 그 마음이 내 마음속에만 머무는 것이 아니더라. 상철이 어머니가 그랬고, 정갑부 씨가 그랬고, 또 내가 그랬다. 좋은 '마음의 파장'을 받으면 내 마음도 좋고, 불편한 '마음의 파장'을 받으면 내 마음도 불편했다.

가만히 내 마음을 들여다본다. 내 병원에 하루에 적게는 몇 십 명에서 많게는 백 명 넘게 환자들이 다녀간다. 그 환자들은 내게서 어떤 '마음의 파장'을 받아가고 어떤 위로를 받았을까? 짧은 진료 시간이지만 나의 말투와 표정 속의 욕심, 불만, 오만은 어떠한 파장으로 그들에게 밀려가고 어떤 흔적을 남겼을까? 앞으로 조금이라도 환자들에게 좋은 흔적과 따듯한 위로를 줄 수 있는 '마음의 파장'이 내 마음에서 나올 수 있기를 다짐해본다.

별일

안상현 (서울아산병원 인턴)

"임OO 님 9월 15일 3시 20분 임종하셨습니다."

환자, 이제는 고인이 되어 버린 분의 침대 말에 주저앉아 버린 딸. 이윽고 그녀의 어깨를 토닥이며 주치의는 사망 선고를 했고, 현장에 있던 사람들에게는 그 차가운 현실이 눈물과 함께 각인됐다.

일주일 전.

"안녕, 어제는 별일 없었어?"

어제 하루 쉬고, 새벽별을 보며 다시 중환자실로 출근한 나는, 이제 나와 교대하고 쉬게 될 동료 인턴에게 별 의미 없는 인사말을 건넸다. 굳이 '별 의미 없는 인사말' 이라고 한 것은 이곳이 중환자실이기 때문이다. 불과 몇 시간 전까지 안정돼 보이던 환자도 부지불식간에 상태가 나빠져 사망하기도 하는 곳이 바로 이곳 중환자실이다.

"야, 대박 환자 왔어. TEN(Toxic Epidermal Necrolysis; 독성표피괴사용해) 환자인데 4시간마다 전신 드레싱(소독)이야. 한 번 하는 데 한 시간쯤 걸리더라."

예상치 못한 답사(答辭)에 '헉' 소리부터 났다. 24시간 근무하고 교대하는 체제이니 내가 오늘 근무에서 여섯 번을 해야 한다는 뜻이고, 그것은 평소 일에다 6시간 꼬박 걸리는 일이 추가됐다는 이야기이다. 동료 인턴이 어떤 방식으로 드레싱을 해야 하는지 보여준다며 그 환자가 있는 곳으로 나를 재촉하는데 괜스레 얄밉기까지 하다.

환자를 보자 또 한 번 '헉' 소리가 났다. 환자 상태가 상상 이상이었기 때문이다. 예전에도 같은 질환 환자를 본 적이 있어서 으레 그 정도겠지 했는데 이 환자는 얼굴부터 발끝까지 정상적인 피부보다 이미 벗겨졌거나 벗겨지고 있는 피부가 훨씬 많았다. 더 두렵고, 마음이 무거운 것은 환자가 의식이 또렷하다는 점이었다. 손만 대도 너무 아파하는데 어떻게 해야 하나 앞일이 막막했고, 가슴은 먹먹해졌다. 생각해보라. 바닥에 쓸려 피부가 심하게 벗겨졌는데 누군가 그곳을 소독한답시고 이리저리 만지고 약을 바른다면 어떻겠는가? 또 그것이 한 군데라면 그나마 이 한번 악물고 참으면 될 텐데 이 환자에게는 어떻게 참아보라고 할 엄두조차 나지 않았다. 동시에 환자는 생각도 하지 않고, 일 늘어난 것만 생각한 나 자신이 부끄러워 얼굴이 달아올랐다.

조심스럽게 이전 드레싱 때 붙여놓은 거즈를 떼는데도 피부가 함께 뜯겨 나오고 그 자리에 피가 맺혔다. 시작하기 전에 효능이 강한 마약성 진통제를 사용했는데도 환자의 비명은 점차 고조되었고, 나는 이를 꽉 물고 고개를 숙인 채 애써 환자의 고통스러운 얼굴을 외면하며 드레싱을 진행했다. 드디어 한 번이 끝났다. 시계를 보니 1시간 30분이나 흘러 있었는데 어떻게 지나갔는지도 모르겠다. 그동안 내가 해야 할 일들이 쌓여 있었으나 곧바로 그것들을 처리하기에는 나의 심신이 너무나도 지쳐 있었다.

'이것을 오늘 다섯 번이나 더 해야 하다니……. 아니, 나는 앞으로 고작 다섯 번이지만 환자는 매일매일 끝이 없을 텐데…….'

그렇게 두어 차례 더 환자와 고통스러운 시간을 함께하고 나자 환자의 차트를 살펴볼 만한 정신을 차릴 수 있었다. 평소 통풍으로 약 복용하는 것 외에는 특별히 아픈 곳 없던 분으로 최근 감기에 걸려 동네 내과에서 탄 감기약을 복용한 것이 이번 비극의 시작이었다. 며칠 후 입 속에 궤양 및 출혈이 발생해 피부과에서 경과 관찰하던 중 전신의 피부에 물집이 생기며 벗겨지기 시작해 지금 상태에까지 이르게 된 것이었다.

이 몹쓸 병(病)은 누가 걸릴지도 모르는데다가 단순히 피부만 벗겨지고 끝나는 문제가 아니라 그에 동반되어 출혈, 저체온증, 수분 소실, 감염에 취약해지는 등 전신 상태를 무너뜨려 버린다. 어디 그뿐일까?

"그냥 죽여줘."

7일째 드레싱하던 중 환자가 나에게 한 말이다. 아파서 '아이고 나 죽네!' 하는 비명이 아닌 나지막한 말투의 덤덤한 그런 어조였다. 그동안 고통을 감수하고 시행한 수십 차례의 소독과 약물치료로 피부는 좋아지고 있었다. 회진 때 담당 교수님의 말씀도 그렇고, 드레싱을 계속해온 내가 육안으로 보기에도 그러했다. 하지만 환자는 고통의 쳇바퀴를 며칠이나 계속 돌면서 마음 저 깊은 곳까지 지쳤던 것이다. 정말로 몹쓸 병이다.

"조금만 더 힘내세요. 많이 좋아졌어요."

앵무새같이 매번 하던 위로를 반복하고, 다음 드레싱 시간까지 내게 주어진 다른 일들을 하고 있었다. 그러던 중 간호사의 다급한 고함 소리를 들었다.

"여기 어레스트(arrest; 심장마비)에요!"

그분이었다. 이런 경우 중환자실 팀은 놀라기는 해도 당황하지는 않는다. 신속하게 모여서 각자 맡은 일을 재빨리 해낸다. 누군가는 환자의 상태를 파악하고, 누군가는 약물을 준비하고, 누군가는 각종 심폐소생술 장비를 준비하며 환자를 되돌리기 위해 톱니바퀴 물리듯 약속된 최선의 조처를 한다. 하지만 그 약속이 꼭 좋은 결실로 이어지는 것은 아니다. 가족들은 돌아오지 않는 환자에 대한 흉부 압박을 멈추도록 요청했고, 일사불란하게 움직이던 중환자실 팀은 그 동작을 거두었다. 사후 정리는 인턴과 간호사의 몫이다. 둘 다 약속이나 한 듯이 붉어진 눈시울에 코를 훌쩍이며 이제는 고인이 된 그분의 몸에 있는 각종 장치를 제거하고, 가능한 한 깔끔하게 해드린 후 환자 가족들을 맞았다.

"엄마…… 엄마, 남들한테 잘못 하나 안 하고 착하게만 산 엄마가 왜 이렇게 됐어? 너무 억울해. 엄마, 착하게만 살았는데 왜 이런 거야? 엄마, 나는 너무 억울해."

딸은 울며 소리치다 침대 밑에 주저앉아 버렸다. 그렇게 약간의 시간이 흐르고, 옆에서 그 모습을 지켜보고 있던 주치의가 그녀의 어깨를 토닥이며 굳게 다물고 있던 입술을 떼었다.

"임OO 님 9월 15일 3시 20분 임종하셨습니다."

그렇게 밤이 지나고, 다음 날 나와 교대하기 위해 출근한 동료 인턴이 나에게 예의상 그 '별 의미 없는 인사말'을 건넸다.

"안녕, 어제는 별일 없었지?"

"아니, 별일 있었어."

이런 별일들을 겪으며 그리고 눈물을 훔치며 나는 한 명의 제대로 된 의사가 되어간다.

나의 첫 응급환자

양 헌 (전남 나주시 중부보건지소 공보의)

"아…녀하쎄요."

어딘지 어색한 발음으로 진료실 문을 여는 이가 있다.

"어디가 불편하세요?"

"애기……애기."

손이 포대기에 싸여 곤히 잠들어 있는 아이를 가리키자 그제야 눈치를 챈다.

"예방접종하러 오셨어요?"

"네……네."

다행이라는 듯 미소를 지으며 지갑 속에서 수첩을 내민다. 조금 다른 피부색과 말투, 그녀는 시골 지소에선 적지 않게 볼 수 있는 외국인 신부다. 한글을 읽고 쓰지는 못하지만 접종 날짜만큼은 누구보다 정확하다. 무릎 위로 살포시 내려놓은 아이를 보며 조심스레 묻는다.

"혹시 아이 아픈 곳은 없나요?"

"……?"

시선이 누군가를 찾는다. 무슨 말인지 모르겠다는 눈초리다. 남편이 옆에서 통역을 해주면 좋겠지만 바쁜 탓인지 함께 오는 날이 드물다. 이럴 때는 만국 공용어인 바디 랭귀지를 쓸 수밖에. 내가 이마에 손을 올리며 땀을 닦거나 기침을 하는 몸짓을 하면 그녀는 알 듯 말 듯한 표정과 고갯짓으로 답변을 대신한다.

모든 준비는 끝났다. 하지만 아이에게 주사는 언제나 괴물이다. 주사기를 꺼내들자마자 울음이 방을 한가득 채운다. 생명의 위협에 본능적으로 반응하는 인간의 초능력이랄까, 두 뼘 남짓한 작은 몸에서 나는 굉음이 한바탕 지소를 휩쓸고 지나가면 아이를 어르고 달래는 어머니의 입가에 조용한 미소가 번진다. 연신 허리를 굽혀 감사하다는 말을 뒤로 하고 문을 나서는 모자의 뒷모습에는 언젠가 느꼈던 포근함이 있다.

둥지 같은 병원을 벗어나 갓 태어난 햇병아리 의사로서 첫발을 디딘 어느 면의 보건지소. 설레는 첫 출근에 시간보다 조금 일찍 진료실 의자에 앉아 손때 묻은 책을 이리저리 뒤적이던 것이 불과 몇 달. 기대만큼 실망도 컸던 탓일까. 무뚝뚝한 얼굴로 들어와 내 병이 무엇인지 맞혀보라는 듯 별 말이 없으신 할아버지, 웃고 들어와서 나를 보자마자 이유 없이 갑자기 울기만 하는 영문 모를 아이들, 여기는 왜 주사 안 놔주냐며 다짜고짜 화를 내시는 할머니를 대할 때면 답답함과 피곤함에 지쳐 초심을 잃고 무력감에 빠진 적도 많았다.

하지만 행복은 일상에서 찾는 것. 새벽부터 부산한 시골 5일장의 활기 넘치는 모습과 마을 어른들의 농사 이야기, 서울 어딘가의 고위 공무원으로 있다는 자식 자랑, 옆 동네의 시시콜콜한 소문을 함께 들으며 느꼈던 사람 사이의 정과 장날만 되면 고추전을 부쳐 오시는 교회 어르신, 추석 잘 보내라며 직접 짠 참기름 한 병을 신문지로 싸주시는 어머니의 마음 씀씀이에서 도시에서 경험할 수 없는 따뜻한 시골 인심이 이곳에 아직 남아 있음을 알게 되었다.

몸이 불편하신 할머니의 요양보험소견서를 작성하던 어느 늦은 가을날, 바깥에서 갑자기 타이어의 찢어지는 마찰음이 귀를 때린다. 이어 들리는 다급한 구둣발 소리에 불길한 예감이 든다.

"선생님 안에 계신가요?"

"예, 안에서 진료 보고 계세요."

마을 파출소의 경찰관이 붉게 상기된 얼굴로 달려 들어온다.

"선생님, 지금 급한 환자가 생겼는데 같이 좀 가주셔야 하겠습니다. 사람이 숨을 못 쉬고 있어요."

"무슨 일이지요?"

"누가 트랙터 밑에서 수리를 하다가, 유압이 떨어지면서 밑에 깔린 모양입니다."

"119는 불렀나요?"

"연락은 했는데 이곳까지 오는데 멀고 길도 좁아 시간이 걸립니다. 선생님이 더 빠를 것 같아요."

순간 가슴이 철렁한다.

'이것이 바로 응급 상황이구나.'

준비되지 않은 비상사태에 짐짓 놀라고 두렵지만 여기서는 도망갈 구석도, 도와줄 동료도 없다. 어렵게 오신 할머니께 죄송하다는 말도 없이 다급한 대로 챙겨 차에 올라탄다.

"사고가 일어난 지 얼마나 됐습니까?"

"신고 받고 도착한 지 10분 정도 됐습니다."

아무래도 상황이 좋지 않다.

"혹시 지금 심폐소생술은 하고 있나요?"

"할 줄 아는 사람이 없어요."

신고 받은 후 10분이면 발생 시각은 그보다 훨씬 오래되었으리라. 더군다나 호흡이 안 되고 있는데 아무런 조치마저 없다면 더 걱정이 된다. 롤러코스터처럼 흔들리는 경찰차 안에서 일단 마음을 추스르고 응급의학 시간에 배운 기본 처치를 되새겨본다.

'이럴 줄 알았으면 그때 좀 제대로 공부해둘 것을…….'

후회란 항상 너무 늦은 것.

벌써 동네 어귀부터 나와 기다리고 있는 마을 주민들이 하나둘 보인다. 심각한 얼굴에서 이곳이 바로 사고 현장임을 직감한다. 들어와 보니 40대쯤으로 보이는 남자가 마당 가운데 쓰러져 있다. 이웃들의 도움으로 트랙터 밑에서 빼낸 모양이다. 나를 바라보는 수많은 시선들, 더욱 긴장된 탓에 주변의 말소리가 들리지 않을 정도이나 지금만큼은 결코 당황한 모습을 보이지 않기로 굳게 마음먹는다.

먼저 외관상으로 보이는 출혈이나 골절을 확인하고 곧 응급의 ABC를 되뇌며 몸을 숙여 호흡과 맥박을 체크한다. 모두 느껴지지 않는다. 심폐소생술을 시행하기로 결정하고 숨을 불어넣은 후 흉부 압박을 시작하니 트랙터에 가슴 부위를 다친 탓인지 늑골에 저항이 적다.

"하나, 둘, 셋, 넷……."

구급차가 한시라도 빨리 오기를 기다리며 정신없이 반복하기를 몇 회나 하였을까, 아내와 아이들의 울음 사이로 멀리서 메아리처럼 사이렌이 들린다. 앰뷸런스에서 두 명의 대원이 내려 환자를 들것으로 태운다. 한숨 돌릴 수 있겠구나 하는 생각도 잠시, 보호자와 함께 뒷자리에 올라타자마자 나를 기다리는 것은 기껏해야 스물 두셋쯤 되어 보이는 앳된 모습의 구급대원 한 명뿐, 의학 드라마에서 보았던 정비된 구급 체계와 국내의 현실은 너무나 달랐다. 하지만 지금 불평하고 있을 수는 없다. 시간이 지날수록 가능성은 줄어든다. 흉부 압박을 다시 시작하며 구급대원에게 물었다.

"여기서 가장 가까운 병원이 어딘가요?"

"……."

못 들은 모양이다.

"병원까지 얼마나 걸립니까?"

"……10분 정도."

목소리에 자신이 없다. 고개를 돌려 보니 표정이 얼음처럼 굳어 있다. 나보다도 더 당황한 듯 암부백을 짜고 있는 팔이 떨림으로 고정이 되지 않는다.

어느새 숨이 점점 턱까지 차오른다. 생명이 귀한 것은 알지만 체력의 한계 역시 엄연히 존재한다. 급정거를 반복하는 구급차의 움직임에, 파도에 휩쓸리듯 이리저리 넘어지는 상황이니 힘이 배로 든다. 땀과 울음으로 가득한 구급차 안, 잠시 숨을 고르려 고개를 드니 어딘가 눈에 익은 여자의 얼굴이 보인다. 며칠 전 예방접종이 스치듯 지나간다. 차라리 모르는 사람이면 좋으련만, 그 앞에서 떨고 있는 구급대원에게 환자를 내맡기기에는 차마 손이 놓아지지 않아 어떻게든 다시 힘을 내어본다.

응급실 문턱으로 차가 달려든다. 하얀 가운을 입은 사람들이 이렇게 반가워 보일 수가 없다. 재빠르게 들것에서 침대로 옮겨 심전도를 찍는다. 그래프에 움직임이 없다. 응급실 과장이 아트로핀(atropine)을 긴급히 지시한다. 뚫어져라 심전도를 주시해보지만 반응이 없다. 다시 소생술이 시작된다. 마음속으로 조용히 기도를 시작한 지 얼마쯤 지났을까, 잔잔한 호수와 같았던 모니터의 평행선이 조금씩 요동을 친다. 간절히 원하면 이루어진다고 했던가. 영화의 한 장면처럼 그가 눈을 뜨고 일어나 의식을 되찾기를 기다려본다. 그렇게 있기를 어느덧 한 시간, 너무 늦었던 탓일까, 무거운 침묵 속에 내가 바라는 두 번째 기적은 끝내 일어나지 않았다.

"선생님, 이제 여기는 이분들에게 맡기고 돌아갑시다."

아직 그의 심장이 뛰고 있기에 발걸음이 쉬이 떼어지지 않는다. 나에게 모든 잘못이 있는 것 같아 죄책감이 든다. 쓰러져 있는 아내와 영문을 모르는 듯 앉아 있는 아이들에게 위로의 한마디도 건네지 못한 채 지소로 돌아가는 차 안에 앉아 생각해본다.

'혹시 무언가 실수하지 않았을까? 조금 더 침착했더라면, 아니 피로를 핑계 삼아 압박을 늦추지 않았다면 결과는 아마 조금이라도 달라지지 않았을까?'

사후약방문이 되어버린 나의 자책은 늦은 새벽녘까지 계속됐다.

이튿날 오전, 걱정에 가슴이 답답하다. 자꾸만 드는 불길한 생각에 일이 손에 잡히지 않는다. 결국 점심을 들고 나서도 우울한 기분이 가시지 않아 병원으로 전화를 건다. 응급실 직원이 담담한 목소리로 대답한다.

"○○○ 환자분 가족 되시나요?"

"아닙니다. 어제 ㅁㅁ마을에서 구급차를 함께 타고 온 의사인데, 환자분 상태가 궁금해서 연락드렸습니다. 지금은 의식이 돌아오셨나요?"

"○○○ 씨는 회복하지 못한 채로 한 시간 전에 임종하셨습니다."

수화기를 놓는 손이 무겁다. 못내 아쉽고 죄송하다. 어느 정도 예상은 했었지만 희망의 끈을 모두 놓지는 않았던 탓에 머리가 망치로 얻어맞은 듯 멍하다.

인간은 망각의 동물이다. 누군가에겐 가혹한 겨울이 지나가고 나면 사람들은 그를 봄바람에 녹은 눈처럼 기억에서 지워 버릴 것이고, 세상은 그가 존재하지 않아도 아무 일도 없었던 것처럼 돌아갈 것이다. 하지만 나는 이 일을 평생 잊을 수가 없다. 마음속에 소중히

간직한 첫사랑처럼 그는 나의 첫 응급환자이기 때문이다.

그리고 또 다른 한 사람, 집으로 돌아가는 길의 창밖으로 '외국인 신부와 결혼하세요.' 라고 쓰인 현수막이 그날 그렇게 서럽게 울던 한 여자를 떠올리게 한다. 시간이 지나고 그날의 아픔이 빛바랜 사진처럼 지워져갈 무렵, 그녀가 집을 정리하고 아이들과 함께 마을을 떠났다는 소문이 들려왔다. 그들은 지금 어디에 있을까. 추위보다도 무서운 외로움에 힘들어하고 있지는 않을지. 오늘처럼 바람이 매서운 날이면 그때 전하지 못했던 미안함과 위로의 마음을 두 손 잡아 꼭 전해드리고 싶다. 그들에게 이 겨울이 따뜻함으로 가득하기를 진심으로 기원한다.

제10회 장려상 수상작

아이티, 아이티, 아이티

오충현 (KOICA 보건의료팀 보건의료연구관)

2010년 1월 12일 아침도 다른 날들과 다르지 않은 평범한 시작이었다. 하지만 일어나자마자 켠 아침 방송에서 짧은 뉴스 속보를 들으며 지구 반대편에서 평범하지 않은 날이 시작됐음을 알게 됐다.

'아이티, 진도 7.0 규모의 지진 발생. 지진의 근원지는 수도 포르토프랭스 인근.'

다소 무미건조한 아침 뉴스 자막이었지만 나에겐 '아이티, 아이티, 아이티' 라는 화나고, 안타깝고, 정신없이 보내야 했던 3주의 시작을 알리는 알람이었다.

아이티는 내게 그리 가까운 나라는 아니었다. 지구 반대편에 있는 나라, 내 담당 프로젝트가 있는 도미니카공화국과 국경을 맞대고 있는 나라, 대부분 스페인어를 쓰는 중남미에서 프랑스어를 쓰는 나라, 세계 최빈곤국을 거론할 때 중남미 대표 주자인 나라, 얼마 전 방송에서 '진흙 쿠키' 로 빈곤의 심각성을 눈으로 각인시켜준 나라, 그리고 폴 파머와 짐 킴의 PIH가 이루어낸 기적 '작은 변화를 위한 아름다운 선택' 이 진행되고 있는 나라일 뿐이었다. 하지만 그 나라가 지금은 내 머릿속을 떠나지 않고 있다.

KOICA(한국국제협력단)로 출근하면서 3년 전 일이 떠올랐다. 3년 전 나는 남미 페루 삐우라라는, 남위 5도 사막지대에서 열심히 환자를 보고 있던 이비인후과 의사였다. 한국에서 근무하지 않고 국제협력 의사로 페루에서 환자를 본다는 것이 특별해 보이기도 하지만 장소가 한국이 아니고 페루였다는 것, 환자들이 스페인어를 써서 스페인어 사전을 찾아가면서 환자를 보느라 고군분투하고 있다는 것을 제외하면 그다지 특별하지 않은 나날을 보내고 있었다. 2007년 8월 15일 페루 이까 지역에서 진도 7.9 지진이 일어났다. 얼마 후 페루 KOICA 사무소에서 연락이 왔다. 긴급구호대를 이까 지역에 파견할 예정인데 갈 수 있느냐는 것이었다. 잠시 '여진이 계속된다는데, 교도소가 무너져 치안 통제 불능 상태라는데, 내가 가 있는 동안 이곳에 남아 내내 걱정을 하게 될 아내와 아이들은…….' 하는 생각을 하는데 아내가 한마디 했다.

"페루 사람들을 도와주러 왔는데, 정말 어려울 때 도와주지 못한다면 평생 후회하지 않겠어?"

난 평생 후회하고 살고 싶지는 않았다. 그제야 짐을 꾸리기 시작했다.

다음날 KOICA 봉사단원(협력 의사, 간호사, 물리치료사, 태권도 단원 등) 20여 명은 지진으로 무너진 도로와 피난 차량으로 꽉 막힌 길을 거슬러 올라가며 평상시 3시간이면 가는 길을 8시간에 걸쳐 돌아서 지진 지역에 들어갔다. 그리고 그곳에서 사람이 대재앙 앞에서 얼마나 연약한 존재인지 절실히 느꼈다. 우린 정말 열심히 일했다. 참여한 사람들 모두 제 몸 하나 생각하지 않고 모든 에너지 한 방울까지 다 짜내며 하루하루를 보냈다. 그리고 많은 것을 느꼈다. 내가 본 것

중 가장 심장을 뛰게 한 것은 국제적십자사와 쿠바 의료진이었다. 당시 국제적십자사는 지진 난민들을 위한 쉼터를 담당하고, 쿠바 의료진은 이까 종합 경기장에 야전병원을 설치하고 Health cluster를 담당하고 있었는데 우리 구호대가 열정만으로 뭉쳐진 아마추어 구호대였다면 그들은 프로였다. 재난 상태에서 무엇을 어떻게 해야 할지 평소에 철저히 준비가 된 전문가였다. 그들과 이야기하며 부끄러웠고, 부러웠다. 이듬해 협력 의사 계약이 종료되고 한국에 돌아왔을 때 난 미련 없이 KOICA에 지원을 했다. 그 사람들과 조금이라도 닮고 싶었기 때문이다.

역시나 KOICA에 도착해 보니 인도적 지원팀엔 아이티 지진으로 인해 분주하다. 긴급 구호 물품 지원과 해외 긴급 구호대가 조직됐는데 그 분주함이 자리까지 전해진다. 실시간으로 전해지는 아이티 뉴스 속보에, 앉아 있지만 일이 손에 잡히지 않았다. 사상자가 수십만 명이 될 거란다. 각국의 지원 발표가 잇따르고 UN 인도문제조정부(UNOCHA), UN 난민고등변무관사무소(UNHCR), 국제적십자사연맹(IFRC) 등 인도적 지원과 긴급 구호에 관련된 단체들의 발 빠른 소식이 전해지고 있다. 우리나라 해외 긴급 구호대도 아이티 현지에 도착했고 활동을 시작했다는 보고가 들어왔다. 하루하루가 허전했다. 머릿속에선 아이티가 맴돌며 아이티를 위해 뭔가 해야 한다는 생각만 들었고, 눈은 늘 인터넷 속 아이티 뉴스 속보와 'one response'의 아이티 긴급 구호 상황 속보와 'relief web'을 헤매고 있었다.

1월 18일 2차 해외 긴급 구호대를 조직해서 보낸다는 이야기를 들었다. 내게도 기회가 왔다. 망설임 없이 아이티로 갈 준비를 했다. 3년 전 그날처럼 가슴이 다시 콩콩거리기 시작했다. 준비할 시간은 그리 많지 않았다. WHO 홈페이지에 들어가서 아이티 긴급구호

Health Cluster의 상황 보고서를 다운받고 UNOCHA에서 발표하고 있는 '아이티 Site map'과 'Cluster meeting planning'을 챙기고, 가방엔 KOICA에서 발간한 〈국제 긴급 구호 활동 지침서〉와 〈남아시아 지진해일 긴급 구호 KOICA 봉사단 활동 사례집〉을 넣었다. 그리고 아이티로 가는 비행기에 몸을 실었다. 마음은 벌써 아이티에 도착해 지진 현장을 뛰어다니고 있었다.

아이티 지진 2차 해외 긴급 구호대는 '긴급 구호에 관한 법률'에 의해 KOICA 2명, 국제보건의료재단에서 구성한 의료진 8명, 국립의료원에서 구성한 의료진 7명, 국방부에서 파견된 공군 긴급 구조대 1명으로 구성됐다. 비행기를 타고 가는 도중 우리 팀은 많은 이야기를 나누었다. 서로 궁금한 것이 많았고, 아이티에서 할 일에 대해 상의할 것도 많았기 때문에 각자의 생각과 정보에 대해서 공유할 필요가 있었다. 이야기가 끝이 없었지만 아이티까지 날아가는 데 걸리는 시간도 길고 길었다. 도미니카공화국에서 아이티에 들어가는 버스를 타기 전까지 토론한 것들은 순간순간 빠른 상황 판단과 의사 결정을 해야 하는 상황에서 큰 도움이 됐다. 그리고 난 내 생각을 바꾸었다. 내가 알고 있고 공부했던 지식들을 현장에 적용해보기 위해 내가 주도하겠다는 생각이 부질없다는 것을 깨달았고, 팀이 최선의 결정을 내리고 최선의 행동을 하도록 뒷바라지를 하는 것이 내가 이 팀에서 해야 할 일이라는 것을 알았다. 그리고 그것은 다행이었다.

21일 아침 2차 해외 긴급 구호대가 모두 아이티로 떠난 날, 난 아이티로 떠나는 버스를 타지 못했다. 도미니카 산토도밍고에서 아이티와 통신해본 결과 아이티엔 약품과 의료 물품이 부족하다고 했다. 설상가상으로 한국에서부터 가지고 온 긴급 구호대 지원 물품과 개인 짐도 마이애미 공항에서 분실했다. 산토도밍고에 KOICA 봉사단원 2명, 응급의학과 선생님과 남아 하루 종일 산토도밍고 구석구석

약국과 의료기상사, 대형마트, 시장을 동분서주하며 약과 의료 물품, 구호대를 위한 생필품을 사 모으기 시작했다. 하지만 그날은 도미니카공화국 국경일이었다. 대부분 약국이 문을 닫아 긴급 구호에 쓸 만큼 대량의 약품을 구입하는 것은 쉬운 일은 아니었다.

KOICA 봉사단원들의 힘은 대단했다. 현지인보다 더 꼼꼼하게 골목을 뒤져가며, 현지인 의사에게 전화로 사정해가며 물품을 사들였다. 그리고 잃어버린 짐을 찾기 위해 항공사 사무실에 찾아가서 아이티를 위한 물품이니 빨리 조치를 해달라며 사정하고, 협박하고, 졸라댔다. 그렇게 하루가 저물고, 힘들게 산 물품을 22일 아침 버스에 실어 봉사단원들과 함께 아이티로 보냈다. 하지만 난 또 버스에 타지 못했다. 한국에서 긴급 지원된 20만 달러어치 약품이 산토도밍고에 도착해 있었고, 우리 팀의 잃어버린 짐도 찾아야 했기 때문이다. 다행히 이날 항공사 사무실에 찾아가니 잃어버린 우리 짐 28개 모두가 산토도밍고 공항에 도착했다고 했다. 짐을 찾아 도미니카공화국 대사관에서 다시 트럭에 싣고 긴급 지원 약품과 함께 23일 아침에서야 꿈에 그리던 아이티행 버스를 탔다. 가는 길은 8시간. 하지만 지진이 발생한 아이티와 달리 이웃 나라인 도미니카공화국은 너무나 평화로웠다. 하지만 국경도시인 히마니에 도착해 아이티에서 넘어오는 피난 차량과 버스를 보니 그제야 재난 지역에 온 것을 실감할 수 있었다. 난 드디어 아이티에 도착했다.

지진 발생 11일째, 아이티는 지진의 충격에서 조금씩 벗어나고 있는 모습이었다. 생각보다는 큰길이 무너지지 않고 통행이 이뤄지고 있었고 멀쩡한 건물들도 보였다. 뉴스에서처럼 시체가 길가에 방치되어 있고 건물 잔해에서 구조 손길을 애타게 기다리는 모습은 보이지 않았다. 하지만 여진의 공포로 건물에 들어가지 못하고 간이 천막을 치고 길에서, 공터에서 지내고 있는 많은 난민들이 있었다. 그들을 뒤로 하고 한국 베이스캠프가 있는 공항 근처 'E-power'를 찾아 들어갔다. 벌써 우리 팀은 첫날 진료를 무사히 마치고 다음날 활동을 위해 계획을 세우고 있었다. 우리 팀은 도미니카공화국 KOICA 봉사단원 22명이 합류해 40명의 큰 팀이 이뤄졌다.

재난 지역에서 활동할 때에는 많은 주의가 필요하다. 일단 지진 피해 지역엔 언제든지 여진의 위험이 뒤따른다. 한 번 충격 받은 건물은 가벼운 충격에도 무너질 수 있기 때문에 조심해야만 한다. 또 재난 지역에서 가장 필요한 것은 쉼터, 물, 식량이다. 그러나 쉽게 이것들을 그들에게 나눠줄 수가 없다. 모든 것이 충분히 공급되지 않기 때문에 골고루 나눠주는 것은 정말 어려운 일이다. 어설프게 나눠줬다가는 상처받은 난민들에게 더한 고통을 줄 수 있기 때문이다. 캠프 주변에는 의료진 등 구호팀을 위한 식수병이 놓여 있다. 하지만 캠프에 몰려든 아이들이 물을 달라고 요청해도 줄 수가 없었다. 물 한 병을 줬을 때 얼마나 많은 아이들이 몰려들지 알 수 없기 때문이다. 그냥 환자를 진료해 처방하고 필요한 약을 나눠주었다. 하지만 내 손을 꼭 잡고 약을 줘서 고맙다는 한 아이는 "약을 먹을 물이 없어요. 어떻게 먹어야 하지요?"라고 했다.

아침, 점심, 저녁을 먹고 나서 복용하라고 설명했더니 다른 아이는 "먹을 게 없는데 무얼 먹은 후에 약을 먹지요?"라고 말하는 것이었다. 순간 지진에 화가 났다. 물을 줄 수 없는 내게 더 화가 났다. 분명히 다른 방법이 있을 텐데, 이렇게밖에 하지 못하는 내게 화가 났다. 하지만 새벽부터 줄을 서서 약 한 봉지를 받은 게 고작인 난민촌에서 온 아이는 화를 낼 수도, 제대로 설명해주지도 못하고 어정쩡하게 있는 나를 오히려 다독이며 환하게 웃으며 돌아간다.

우리 캠프는 40명이 함께 움직여야만 돌아가는 작은 풍차 같았다. 새벽 5시, 동이 트기 전 아침을 책임진 사람들이 식사 준비를 하고 새벽 6시에 식사를, 7시에 천막 세팅과 안전선을 준비하기 위해 1차 세팅조가 출발한다. 8시가 되면 의료진이 진료 준비를 마치고 진료 시작 전에 줄서서 기다리는 주민 수백 명을 줄 세우고 8시 30분 진료를 시작한다. 진료가 다 끝날 때까지 예진하는 간호사, 진찰하고 처방하고 상처 부위 소독 및 수술하는 의사, 약을 포장하고 설명하는 약사, 환자와 원활한 의사소통을 위해 통역하는 봉사단원들, 의료 캠프의 질서를 위해서 안내하고 환자에게 설명해주는 사람들, 그리고 아이티를 위해 와 있는 우리를 따듯하게 환영해주며 손을 꼭 잡아준 환자 한명, 한명이 똑같이 소중하다. 그렇게 우리는 아이티와 함께 했다.

진료 중에는 가슴 아픈 환자들도 많았다. 지진 사흘 후에 아이를 출산한 20살 된 엄마는 산도에 염증이 생겨서 온통 고름 범벅이 돼 아기를 안고 캠프를 찾아왔다. 지진이 나지 않았다면 조그만 의료 시설에서 상처 소독을 하고 아무 문제없었을 텐데, 자궁을 다 들어내야 할 정도로 심각했다. 캠프에서는 할 수 없는 큰 수술이어서 포르토프랭스에서 수술이 가능한 'Hospital Community in Haiti' 병원으로 옮겨 치료를 부탁했다. 아무것도 해준 것이 없는 내게 환자는 알아듣지 못하는 말로 연신 고맙다고 한다. 나는 미안하고 안타깝기만 하다. 해줄 것이 없어서…….

'Hospital Community in Haiti' 병원은 지진으로 대부분 병원이 무너져 기능을 못하는 포르토프랭스에서 그나마 수술도 하고 입원 치료도 가능한 3차 병원 역할을 하고 있었다. 이곳에선 미국, 캐나다, 일본, 프랑스, 스페인, 이탈리아 등 다양한 국적을 가진 의료진들이 한마음으로 환자를 보고 있었다. 이런 게 바로 지구촌이 아닐까? 아픈 아이티 환자를 위해 미국 간호사가 환자를 돌보고 일본과 프랑스 의사가 상의하여 환자를 수술하고 캐나다 의사가 마취하고……. 이들 마음속에는 지진으로 피해를 입은 아이티에 조그만 힘이라도 보탤 수 있기를 바라는 한 가지 생각 밖에 없는 듯했다.

어느 덧 1월 27일, 지진 발생 16일째가 됐다. 보통 긴급 구호 기간을 14일로 본다면 이제 아이티는 긴급 구호의 터널을 지나 재건 복구 시기에 접어들었다. 처음보다는 안정되어 가는 모습이다. 시장에는 야채 노점상도 보이기 시작한다. 거리에는 소형 트럭을 개조한 대중교통 수단도 돌아다니기 시작한다. 지진 피해로 집이 다 무너져 돌아갈 곳이 없어 난민촌 생활을 해야 하는 사람 수는 아직 파악되지 않지만 그래도 사람은 살아가고 하루는 지나가고 있다.

며칠간이나마 포르토프랭스 근처를 차로 누벼서인지 공항 근처 길도 알고 조금은 익숙한 얼굴도 생겼는데, 정이 들어 버린 난민촌의 누런 텐트를 뒤로 한 채 언제 돌아온다는 기약도 없이 떠나야 한다. 아직 이들에겐 더 많은 물, 식량, 의료 서비스, 살 집이 필요하고, 그 어떤 것보다도 지진의 충격으로 인한 정신적인 트라우마(Trauma)를 극복할 수 있도록 도와주는 마음의 치료가 필요한데, 그 무엇도 약속하지 못하고 떠나야 한다. 그렇게 아이티의 뜨거운 1월을 뒤로 하고 우리 팀은 도미니카공화국으로 향했다. 국경을 넘으면서 바라본 아이티 쪽 호수는 아름다웠다. 언제 지진이 있었냐는 듯 한가로이 물고기를 잡고 있는 사람들이 보였다. 눈물이 났다.

긴급 구호의 상황을 위해 만들어진 'Sphere Project' 에서 'Sphere' 는 두 가지 신념을 바탕으로 한다. 첫째, 재난 지역에서는 발생하는 인간의 고통을 덜어주기 위해 가능한 것을 다해야 한다. 둘째, 재난으로 피해를 본 사람들 역시 삶의 존엄성을 영위하며 살아갈 권한이 있으며 따라서 도움을 받을 권리 또한 있다는 것이다. 우리는 초롱초롱한 눈망울을 가진, 지진 피해로 갈 곳을 잃은 아이티 아이들의 고통을 덜어주기 위해 가능한 모든 것을 다했는가? 또 아이들이 우리와 똑같이 삶의 존엄성을 영위할 수 있을 만큼 도움을 주었는가? 아무런 대답을 할 수 없었고 그래서 더욱 눈물이 났던 것 같다.

뛰는 마음으로 아이티로 향하는 비행기를 탔던 그 시간만큼 긴 시간을 무거운 마음으로 비행기를 타고 지구 반대편 내가 사는 서울로 돌아왔다. 뜨거운 1월의 아이티에 반쯤은 마음을 남겨 놓은 채.

새벽에 도착한 인천공항은 너무 춥다. 날씨도 춥고 마음도 추웠다. 이번 기회에 확실히 느낀 몇 가지가 있다. 첫째는 '긴급 구호'는 절대로 재난 순간에만 열심히 하는 것이 아니라 긴급하지 않은 시기에 얼마나 준비하고, 공부하고, 연습했는지에 따라 긴급한 시기에 효과적으로 사람들을 구호할 수 있는지 결정된다는 것이다. 또 한 가지는 '긴급 구호'는 단순한 동정심이나 공명심으로 할 수 있는 일도 아니고, 해서도 안 되는 일이다. 재난을 당한 사람도 인간의 존엄성을 가지고 있는, 나와 같은 존재라는 인식하에 열심히 '긴급 구호'에 대해 공부하고 훈련받은 사람들을 통해 이루어져야 효과적이라는 것이다.

마지막은 UNHCR, UNOCHA, UNDAC, WHO, WFP, UNICEF 등과 같이 긴급 구호가 필요한 시기에 활동하는 국제기구들과 MSF(의료), ICRC(쉘터), Oxfam(식수) 등과 같이 전문 영역에서 활동하는 INGO와의 협력이 원활히 이루어져야만 재난 지역에서 효과적인 정보를 얻을 수 있고 꼭 필요한 활동을 할 수 있다는 것이다.

2월 1일 KOICA에 출근하고 또 다른 하루를 시작하고 있다. 마음을 아직 아이티에 두고 와서인지 자꾸만 아이티 관련 뉴스에 시선이 간다. 또한 지금 마음이 다시 콩닥콩닥 뛰고 있다. 아이티 재건 복구를 위한 보건 의료 분야 사업에 대한 'Project Concept Paper'를 그려보고 있다. 내가 그린 재건 복구 사업에 대한 그림이 내 손을 잡아주던 아이티의 맑은 눈동자를 가진 아이에게 조금 더 희망을 줄 수 있을지도 모른다는 희망에 내 가슴이 또 뛰나 보다. '아이티, 아이티, 아이티', 그 화나고 안타깝고 뜨겁고 정신없던 날들은 지금도 계속되고 있다.

당신 조금 무서운 사람 같아

조용수 (전남대병원 응급의학과 전공의)

갑자기 생긴 CPR(심폐소생술)을 하느라 약속 시각을 훌쩍 넘겨 버렸다. 그녀에게 미처 연락을 주지 못한 게 마음에 걸렸다. 변명할 걱정에 피로가 한꺼번에 몰려왔다. 병원을 나서는 발걸음이 무거웠다. 타박타박 내딛는 발소리가 유난히 크게 울렸다.

오래 기다려서인지 표정이 썩 곱지만은 않았다. 서둘러 자초지종을 설명해야 했다. 그녀는 '어쩔 수 없는 상황이었으니까' 라며 군소리 하나 달지 않는다. 쉽게 사정을 이해해주는 게 고맙다. 한결 마음이 홀가분해진다.

"그런데 아무렇지도 않아?"

한참 동안 내 얘기를 듣기만 하던 그녀가 조심히 운을 뗀다.

"조금 전까지 보던 사람이 죽은 거잖아. 별일 아닌 것처럼 얘기하니까."

적잖이 당황해 우물쭈물하고 있으려니, 그녀가 쐐기를 박는다.

"당신 조금 무서운 사람 같아!"

한쪽 다리를 움켜쥔 채 웅크려 있는 할머니였다. 나는 무표정하게 진통제를 꺼내 들었다. 이거 맞으면 통증이 좀 가라앉겠느냐는 보호자의 물음이 들렸다. 무심결에 뭐라고 대답했는데 기억나지 않는다. 인턴에게 할당된 일은 진통제를 놓는 것뿐, 누구도 내게 그 이상을 요구하지 않았다. 나 또한 그 이상의 관심을 두지 않았다. 주어진 일을 얼른 처리하고 쉬고 싶다는 생각뿐이었다.

진통제를 주사하고 고개를 들다 할머니와 눈이 마주쳤다. 고통에 일그러진 표정. 왜 얼른 고통을 덜어주지 않느냐는 원망이 가득한 눈빛. 그 눈빛이 왠지 낯이 익었다. 가만 보니 다리를 움켜쥔 자세마저도 어디선가 본 듯한 기억이 들었다. 3년 전 보았던 환자가 떠오르는 데는 수 초도 채 걸리지 않았다.

3년 전 공중보건의사로 섬에서 근무할 적, 어느 느지막한 오후에 진료실에 들어온 할머니가 꼭 저러했다. 다리를 부여잡고 있었는데 통증이 너무 심해 신음조차 제대로 내지 못하고 있었다. 그때도 왼쪽 다리가 문제였다. 조그마한 보건지소라, 검사는커녕 진통제조차 변변치 못했다. 그나마 가진 것 중에서 가장 강한 것을 써봤지만 할머니의 고통은 조금도 줄어들지 않았다. 통증을 줄여주지 못해서였을까? 할머니의 눈빛엔 의사에 대한 원망이 서려 있었다. 다리의 맥박이 촉진 되지 않았다. 육지의 큰 병원으로 이송을 권했다. 그런데 보호자가 단칼에 거절한다. 급사의 위험성이 높다고 설명했음에도 요지부동. 할머니의 거친 숨소리를 듣고도 눈 하나 깜짝하지 않았다. 그들은 할머니를 기어코 집으로 모셔갔다. 그들 손에 이끌려 나가는 할머니의 모습을 나는 여태 한 번도 잊은 적이 없다. 그리고 다음날, 그들은 할머니의 사망진단서를 떼러 왔었다.

진료 기록을 살펴보니 그때 그 할머니와 증상이 같다. 물론 상황은 전혀 달랐다. 대학 병원에서 고가의 첨단 장비로 진단을 받고, 경험 많은 의사들이 진료를 맡았다. 방금 내가 놓았던 마약성 진통제는 아마도 통증을 상당히 줄여줄 것이다. 보호자가 밤낮으로 곁을 지키고 있다. 평범한 사람들이 누구나 누리는 환자로서 권리.

다시금 그날의 할머니가 떠오른다. 그날 밤 할머니는 어떠했을까? 밤새 고통에 몸부림쳤을까? 고통조차 줄여주지 못하는 풋내기 의사를 원망했을까? 냉담한 자식들의 태도에 절망했을까? 이러한 것들 때문에 너무 일찍 생명의 끈을 스스로 놓아 버린 건 아닐까? 당시 나는 의사로서 무력한 자신을 쉽게 용서하지 못했다. 수없이 자책하며 가슴으로 울었다. 의사가 되어 처음 잃어버린 환자는 까마득히 많은 밤 나를 뒤척이게 했다.

매일 할머니의 상태를 주의 깊게 관찰했다. 그때 할머니가 병원으로 옮겨졌다면 꼭 이러한 경과를 밟았겠지. 3년 전 고장 났던 시계가 다시 흘러가기 시작했다. 속죄하는 마음으로 하루하루를 보냈다. 다행히 할머니 상태는 차차 호전되었다. 앉아서 밥을 먹으며 내게 농을 걸 정도로 좋아졌다.

사건은 퇴근을 겨우 30분 남겨두고 발생했다. CPR이 발생했다는 연락이 왔다. 예감이 좋지 않았다. 부리나케 병동으로 뛰어갔다. 아니나 다를까 할머니였다. 의식이 없었다. 숨도 쉬지 못하고 있었다. 하얀 가운을 입은 숙련된 의사들이 이내 모여들었다. 기도를 삽관한다. 흉부 압박을 시행한다. 제세동기를 터트린다. 할머니를 살리기 위한 일련의 과정이 쉴 새 없이 펼쳐졌다. 나 또한 그사이에 있었다. 인상을 찌푸리며 가슴 압박을 멈추지 않았다. 가슴 어딘가에 반드시 숨어 있을 할머니의 생기를 쥐어짜내야 했다. 암부백(Ambu bag)을 통해 끊임없이 숨을 불어넣었다. 숨을 통해 영혼이 빠져나가는 걸 어떻게든 막아야 했다. 그렇게 수십 분이 지났다. 이마엔 땀방울이 송골송골 맺혔다.

튜브를 통해 산소를 넣어주며 할머니를 찬찬히 살펴보았다. 할머니의 목에 끼워진 긴 튜브(관)는 이승과 할머니를 잇는 유일한 끈이었다. 당장 사망하는 건 막았다지만 상태는 비관적이었다. 입술을 깨물었다. 이윽고 도착한 교수님은 소생이 힘들겠다는 의견을 표시했다. 보호자들의 참았던 눈물이 일시에 터졌다. 나는 환자의 머리맡에서 암부백 짜는 일을 계속했다. 보호자는 더 이상의 적극적인 소생술을 시행하지 않겠다는 데 동의했다. 남은 희망은 하나도 없었다. 그저 환자의 숨을 붙잡고 죽음을 마냥 기다릴 뿐.

그렇게 수 시간이 흘렀다. 기도에 삽관된 관을 통해 사그라지는 숨결이 전해져왔다. 심전도 모니터에 지진파 같은 날카로운 곡선이 수차례 반복된다. 모두 각자의 준비를 시작했다. 통곡할 채비를 마친 보호자, 사망 선고를 내리려는 주치의, 보호자에게 설명을 계획 중인 교수님. 잠시 후 모니터는 평평한 곡선을 그렸고 모두 각자가 맡은 일을 지체 없이 시행했다.

나는 서둘러 자리를 벗어났다. 자리의 무게가 너무 무거웠다. 울음은 웃음보다 전염력이 강하다. 무언가가 자꾸 눈을 간지럽게 했다. 이번에도 환자를 구하지 못했다. 저들의 눈물에 내 무력한 모습이 비칠까 두려웠다. 뒤도 돌아보지 않고 병실을 빠져나왔다. 숨이 막힐 것 같았다. 복도로 나와 긴 한숨을 내쉬었다.

"고맙습니다."

울음에 묻혀 발음도 불분명만 한마디. 눈가가 벌겋게 달아오른 아주머니가 있었다. 당황해서 나도 모르게 "네?" 하고 반문했더니, 울음을 참으며 다시 한 번 또박또박 말하는 게 아닌가?

"고맙습니다."

아주머니는 곧 방에 들어가 쌓았던 울음을 터트렸다. 나는 한동안 그 자리에 멈춰 서 있었다. 전혀 예상치 못한 한마디. 충격이었다.

환자 생명을 수 시간 연장해주어서? 오랫동안 힘들게 암부백 짜는 고생을 해주어서? 입원해 있는 동안 조금이나마 안면이 익어서? 그것도 아니면 의료진에 대한 그저 상투적인 인사말? 무엇이 고맙다는 걸까? 아무튼, 아주머니의 눈동자에 원망은 한 조각도 담겨 있지 않았다. 그러고 보니 할머니도 그랬다. 임종을 맞는 표정에 원망 같은 건 없었다.

어쩌면 내겐 환자의 생사를 내가 결정한다는 오만한 생각이 마음 속 어딘가에 있었는지 모르겠다. 의사라는 직업에 무의식중에 신적인 위치를 부여하고 있었던 것인지 모른다. 환자의 죽음에서 책임감을 느낄 이유는 없었다. 고통을 줄여주지 못해 나를 원망했을 거라는 착각은 너무나 거만했다.

내가 할 수 있는 온 힘을 다했다면 어떤 환자도 나를 나무랄 리 없었다. 아주머니의 한마디로 나는 환자의 죽음이라는 무거운 짐을 겨우 내려놓았다. 앞으로도 나는 수많은 죽음을 지켜볼 것이다. 그리고 매순간 그들을 위해 최선을 다할 것이다. 그러나 그들 때문에, 살리지 못한 그들이 나를 아프게 할 일은 없을 것이다.

'그러니 당신, 나를 무서워하지 마요.'

엑스칼리버를 뽑으려다

최영훈 (고양병원 정신과 과장)

"내가 너 때문에 못 살아!"

'콰장창!'

에어컨도 없던 무덥고 습한 여름밤, 막 잠이 들었던 나는 용수철처럼 퍼뜩 자리에서 일어나 반사적으로 몸을 웅크리고 바깥에서 나는 소리에 귀를 기울였다. 마루에서 부모님이 다투시고 있는 소리였다. 차라리 '헬렌 켈러' 처럼 귀가 먹고 눈이 안 보여 이를 모르게 된다면 얼마나 좋을까. 그러나 내 귀에는 그 소리가 너무 생생하게 들렸고, 듣기 싫지만 귀를 쫑긋 세우고 귀 기울여 들어야만 했다. 그들의 대화가 점점 거칠어지고 폭력 사태가 발생되려는 순간이 오고야 말리라는 불안 때문에.

어느덧 옆에서 자고 있던 여동생과 형도 깨서 숨죽이며 밖의 상황을 주시하고 있었다. 어두운 방 안에는 먼지가 잔뜩 앉은 선풍기가 돌아가는 소리만 들릴 뿐, 삼남매 모두 포식자를 피해 굴속에 숨은 생쥐처럼 숨을 죽이고 있었다.

"악!"

몸싸움이 시작되었다는 신호가 온 것이다. 우리는 약속이나 한 듯이 방문을 박차고 일제히 마루로 뛰쳐나갔다. 우리 눈앞에는 마루에 널브러진 어머니와 막 그 위에 올라타 완력을 행사하려는 아버지의 모습이 눈에 띄었다. 즉시 여동생은 아버지의 등에 올라타 조막만한 손으로 때리기 시작했고, 형은 부모님 사이를 막아섰으나 고래싸움에 새우가 막고 있는 것처럼 둘 사이는 전혀 벌어지지 않았다. 나는 약간 멀리 떨어져서 "어른들이 창피하게 무슨 짓이에요!" 하고 전신의 힘을 다 모아 목청껏 소리 질렀다. 그런 나의 울부짖음에 놀라기도 하고 제정신이 들었던지 두 분은 슬그머니 떨어지며 싸움은 그렇게 끝이 났다.

그때 내 나이 열한 살 때쯤이었던 것으로 생각된다. 그 이후로도 아버지와 어머니의 다툼과 불화는 계속 되었지만 물리적 폭력으로까지 확대되는 일은 없었던 것 같다. 그것이 과연 어른들이 창피하게 뭐 하냐고 소리 지른 나의 한마디로 인한 것이었을까 하는 의구심이 지금은 들지만 그 당시 어린 생각으로는 나의 지략이 성공했구나 하고 스스로 대견스러워 했던 기억이 난다.

몇 살 때쯤이었을까, 우리 부모님들의 관계가 다른 집과는 다르구나 하는 것을 깨달은 것이. 동화, 만화책이나 텔레비전에 나오는 평범한 가정과 뭔가 분위기가 다르다는 것을 깨닫게 된 후 항상 나의 마음속에는 다음과 같은 풀리지 않는 의문이 '화두(話頭)'로 뇌리에 깊숙하고 아프게 자리 잡고 있게 되었다.

"왜 우리 부모님들은 다른 집 부모들처럼 사이좋게 지내지 못하시는 걸까? 그리고 내 힘으로 두 분의 사이를 화목하게 만들 방법은 있는 걸까?"

또한 이 사실은 우리 집안의 깊숙한 치부로 생각되어서 나는 초등학교 시절부터 친구들에게 집안 얘기를 잘 안 하게 되었고, 학교에 제출하는 일기장에는 거짓된 집안의 모습을 가공해서 적어 놓곤 하였다. 어느 날 그 일기장을 보고는 신 김치를 입에 머금은 듯 미소를 지으시던 어머니 모습이 생각나곤 한다.

자연히 친구들을 집으로 데리고 오지 않게 되었다. 어머니께서 너는 왜 친구들을 집에 데리고 오지 않느냐고 물으실 때마다 말없이 한숨을 쉬며 혼자 눈시울이 붉어지곤 했다. 사실 그들이 있는 앞에서마저 부모님들이 다투시지는 않겠지만 왠지 그들이 집에 들어서는 순간 우리 집안의 비밀을 다 알아챌 것만 같은 두려움이 들어서였을까.

아픔만큼 성숙한다는 말처럼 나는 남들보다 사춘기도 일찍 왔고, 나이에 비해 말이 없고 조숙하다는 말을 주변에서 듣게 되었다. 초등학교 졸업반 무렵부터 철학, 종교 서적들을 탐독하게 되었다. 내 마음속에 '엑스칼리버(Excalibur)' 처럼 깊이 박혀 좀처럼 빠지지 않고 있는 그 화두를 풀기 위해. 그러던 중 '프로이트' 를 접하게 되었고, 중학교 1학년 때 '정신과 의사' 가 되어야겠다는 결심을 하게 되었다. 왠지 그것만 되면 지금까지 겪어온 어린 시절의 상처가 모두 치유되고 가정에 행복을 되찾게 될 것처럼 느껴졌었다.

나는 그때부터 학교에서 친구들의 고민을 들어주고 상담해주는 아마추어 정신과 의사 역할을 하곤 했다. 또한 다툼이 있거나 할 때는 앞장서서 참견하곤 했다. 그 당시는 그런 내 자신을 스스로 참 훌륭하다고 여겼었는데, 지금 돌아보면 '지식화' 와 '이타주의' 라는 방어기제를 사용하여 나 자신과 우리 가족에 대한 고민을 '부정' 하고 '승화' 하려 했던 것 같다.

여러 우여곡절 끝에 간신히 의대에 진학했고 또한 여러 곡절 끝에 정신과를 전공하게 됐다. 전문의 시험을 보고 합격하여 '정신과 전문의' 자격증을 받은 나는 왠지 모를 허탈감에 고질적인 버릇인 깊은 한숨이 나오는 것을 느낄 수 있었다. 그토록 고대하던 나의 꿈을 이룬 것과 동시에 꿈이 무너졌다는 모순된 느낌. 내가 중1 때부터 되기를 그토록 원했던 정신과 의사란 존재가 겨우 이런 것이었던가? 어렸을 때부터 내가 되고자 했던 '정신과 전문의'란 말 한마디 하면 악인이 눈물을 흘리며 회개하고, 이혼 직전의 부부가 원앙새 한 쌍으로 바뀌는 그런 능력을 가진 사람이었던 것이다. 그래서인지 지인들의 축하 전화를 받으면서 나는 쑥스러움, 부끄러움과 허탈함이 뒤섞인 감정으로 의례적인 답사를 하기만 할 뿐이었다.

그때 나는 피로가 몰려오면서 그냥 쉬고 마냥 잠만 자고 싶다는 생각이 들었다. 혼자 대낮부터 찜질방에 들어가 마치 동굴처럼 보이는 시커멓고 쉰 냄새가 나는 방을 찾아들어 몸을 웅크리고 누워 쓰러졌다.

'사바(娑婆) 세계에서 신음하며 고뇌하는 영혼들의 마음을 구제해 줄 방법을……. 과연 그런 방법을 의학적으로 해결할 수 있는 날이 오기나 할지?'

술 취한 사람처럼 자는 것도 아니고 깨어 있는 것도 아닌 상태로 몇 시간이나 있었을까?

"오늘은 일이 없었나요?"

어둠 속에서 누가 나를 흔들며 깨워서 눈을 뜨고 보니 남루한 옷차림의 청소부 아주머니가 안쓰러운 표정으로 쳐다보고 있었다. 아마 다른 사람으로 오해했나 보다. 그저 귀찮기만 한 마음에 가만히 누워 있었더니, "힘내요. 노력하면 언젠가는 좋은 날이 오지." 하면서 나가시는 게 아닌가. 그 한마디는 내게 다시 일어설 힘을 주었다. 이유를 설명하긴 힘들지만.

어머니는 벌써 고인이 되신 지 삼 년이 되어간다. 물론 돌아가시기 전까지도 두 분의 사이는 결코 좋아지지 않았다. 결코 두 분이 사이좋게 사시도록 도움은 못 되어 드렸지만, 나는 점차 두 분을 이해하게 됐다. 나의 아버지는 시골의 어려운 가정에서 자라 초등학교만 마치고 무작정 상경하여 직장 생활을 하며 검정고시로 대학을 졸업하셨다. 그렇게 어려운 생활을 해온 아버지였기에 부유한 집안에서 자라 대학 졸업까지 물질적 어려움을 모르고 사신 어머니와 가치관, 인생관은 물론 취미 생활까지 공통점이라곤 없었다. 두 분의 성격, 주변 여건상 여러 가지 요소들이 그렇게 만들 수밖에 없었다는 것을. 누가 가해자고 누가 피해자라 하기 전에 두 분 모두 가해자인 동시에 피해자였다는 것을.

나 또한 결혼하게 됐다. 서른일곱 살이라는 좀 늦은 나이에. 그전에는 어떤 여성과 교제하여 가까워지더라도 결혼이라는 말이 나오게 되면 두려워져서 멀어지곤 했다. 아마 부모님의 전철을 되풀이하지는 않을까 하는 무의식의 공포가 작용했지 싶다. 나의 처와 연애시절, 어느 정도 사이가 가까워졌을 때 문득 그녀가 내게 조심스럽게 질문을 던졌다.

"오빠, 다 용서해줄 테니까 솔직히 말해봐. 혹시 전에 결혼 한 번 했던 적 있었어? 왜냐하면, 오빠 같은 사람이 아직까지 결혼 안 하고 독신으로 살아왔다는 게 믿기지 않아서."

그 말을 듣는 순간 머리를 한 대 얻어맞은 것처럼 강한 충격이 내 뇌리에 가해졌다. '그동안 내가 너무나 오래 과거의 그림자에 갇혀 살아왔구나. 하는 생각이 들었다. 그래 한번 부딪혀보자 하는 생각이 들어 결혼의 출사표를 결연히 내던졌다.

이제는 두 아이의 아빠가 되었다. 우리 부부도 남들처럼 사랑하기도 하고, 격렬하게 싸우기도 하지만 서로를 깊이 사랑하고, 서로 잠시라도 없이는 못 사는 존재가 됐다. 이제는 부모님의 그림자에서 벗어난 내 자신을 느낄 수 있고 훨씬 자유로워진 느낌이다. 또 한 가지 변화라면 이제는 그동안 집 안에 문둥이를 숨기고 있었던 것처럼 말 못했던 부모님에 대한 얘기와 그로 인해 정신과 의사가 되기로 결심한 내 의도를 아무 거리낌 없이 털어놓을 수 있게 됐다.

오늘도 진료실에 한 쌍의 부부가 진료를 받고 다녀갔다. 다섯 번째 치료 회기이다. 만족할 만큼은 아니지만, 조금씩 좋아져가고 있다. 이제는 둘이 가끔씩 얼굴을 마주 보고 눈빛을 교환하기도 한다. 그런 순간을 볼 때마다 마음속에 잔잔한 향기로운 물결이 일면서 단단히 박혀 있던 '엑스칼리버'가 흔들리는 느낌을 받는다. 물론 결국 뽑히지 않을지 모르나 나의 작은 몸부림이 계기가 되어 뒤에 누군가가 뽑는 데 밑거름이 되어준다면 그것으로 족하리라.

곧 있으면 추석이 다가온다. 이번 추석에는 아버님이 좋아하는 홍삼을 사 들고 찾아뵈어야겠다. 그리고 슬며시 한번 권해보리라.

"아버지, 어머니 산소에 한번 같이 가보시지 않겠어요?"

두 번째 만남

최은석 (제7공수특전여단 군의관)

그 뉴스를 본 건 전공의 4년차 봄이었다. 주말 당직이었던 나는 한 주가 끝났다는 느슨함과, 아직은 응급실이 조용하다는 안도감에 싸여 있었다. 세상에서 가장 게으른 자세로 포털사이트의 가십거리들을 클릭하다가 뉴스 창에 나온 한 아이의 사진을 보고는 깜짝 놀라 모니터에 바짝 다가앉았다. 자그마한 사진과 함께 실려 있었던 3살 여자아이 선영이의 이야기였다.

왼쪽 다리에 커다란 외고정 보조기를 달고 있는 어색한 표정은 내가 아는 그 선영이가 확실했다. 자세히 사진을 들여다보니 선영이네 집에서 촬영한 듯했다. 어둑어둑한 방 안 구석에는 온갖 생활 집기들이 메워져 있고, 좁은 방 가운데를 차지하고 있는 전기장판, 밍크 이불, 그리고 그 이불 위에 앉아 있는 선영이가 보였다. 늘 상상했던 모습과 잘 맞아떨어졌다. 뉴스의 제목은 '이제는 웃을 수 있어요'로, 상투적이고 진부하지만 그것만 한 것도 없겠구나 하는 생각이 들었다.

'그렇지. 내가 봤던 석 달 동안에는 울기만 했었지.'

뉴스에는 선영이의 딱한 사정, 아빠의 인터뷰, 그리고 기적적으로 다리를 살려낸 의료진들의 이야기, 맨 마지막엔 선영이 돕기 모금 전화번호가 있었다.

1년 전이었다. 3년차가 되고, 여름으로 넘어가는 계절이었다. 하지 절단 환자가 있다는 2년차의 콜을 받고는 환자 신상을 물을 것도 없이 응급실로 달렸다. 외상 환자 구역에서 왼쪽 다리는 부목과 압박붕대로 칭칭 감겨 있고, 창백하게 질려 있던 아이가 바로 선영이었다. 옆에는 불안한 눈빛의 아빠, 갓난아기를 업은 엄마가 같이 있었다. 그 정도 불안해하는 부모는 1년차 때부터 수없이 보아왔던 터라 별다른 감정이 생길 리 없었다. 간단하게 병력을 듣고, 석고 부목에 싸인 환부를 열었다. 아이의 상처는 참혹했다.

엄마와 같이 옆집에 놀러 갔던 2살 선영이는 겨우 아장아장 걷는 정도였다. 마당에 묶여 있던 개에게 다가서는 순간, 왼쪽 다리를 물렸고, 겨우 어른 팔뚝만 한 2살 아이의 다리는 절단되고 말았다. 대퇴골, 근육, 혈관, 신경이 모두 절단되었고, 겨우 한쪽 피부만 붙어 있는 상황이었다. 상처를 급하게 감싸면서 머릿속으로 접합 수술의 골든타임(Golden Time)을 바쁘게 계산했다.

"아기가 다친 게 언제죠?"

"점심때쯤인 거 같습니다."

지금 시간은 오후 5시.

"아니, 왜 이렇게 늦게 오셨어요?"

순간적으로 말꼬리를 올리며 질책하는 말이 튀어나왔다.

"저희가 섬에 살아서요. 죄송합니다."

아빠가 죽어가는 목소리로 말했다. 강화도에서도 배를 타고 들어가야 하는 섬에 살고 있던 선영이네가 최선을 다한 시간이 네 시간이었던 것이다.

수술이 급했다. 미세 수술 파트와 외상 담당 교수님도 같이 수술에 들어가야 했다. 마취과에는 반 협박, 반 애원을 해가며 준비가 되자마자 수술 방으로 밀고 들어갔다.

수술 방에서 확인한 손상은 예상보다 더 나빴다. 대퇴골은 일부가 아예 없어진 상태여서 급하게 외고정 장치를 걸었고, 미세수술 팀이 투입되었다. 연부 조직의 손상은 더 심해서 처음 수술 부위를 본 교수님도 한숨만 쉬었을 정도였다. 어렵게 중요한 신경과 혈관을 이을 순 있었지만, 근육과 피부는 손상이 너무 심해서 접합한 혈관조차도 감싸줄 수 없었다. 2차, 3차 수술을 하기로 하고, 새벽까지 이어진 수술을 마쳤다. 일차적으로나마 혈관과 신경을 이었다는 말을 들은 아빠는 조금은 안심하는 모습이었다. 이날부터 시작된 선영이와의 인연은 석 달이나 계속되었다.

선영이는 내가 있던 미세수술 파트로 입원했다. 선영이처럼 중한 환자의 드레싱과 상태 확인은 3년차 몫이었다. 병동에 입원하고 몇 시간 지나지 않아서 선영이는 기력을 되찾고 울기 시작했다. 내가 드레싱하러 들어가면 울고, 회진 가서 얼굴만 보여도 울고, 하루 종일 배가 고파서 울었다(접합수술을 한 직후에는 재수술이 필요한 경우가 자주 있어서, 금식을 유지한다). 수술하고 이틀이 지나 어느 정도 안심해도 되겠다고 생각했던 첫 주말, 접합했던 다리의 혈액순환이 나빠지면서 국소 체온이 떨어지기 시작했다. 이런 경우는 대부분 접합한 동맥이 혈전으로 인해 막히는 경우다. 특히 선영이처럼 혈관 손상이 심했던 환자에게서 더 자주 발생한다. 어쩔 수 없이 선영이는 다시 수술대에 올라야 했다. 주변의 정맥을 이용한 정맥이식술로 겨우 다시 혈관을 되살렸지만, 사흘 뒤 동맥은 다시 막혔다. 그냥 두고 볼 수 없어서 수술 방에 다시 들어갔지만 이젠 더 손댈 곳도, 더 이어

붙일 곳도 없었다. 더 이상의 혈관수술은 무의미했다. 선영이의 엄마, 아빠는 순한 사람들이었다. 어차피 처음부터 되살릴 기대는 없었다고 하면서 오히려 그간 고생했다고 말해주었다. 그러나 그렇게 의사와 보호자 모두 아쉬움과 체념을 받아들이고 있는 동안에도 선영이의 다리는 살아 있었고, 그 이후로도 계속 혈류가 유지되었다. 한 달이 지났을 때 혈관조영술을 해봤는데 역시나 큰 혈관들은 모두 막혀 있었지만, 얼기설기 이어졌던 연부 조직의 말초 혈관들이 모든 기능을 대신하고 있었다. 그야말로 설명이 안 되는 기적이었다. 말도 몇 마디 못하고 매일 울기만 하던 선영이는 그렇게 스스로 이겨내고 있었다.

선영이의 진짜 싸움은 그때부터였다. 혈관이 좀 안정됐다 싶은 순간부터 상처에서는 고름이 흘러나오기 시작했고, 온갖 균들이 배양되었다. 개에게 물렸던 상처는 말 그대로 'Dirty Wound(더러운 상처)' 였고, 아무리 항생제를 써봐도 방법은 'Daily I&D(매일 시행하는 변연절제술)' 뿐이었다. 매일 수술 방에서 상처를 씻어내고, 박박 긁어내는 수술은 마취도 없었고, 국소마취제를 쓰기엔 상처가 너무 컸다. 진정제를 주사하고 들어가 보기도 했지만 시작되는 순간에 깨어나서 온 힘을 다해 울면서 몸을 뒤척였다. 선영이 아빠가 매일 수술방에 같이 들어와서 손을 잡아주었지만 어른들도 진저리를 치는 그 고통을 대신해줄 수 있는 사람은 아무도 없었다.

선영이가 입원하고 3주차가 되어서야 주말에 집에 갈 수 있었다. 집에는 두 살배기 딸이 기다리고 있었다. 3주 만에 만난 딸아이가 그새 큰 것을 보고 신기해하고 즐거워하다가 일요일 오후에 병원을 향했다. 그날 선영이 수술 준비를 하다가 그때야 선영이가 내 딸과 같은 달에 태어난 걸 알았다. 왜 나는 처음 보았을 때 이 아이가 내 딸과 같은 또래구나 하는 생각을 하지 못했을까?

상처는 더디게 아물어갔고, 그만큼 수술 방에서 고생을 했지만 우린 조금씩 가까워졌다. 수술 전후에 선영이 아빠와 개인적으로 이야기하는 시간이 늘어났고, 회진을 할 때는 항상 선영이에게 줄 과자를 주머니에 넣고 다녔다. 선영이가 콩나물무침을 좋아한다고 해서 집에 들를 때마다 반찬통에 담아다 주었다. 전에는 나만 보면 도망 다녔는데, 두 달째가 되면서 먼저 아는 척을 했다.

어느 날 교수님과 회진 중에 선영이네 방에 들어갔는데 큰 목소리로 "오빠! 잘 가!" 하면서 손을 흔들었다. 그때 선영이가 아는 말이 몇 개 없었는데, 아빠는 아니니까 오빠라고 불렀던 모양이다. 이후로는 병동 끝에서라도 내가 보이면 쉰 목소리로(매일 수술 방에서 울어서) "오빠!" 하고 소리치곤 했다.

선영이네 가족은 병실에서 모두 같이 지냈다. 처음 1인실에서 지낼 때는 몰랐지만 4인실, 6인실로 옮겨갈 때마다 어려움이 많았다. 섬에서 농장 관리 일을 하던 아빠의 벌이는 백만 원이 채 안 되었고, 갓난아기 둘째를 맡아줄 친척도 없었다. 게다가 선영이를 물었던 개 주인이 묶여 있던 개는 법적 책임이 없다며 발뺌해 버리자 막막해진 아빠는 내게 도움을 요청했다.

그간의 사정을 알고 있었기에 더 많이 도와주고 싶었다. 먼저 특진비를 빼고, 사회사업실에 연락했다. 선영이의 기구한 사연이 충분히 관심을 모을 만했는지, '병원 홍보지에 낸다, 독지가와 연결해보겠다, 텔레비전 프로그램 출연을 주선해보겠다' 하면서 여러 차례 선영이의 사진을 찍고 인터뷰를 했다.

그렇게 병원비를 마련해가던 어느 날, 선영이가 입원한 지 석 달쯤 되었을 때였다. 가망이 없어 보이던 뼈는 잘 붙어가고 있었고, 너덜너덜했던 살들도 어린아이가 가진 놀라운 재생 능력을 자랑이라도 하듯 쑥쑥 차오르고 있었다. 감염도 이제 거의 해결돼서 피부이

식수술 시기를 저울질하던 때였다.

병동에서 환자 보호자가 한창 흥분해 화내고 있는 소리가 들렸다.

"내 딸을 이렇게 병원 홍보에 이용했으면서, 돈을 왜 이렇게 많이 받는 거요?"

선영이 아빠는 진심으로 화를 내고 있었다. 지난 석 달 동안 같은 아빠로서 그 아픔을 잘 이해했다고 자부했었지만 그 순간에는 도저히 이해할 수 없었다. 그동안 조용하고 순하기만 했던 아빠여서 더 놀랐다.

"최선을 다했지만, 그렇게 된 것은 저희도 어쩔 수 없는 겁니다."

성의를 다했는데도 돈을 밝히는 것처럼 날 몰아세운다는 생각이 들자, 나도 화가 나고 억울했다.

"이런 곳에서는 더 이상 치료 못 받겠어요. 다른 병원으로 옮길 겁니다."

선영이 아빠가 차갑게 말했다.

"아직 피부이식수술이 남았습니다. 수술만이라도 하고 가시지요."

나도 지지 않고 냉랭하게 말했지만, 이미 선영이 아빠의 마음은 돌아선 후였다.

이틀 후, 오전 수술이 끝나고 올라왔을 때 항상 환자 일보 맨 위에 있던 선영이가 빠져 있는 것을 알았다. 후련함도, 뿌듯함도 아닌 불편한 느낌이 며칠간 마음을 무겁게 했다. 어디로 가는지 말도 없이 가 버린 서운한 마음도 있었고, 의료 브로커가 끼어들었을 거라는 근거 모를 소문에 대한 분노도 조금 있었을 것이다.

한 해가 지나고 나서 생각해보면, 나는 선영이 아빠에게서 인정을 받고 싶었던 것 같다. 다른 환자들과 다르게 내 진심과 성의를 다했으니까 내 수고를 좀 알아주었으면 하는 마음이 있었다. 하지만 선영이 아빠는 그럴 여유가 없었다. 처음 응급실에서부터 수술 방, 원무과까지도 딸에게 해줄 수 있는 게 없었던 아빠는 무력감에 지쳐 있었다.

그렇게 헤어지고 세 살이 된 선영이를 사진으로 보게 된 기분은 뭐라 설명할 수 없는 것이었다. 이제 좀 있으면 내 딸 서연이도 일곱 살이 된다. 요즘 키가 크려고 그러는지 잘 때가 되면 다리가 아프다고 칭얼거리며 운다. 우는 딸의 다리를 주물러줄 때마다 선영이와 아빠 생각이 난다. '이제는 그 지겨운 고통이 끝났을까, 한두 걸음이라도 걷고는 있을까, 언제 다시 또 만날 수 있을까' 하고 말이다.

제10회 장려상 수상작

선생님께 추어탕 끓여 드려라

최충언 (알로이시오기념병원 외과 과장)

벽시계를 보니 새벽 4시가 조금 안 됐다. 생전 꿈을 기억하지 못하는 나는 간밤의 꿈자리가 뒤숭숭하여 뒤척이다 새벽녘에 잠자리에서 일어났다. 집에서 걸어서 5분 거리 밖에 되지 않는 병원으로 발걸음을 옮겼다. 거리의 차들은 뭐가 그리 바쁜지 쌩쌩 달리는 것이 아니라 숫제 날아간다.

병실에 친한 친구의 장인이 누워 계시다. 산소를 흡입하고, 수액을 주렁주렁 달고 불규칙한 호흡을 하고 있다. 병실에 들어가니 휠체어에 탄 아내가 침상 곁에서 꺼져가는 남편을 애처로운 눈빛으로 바라보고 있었다. 눈에는 눈물을 머금은 채…….

"선생님이 이른 새벽에 우얀 일인교?"

"일찍 잤더니 새벽에 눈이 떠지데요. 밤새 별 변화는 없었지요?"

"예, 계속 잠만 자고 있네요."

심장 상태와 혈액 속의 산소포화도를 모니터링 하는 기계의 기계음이 '뚜뚜' 병실의 적막을 깨고 있을 뿐이었다. 생에 대한 미련이 그리 많은 걸까? 이젠 편히 쉬셔도 좋으련만…….

한 달 조금 넘게 지났을까. 김해에서 학원을 하는 친구에게 연락이 왔다. 장인이 위암 말기라면서 상담을 원했다. 그날 저녁, 친구 장인의 상태도 볼 겸 처가댁에 가서 저녁을 먹었다. 친구의 아내가 차려 내온 추어탕에 밥을 말아 한 그릇 뚝딱 비워 버렸다. 친구가 내민 봉투 안에는 서울 모병원에서 복사해온 두툼한 의무 기록 사본이 들어 있었다. 위암을 올 봄에 진단을 받았는데 이미 췌장까지 번진 상태였다고 한다. 서울에 올라가 A병원에서 수술은 못하고 위와 십이지장 부위에 음식이 내려가라고 스텐트만 박은 채로 내려왔다고 했다. 식사라고는 한 숟가락 정도 먹는데도 속이 메슥거리고 토한다고 했다. 풍채가 좋았던 분이 살이 빠져 볼이 쏙 들어가 있었다. A병원의 의사가 여생이 석 달 가량 남았다고 말했지만, 이미 여섯 달이 다 되어가고 있었다. 암이 배 안에 가득 퍼져 수술도 가능하지 않고 더 이상 의학적으로 해줄 것이 없는 상태였다. 통증 조절을 위해 경구 마약과 가슴에 듀로제식패치를 두 개나 붙였는데도 통증 조절이 역부족인 것 같았다. 딱히 대학 병원이나 대형 병원에 간다고 한들 별로 해줄 것이 없어 보였다. 호스피스 외에 달리 방법이 없었다. 당신 스스로의 삶을 정리하는 시간을 가지게 해드리고 통증을 완화하는 방법 밖에는…….

호스피스(Hospice). 죽음을 앞둔 환자들을 돌보는 것을 말한다. 호스피스는 중세기 때 예루살렘을 방문하는 순례자들이 하룻밤 쉬어갈 수 있도록 마련한 숙소를 일컫던 말이다. 요즘은 삶의 마지막 죽음을 앞둔 사람들이 새로운 세계로 들어가기 전에 쉬어가도록 돌봐주는 것을 뜻하며, 특히 말기 암 환자를 전적으로 돌보는 것을 호스피스라고 한다. 육체적인 문제뿐만 아니라 정서적, 영적 문제를 전인적으로 다루며 사랑으로 돌봐줄 때 그것을 호스피스라고 할 수 있을 것이다. 결국 호스피스란 사랑을 실천하는 것이다.

엎친 데 겹친 격으로 친구의 장모는 파킨슨병을 앓고 있었다. 친구의 아내가 그동안 친정에서 부모를 모시면서 병간호를 하고 있었는데 그 고생은 말을 하지 않아도 알 만했다.

"니가 근무하는 병원에 두 분을 입원시키면 어떻겠노?"

친구는 조심스러우면서도 어렵게 말을 꺼냈다.

"2인실에 두 분을 입원시키고, 아버님은 호스피스 케어를 하고, 어머님은 허리 통증이 있으시니까 물리치료를 받도록 하자. 친구 좋다는 게 이런 거 아이가?"

며칠 뒤, 2인실에 두 분을 입원시키고 호스피스를 하게 되었다. 마약진통제로 통증을 조절하고, 복수가 차면 복수를 빼드리고, 가래가 차 호흡이 힘들면 가래를 빼드리고, 소변 줄 꼽아드리고, 틈만 나면 병실에 올라가서 손이라도 한 번 더 잡아드렸다. 알부민 수치가 떨어져 음낭이 아이 얼굴만큼 부어오르고 복수의 양은 엄청났다. 한 번 복수를 뽑으면 6,000시시 정도를 뽑아야 숨쉬기도 좀 낫고, 배가 편하다고 하셨다.

말기 암의 통증과 싸우며 입원한 지 한 달쯤 되었을 때, 간호사가 긴급 호출을 했다. 혈압이 잡히지 않는다는 거다. 눈꺼풀이 하얐다. 차고 있던 기저귀를 들여다보니 자장면 같은 검은 혈변이 가득했다. 의식도 없었다. 위장관 출혈이었다. 암 덩어리에서 출혈이 생긴 것이다. 치료를 포기할 수도 있었다. 호스피스에서는 적극적인 치료를 하지 않는 것이 원칙이다. 그러나 환자에게는 적극적인 치료를 해야 할 이유가 있었다.

환자는 슬하에 네 명의 딸을 두고 있었다. 부산에서는 친구의 아내가 장녀라 두 분을 간병했고, 서울에서 입원하고 있을 때는 둘째 딸이 간병을 했다. 환자가 가장 애지중지했던 막내딸은 결혼을 하여 남편을 따라 호주에 이민을 가 있었다. 아버지 상태가 위독하다는 소식을 들었지만, 임신 중반에 들어서서 오랜 시간 비행기를 탈 수 있는 상황이 아니었다. 마침 그날이 호주로 시집을 간, 가장 보고 싶어 하던 막내딸의 출산 예정일이었기 때문이었다. 그냥 보낼 수는 없었다.

수혈을 하고, 수액을 투여하면서 승압제를 써서 소생술을 시행했다. 친구의 아버지는 곧 나의 아버지이기도 하다. 소생술을 하면서 4년 전 홀로 동네 목욕탕에 갔다가 어지러워 탕에 쓰러져 아무런 유언도 남기지 못하고 돌아가신 아버지 생각이 겹쳐졌다. 명색이 아들이 외과 의사인데, 아버지에게 소생술 한 번 해드리지도 못하고 황망히 떠나보내야만 했던 죄책감과 아쉬움이 진하게 배여 있어서인지도 모른다. 혈압이 잡히기 시작하고 의식도 돌아왔다. 말은 하지 못하지만 가족들과 눈빛을 마주치고 눈물을 흘리시기도 했다.

지금은 인터넷 세상이다. 한 공간에 있지 않아도 소통할 수 있는 세상이 되었다. 아버지가 사경을 헤매고 있던 그 시간에 호주로 시집 간 딸은 첫 아이를 낳기 위해 힘든 출산의 과정을 겪고 있었다. 장인이 일단 위험한 고비를 넘기고 난 뒤, 친구와 커피를 한잔하면서 병원 뒤뜰에서 이야기를 나누었다. 호주에 있는 처제가 아들을 낳았다는 소식을 전해주었다.

"생명이란 참 신비스럽다, 그자?"

"한 생명은 꺼져가고, 또 새로운 생명이 태어나고."

"인명은 재천이라. 자연의 순리를 거스를 수는 없겠지. 죽는 것도 마음대로 안 되지. 우쨌든동 니가 고생이 많다."

"니가 단단히 마음을 묵어라. 의식은 돌아왔지만, 저 상태로 일주일을 넘기기는 어려울 끼구마."

전화기로 전송되어온 외손자의 사진을 병상에 누워 바라보는 외

할아버지의 심정을 어찌 말로 표현할 수 있으랴. 막내딸의 손을 잡아보지도 못하는 아쉬움이야 있겠지만 모든 유언도 끝났고 죽을 날만 기다리는 중에 외손자의 탄생을 눈으로 확인하는 기쁨은 분명 컸을 것이리라.

위기를 넘긴 환자는 말도 할 수 있게 되었다. 휠체어에 탄 아내와 두 딸은 손과 발을 주무르면서 곁에서 지켜봤다. 오후 회진 시간에 환자의 손을 잡으며, 통증은 좀 어떠시냐고 물었더니 동문서답을 했다. 친구의 아내인 큰딸을 보면서 바짝 마른입에서 조금은 떨리는 목소리가 흘러나왔다.

"의사 선생님께 꼭 추어탕 끓여 대접해드려라. 냉동실 안에 얼라 놓은 추어탕 많다 아이가."

"아이고, 우리 아버지가 사람을 웃기게 만드시네? 하하하. 걱정 마세요."

"예, 기필코 얼큰한 추어탕 한 그릇 더 얻어먹을 게요."

돌아서 나오는데 눈물이 핑 돌았다. 생사의 경계를 왔다 갔다 하는 환자가 추어탕 이야기를 하시다니. 절친한 친구의 아버지니까 다른 환자들보다 조금 더 자주 들여다본 것뿐인데 고마움을 표하시다니. 끊임없이 모르핀 주사를 맞으면서도 돌아가시기 전까지 유머로 걱정하는 가족들에게 웃음을 주시다니.

일주일 뒤. 친구의 장인은 눈을 감았다. 현대 의학이 아무리 발달했다 해도 환자의 목숨을 생각대로 고무줄처럼 늘리거나 할 수는 없는 일이다. 새벽에 병원에서 연락이 왔다. 심전도는 더 이상의 파동을 보이고 있지 않았고 거의 일직선이었다. 동공은 확장되어 있고, 자발적 호흡도 없었다. 나뭇가지가 부러지는 데는 단 하나의 눈송이가 더 내려앉는 것으로 충분하다. 사망 선고를 내렸다. 가족들은 오열을 했다.

다음날, 난 장례식장에 갔다. 빈소의 사진은 풍채가 좋은 분이 웃고 있었다. 순간, 다른 사람이 아닌가 의심했다. 그렇게 암이란 병은 죽을 때까지 환자를 피골이 상접하게 만든다. 고인의 명복을 빌었다. 절을 하며 고인의 말이 떠올랐다. 숨쉬기 힘들어 하면서도 딸에게 '선생님께 추어탕 끓여 드려라' 라고 하시던 말. 사랑이 듬뿍 담긴 한마디. 앞으로 추어탕을 먹을 때면 고인이 떠오를 것이다.

글쓰기의 매력을 확인하다

황동규, 성석제, 손정수

올해로 한미수필문학상이 열 번째를 맞는다. 10년이라는 단위를 굳이 의식할 필요가 없다고 생각하면서도, 한 국면이 지나가고 이제 새로운 단계로 접어든다는 느낌을 완전히 떨쳐 버리기는 어려운 것 같다. 올해에 투고된 글 77편은 그런 느낌을 더 분명하게 만들어주고 있었는데, 그 글들을 읽으면서 우리는 의사로서의 경험과 그로부터 비롯되는 감상이 점점 더 안정된 이야기 안에 오롯이 담기는 추세랄까, 경향을 확인할 수 있었기 때문이다. 그리고 그것은 10년 동안 서서히 이루어진, 이 상의 소중한 성과라고 볼 수 있지 않을까 싶었다.

물론 글들의 내용이 이전과 특별히 다른 것은 아니었다. 그럼에도 우리는 이번에도 의사이자 한 인간의 육성을 통해 전해오는 그 진솔한 고백에 가슴 뭉클한 공감과 감동에 젖지 않을 도리가 없었다. 이것은 최근으로 올수록 오로지 신선하고 새로운 것을 향해 기울어져가는 전문 작가들의 직업적 글쓰기와는 다른, 생활의 공동체 속에서 비로소 가능하고 또 그렇기 때문에 특별한 의미를 갖는 삶의 글쓰기 영역이기 때문에 가능한 일이 아닌가 싶다.

열 번째로 수상작들을 선정하면서, 그 사실을 새삼 실감하고 확인한다. 그렇기 때문에 수필로서의 완결성을 갖추었느냐 하는 것이 기본적인 평가 기준이었지만, 경험을 통해 얻은 감상이 얼마나 진정한 울림을 담고 있는가, 그리고 그것이 얼마나 차분한 성찰의 과정을 거쳐 자연스럽게 표현되고 있는가의 문제가 더 근본적인 기준으로 작용했다.

그 기준을 염두에 두고 각자 점수를 매겨 합했고, 점수가 같은 경우 의견을 조율한 결과 〈사진관 앞 떡볶이집〉을 비롯한 14편의 수상작이 결정되었다. 그러나 이 삶의 글쓰기 범주에서는 그 같은 순위가 큰 의미를 갖는다고 생각되지 않는다. 상의 종류와 관계없이 수상자들은 자신의 경험과 감상을 다른 동료들과 나눌 수 있는 기회를 얻었고, 아쉽게 이번에 그 기회를 얻지 못한 투고자들은 그것을 더 가다듬을 소중한 시간을 얻었으니까.

제11회
한미수필 문학상 수상작

대상

어머니와 아들

• 김철환

수상 소식을 받은 날 새벽, 첫눈이 내렸다. 뒤척이다가 깨어나 창밖을 보니 온 세상이 하얀 눈으로 덮여 있었다. 내면에 감춰둔 아픈 상처들을 드러낸 글이라 응모하는 데 망설임이 있었다. 하지만 글로 써서 세상에 내놓고 보니 새벽녘에 바라본 눈 덮인 세상 풍경처럼 오히려 마음이 평온해졌다. 이제 과거의 경험과 상처에 연연하지 않을 만큼 성숙해졌는지도 모르겠다.

어릴 때부터 저의 관심은 사람의 아픔이었던 것 같다. 세상엔 아픔이 너무 많았고 제 감수성은 그걸 표현하고 나누고 싶었다. 글쓰기는 세상을 보는 창이었고 아픔을 보듬고 이기는 위로와 격려가 되었다. 이번 수상으로 저의 창이 더 넓어지고 더 큰 용기를 얻게 된 것 같다. 부족한 글을 뽑아주신 심사위원 여러분께 감사드린다.

생각해보면 참 많은 인연과 경험 속에서 사랑받고 격려 받은 인생이었음을 알게 된다. 더욱이 세 살 된 딸을 키우다 보니 결국 사람이란 수많은 이들의 수고와 노력의 결정체임을 느끼게 된다. 세상 속에서 진료실에서 더 많은 사람들과 나누고 위로하고 격려하는 행복을 누리고 싶어진다.

진료실에 삶의 온갖 아픔을 안고 찾아오는 환자들로 인해 매일 괴롭고 매일 행복하다. 아픔의 진실과 삶의 비밀을 일깨워주는 제 환자들과 이 기쁨을 함께 나누고 싶다.

아들이 의사가 되는 걸 보지도 못하고 돌아가신 아버지께 늦었지만 다시 한 번 용서를 구하고 감사의 인사를 올린다. 언제고 제 삶의 버팀목이 되어주신 어머니께는 이번 수상의 모든 영광과 기쁨을 돌려야겠다. 어머니, 언제고 감사합니다. 사랑하는 아내와 딸, 장인장모님과 가족 모두에게 따뜻한 사랑과 감사를 보낸다. 2012년 모두들 행복하고 건강한 한 해가 되시기를 기원한다.

• 김철환

어머니와 아들

김철환 (평택 새서울의원 원장)

1990년 초겨울, 내가 의예과 시절을 보냈던 전남대학교 5·18광장. 하늘은 곧 눈이라도 내릴 것처럼 잔뜩 흐렸는데 나는 광장 한가운데 잔디밭에 드러누웠다. 담배 연기를 들이마시는 순간 머리가 핑 돌며 땅속으로 처박히는 느낌이 들었다. 생애 첫 담배 한 모금이었다. 의예과 마지막 기말고사를 얼마 앞두고, 갑작스런 뇌출혈로 돌아가신 아버지의 시신을 땅에 묻어드리고 학교로 돌아온 그날이었다.

사춘기 시절 집안은 아버지의 거듭된 사업 실패로 힘들어졌고, 그럴수록 어머니와 자식들에 대한 아버지의 폭력과 폭압도 더욱 심해졌다. 중학교 2학년 때 분노를 참지 못한 내가 집 안의 물건들을 집어던지고 유리창을 깨뜨리며 대들자 아버지는 집을 나가셨다. 그리고 사흘 만에 돌아와서는 '너는 내 아들이 아니다!' 라고 선언하셨다. 그 후로 그 말은 내 영혼을 갉아먹는 저주가 됐다.

대학생 시절에도 의사가 될 생각은 없었고, 그 당시 사회주의권의 몰락과 함께 퇴보하기 시작한 학생운동의 끄트머리를 나는 아직 놓지 못하고 있었다. 나는 길을 잃고 있었다.

의과대학을 졸업하자 나는 도망치듯 고향을 등지고 서울로 올라왔다. 그 후 5년이 지나서야 어머니는 당신 아들의 얼굴을 보실 수 있었다. 나는 그토록 무심했으며 혼자가 된 어머니는 구멍가게를 운영하며 겨우 생계를 꾸려가고 계셨다.

다행히 인턴, 레지던트 수련 과정은 내가 의사로서의 정체성을 갖게 해준 소중한 시간이었다. 중환자실, 응급실, 입원실의 환자들 곁에서 늘 느껴야 했던 한계와 절망, 성취와 희망은 내게 삶에 감사하고 포용하는 법을 가르쳐줬다. 조급하고 관념적인 학생운동의 허물을 벗고, 구체적인 삶과 세상 속에서 겸손하고 따뜻한 의사로 살고 싶어졌다.

대학을 졸업하고 꼭 10년 만인 2004년, 경기도 평택시 외곽 시골 마을에 내 개인 의원을 열게 됐다. 이 마을은 1951년부터 형성된 유서 깊은 미군 기지촌이었다. 여기저기 걸린 영어 간판과 거리를 활보하는 흑백의 병사들, 필리핀 · 러시아 등지의 여자들로 거리에는 이국적인 활력이 넘쳤다. 금요일 밤이면 미군 전용 클럽들이 즐비한 거리를 수백 명이나 되는 미군들이 술에 취해 소리를 지르면서 몰려다니는 풍경은 왠지 낯설고 두려웠다.

3년 반을 하루도 쉬지 않고 밤 늦게까지 진료를 했다. 힘든 병원 일 때문에 직원들도 오래 버티질 못하고 말썽을 피우는 경우가 많았고, 기지촌 주민들은 거칠고 억셌다. 하루하루가 숨 막히는 전쟁 같았다. 마침내 나도 더 이상 견디지 못할 지경에 이르렀다. 내 일생 처음으로 고향에 계신 어머니에게 도움을 청했다.

"어머니, 올라와서 밥 좀 챙겨주세요!"

이 말이 다였다. 하지만 아들의 목소리가 심상치 않았으리라! 어머니는 구멍가게 문을 닫고 바로 짐을 챙겨서 올라오셨다. 아무 질문도, 타박도, 꾸중도 없으셨다. 그저 매일 아침저녁을 챙겨주고, 정화수를 앞에 놓고 지극한 기도를 올리셨다. 마음을 평온하게 해준다는 향불이 항상 켜져 있어 향내 가득한 집 안의 온기가 내게 조금씩 안정을 찾아줬다. 고맙게도 어머니는 내 삶의 가장 큰 고비를 함께 넘어가주셨다.

그 즈음에 특별한 환자를 만나게 됐다. 그는 흑인 혼혈인 '성철'이었다. 아버지는 그가 태어나기도 전에 미국으로 돌아가 버린 주한 미군 병사였다고 한다. 지금은 20대 중반인데, 어릴 때 교통사고로 머리를 다친 후 후유증으로 간헐적인 간질 발작과 하반신 마비, 퇴행성 정신장애로 고생하는 녀석이었다.

한번은 진료 대기 중이던 우락부락한 남자가 접수 과정에서 불쾌한 일이 있었는지 간호사에게 심한 욕을 하며 화를 냈다. 그러자 바로 옆에 있던 성철이는 휠체어를 힘껏 굴려서 욕해대는 남자의 허벅지를 때려 넘어뜨렸다. 그는 정말로 못 견디겠다는 듯이 버럭 소리를 질렀다.

"요욕하지 마아아! 괴괴롭히지 마앗!"

휠체어 손잡이를 잡고 있던 그의 어머니는 얼굴이 새하얗게 질리며 말리려 했지만 이미 늦었다. 하지만 불을 뿜는 그의 눈빛과 단호한 목소리에 그 남자는 민망한 모습으로 병원을 나가야 했다.

이 일로 성철은 간호사들의 사랑을 듬뿍 받았다. 조용히 다가가 볼에 뽀뽀를 하기도 하고, 뽀뽀를 해달라고 터무니없이 응석을 부리기도 했다. 성철의 티 없이 환하게 웃는 모습과 어린아이 같은 천진난만함은 피부색의 경계를 무너뜨리고 마음을 열게 하는 묘한 매력이 있었다. 사슴같이 맑고 하얀 눈동자는 까만 얼굴에 박힌 커다란 보석처럼 빛났지만, 가끔 병원 밖에서 휠체어에 앉아 먼 곳을 바라보며 담배 연기를 뿜어내는 모습에는 금방 눈물이 왈칵 쏟아질 것 같은 깊은 슬픔과 고독이 묻어나왔다.

무척이나 덥던 8월의 어느 날, 시골 마을 전체가 발칵 뒤집히는 사건이 발생했다. 성철이가 방에서 담배를 피운다고 라이터를 켠 것이 어떻게 불이 옮겨 붙어서 그와 어머니가 사는 집을 몽땅 태워 버린 것이다. 다행히 그와 어머니는 무사히 빠져나왔고, 옆의 가옥으로 불이 옮겨 붙지는 않아서 더 이상의 피해는 없었다고 한다. 한밤중에 온 동네가 깨어났고, 그와 어머니는 근처 교회로 가서 쉬고 있다는 것이었다. 병신 아들 때문에 어머니가 죽을 고생하고 산다는 투의 동정 반 비난 반인 수군거림이 끊이질 않았다.

오후에 성철의 어머니가 병원으로 찾아왔다. 발바닥과 발목 쪽으로 화상을 입어 여기저기 수포가 생겨 있었다. 여태 병원에서 치료도 못 받고 화재 뒷수습을 하느라 뛰어다닌 모양이었다. 상처를 먼저 치료하자고 했더니, 성철의 약을 불난 집에 두고 나와서 약을 못 먹였다며, 전에 나한테서도 처방받은 적이 있는 간질약 처방을 부탁했다.

난 잊을 수가 없다. 여기저기 불에 까맣게 그슬린 신발과 옷, 고통도 원망도 두려움도 없는 무심한 표정으로 아들의 처방전을 기다리던 얼굴을. 그 순간만큼은 성철의 어머니가 사람의 모습을 초월한 어떤 경이로운 존재로 느껴졌다.

그 일이 있고 나서 얼마 후에 성철과 어머니가 마을을 떠났다는 소식이 들려왔다. 화재 사건 이후 그들은 이웃의 기피 대상이 되어 버렸다. 그래서 마을과 사람들로부터 멀리 떨어진 곳에 집을 마련하고 어머니가 소작 농사, 허드렛일 등을 하면서 살고 있다는 소식을 누군가가 전해주었다.

그로부터 또 한 1년이 지난 가을에 쌀가마니를 들고 성철의 어머니가 병원으로 찾아왔다. 반가운 마음에 손을 잡고 근황을 물으니,

그동안 '대추리(大秋里)'라는 곳에서 소작 농사를 지으며 살다가 미군 부대 확장으로 땅이 수용되면서 정부에서 서산 쪽 어딘가에 마련해준 곳으로 이사를 가게 되었다고 한다.

"성철은 어떻습니까? 힘드시죠?"

"잘 지내고 있습니다. 힘들기는요, 오히려 제가 살 힘을 얻는 걸요. 그 아이가 아니었으면 벌써 저세상 갔을 겁니다."

병원 밖에서 헤어지는데 오토바이를 타고 멀어져가는 그녀의 등짝이 왜 그렇게 크고 든든해 보이는지……! 그런데 그게 마지막이었다. 그 후론 두 모자의 소식을 들을 수 없었다.

나의 어머니도 힘겨운 시집살이와 아버지의 폭압에 시달릴 때면, 아무도 몰래 초등학교 교실을 찾아가서 창문 너머로 아들의 해맑은 모습을 보고 힘을 얻어 돌아왔다고 한다. 어미와 자식은 서로를 연결해주던 탯줄이 끊어진 후에도 보이지 않는 생명줄로 연결된 존재가 아닐까? 성철과 그의 어머니, 나와 내 어머니도 그 생명줄을 붙들고 모진 삶을 견디고 이겨냈을 것이다. 그래서 이 시간까지 왔을 것이다.

올 겨울 아버지 기일에 어머니와 함께 산소에 들렀다. 채석장 옆 험한 돌산에 만들어진 아버지의 무덤은 20년이 지나도록 황량하기만 하다. 붉은 천에 덮인 목관에 마지막 흙을 뿌릴 때, 원통하고 서러운 마음에 눈물도 나지 않고 이를 딱딱 부딪치며 떨던 기억이 생생하다.

무덤가로 겨울 까치가 '까깍' 소리를 내며 날아올랐다. 까치가 사라지는 산 너머로 아버지와 성철 모자의 얼굴이 함께 떠올랐다. 모두들 환하게 웃고 있었다. 이제 만날 수는 없지만, 성철과 그의 어머니는 지금도 어느 들판 어느 거리에선가 천천히 휠체어를 타고 밀면서 함께 노래하고 웃고 있으리라! 누가 먼저 세상을 떠나는 그 순간까지 둘의 동행은 변함이 없을 것이다.

나도 오랜만에 어머니의 손을 꼭 잡고 산길을 걸어 내려왔다. 생전에 아버지가 좋아하시던 '희망가'를 어머니가 흥얼거리셨다.

"이 풍진 세상을 만났으니, 너의 희망이 무엇이냐……."

초대

김혜림 (서울대병원 마취과 전공의)

"선생님, 큰일 났어요! 제가 대동맥을 찌른 것 같아요."

3월 3일, 오늘 할 일이 적혀 있는 노트에 의사가 된 지난 사흘 동안 해본 피 뽑기, 동의서 받기 외에 새로운 일인 복수천자(腹水穿刺)가 2개나 있었다. 한 번도 해본 적이 없는, 본 적도 없는 복수천자.

교육용 비디오를 검색해서 보고 또 봤지만 무서웠다. 불안해하는 나에게, 지난 사흘간 5번을 했다며 시범을 보여준 친구는 최악의 경우가 장을 찌르는 것이라고 했다. 설령 장을 찌른다고 해도 아무 일 없었다는 듯이 바늘을 빼면 된다. 그것 때문에 사람이 죽지는 않으니 걱정할 필요가 없다는 말도 덧붙이면서.

다시 오더 노트를 확인했다.

'#1. 403호 복수천자 3L, #2. 407호 복수천자 1L'

3L라면 물이 3배 더 많을 테니 실수할 확률이 더 적겠지? 403호 먼저 해야겠다.

403호 2번 자리엔 까맣고 퀭한 눈을 가진, 임산부처럼 배만 부른 아저씨가 앉아 있었다. 책에서 본 대로 오른쪽으로 돌아눕게 하고 배운 대로 굵은 바늘로 '쿡'. 그런데 이게 무슨 일인가. 찌른 바늘을 통해 새빨간 물이 엄청난 속도로 '콸콸콸' 쏟아져 나왔다. 교육용 비디오의 복수는 노란색이었는데. 친구가 보여줄 때도 노란색이었는데……. 그럼 이건 피? 배에 있는 큰 혈관이라면 대동맥!

"환자분, 잠깐만요."

당황한 기색을 애써 감추고 주치의 선생님께 달려 나갔다.

"하핫. 인턴 선생님, 미안해. 내가 미리 정보를 안 줬구나. 그 사람 원래 'hemoperitoneum'이야. 그냥 빨간 복수려니 하고 뽑아드리세요."

머리가 하얗게 변해 버린 상태여서 무슨 말인지도 잘 이해가 안 간다. 'Hemo'는 '피', 'peritoneum'은 '배'. 내가 찔러서 지금 피가 나고 있는데 무슨 말이지? 나는 어떻게 해야 하지. 하지만 선생님 표정에서 이거 하나는 확실했다. 별일 아니라는 것.

'앗, 배에 꽂아 놓고 온 바늘은 어쩌지?'

너무 당황해서 환자 배에 바늘을 꽂아 놓은 채 뛰어 나왔다는 사실이 이제야 생각났다. 태연한 척 다시 병실로 돌아가서 최대한 침착하게 설명을 했다. 물론 거짓말도 약간 섞어서.

"제가 복수천자는 많이 해봤는데 빨간 색깔은 처음 봐서 조금 당황했습니다. 보통은 복수라는 게 노란색이거든요."

그리고 오늘 친구에게 배운 대로 고정해 놓고 나왔다. 아무렇지도 않은 척. 1시간쯤 후에 바늘을 제거하러 갔더니 환자가 짜증 섞인 목소리로 말한다.

"3L는 뽑아야 하는데, 바늘이 금방 빠져서 1L 밖에 안 나왔잖아!"

미안한 마음도 들지만 나도 짜증이 울컥한다.

"원래 이렇게 고정하는 겁니다. 바늘 그대로 있는데요. 복수가 그만큼 밖에 없었나 보네요."

"아이참, 바늘이 일찍 빠져서 조금 밖에 못 뽑았다니까! 내가 이거 한두 번 한 줄 알아? 고정을 잘해줬어야지. 고정을 잘못해서 바늘이 빠졌잖아!"

인턴 동기들에게 고정 방법을 물어봤지만 다들 그 방법으로 하는 것이라고 했다. 간호사들도 말했다.

"원래 까칠한 분이에요. 신경 쓰지 말아요."

이틀 후 다시 그의 복수를 뽑게 됐다. 이번엔 빨간 복수에도 놀라지 않고 능숙하게 찌르고 고정한 후 병실을 나갔는데, 아무래도 불안하고 오기도 든다. 고정 방법이 그게 맞는데 환자의 괜한 고집에 내가 질까봐? 그까짓 것 다 끝날 때까지 내가 바늘 잡고 있으면 되지. 바늘이 빠진 게 아니라는 걸 증명하겠어.

딱히 할 말도 없이 그냥 바늘만 붙잡고 앉아서 멍하니 흐른 한 시간. 그리고 원하던 3L가 되자 바늘을 뽑고 반창고를 가져와 붙였다. 이번엔 정말 3L가 나왔다. 정말 고정이 잘 안 됐던 것이었을까. 아니, 이번에 양이 더 많았겠지.

그 뒤로 한두 번 더, 가능하면 옆에, 바늘을 보면서 앉아 있었다. 졸기도 하고 음료수 주면 마시기도 하면서. 그리고 일주일쯤 그 환자의 복수천자 오더는 없었지만, 그것도 모른 채로 정신없이 일하며 하루하루가 지나가고 있었다.

보름쯤 지났을까. 다른 일을 하고 있는데 보호자가 살며시 다가오더니 "왜 요즘은 우리 집에 안 놀러와? 보고 싶잖아. 남편하고 얼마나 기다린다구." 하며 가운 주머니에 오렌지주스 한 병을 살며시 넣어주신다. 우리 집? 언제 집에 놀러오라고 하셨지? 설마 병실을 집이라고 부르고 계신 건가? 일상이 되어 버린 병원 생활이구나. 왠지 귀여워서 웃음이 났다.

며칠 후에 다시 시작된 복수천자. 도구를 잔뜩 들고 "집에 놀러왔어요." 하니 반갑게 맞아준다. 환자는 오른쪽으로 누워 배에 바늘을 꽂고, 난 그 바늘을 잡고. 그렇게 시작된 이야기들.

집이 전라도라고 했다. 간암 말기를 진단받고 그래도 살 수 있는 방법을 찾아 서울까지 왔다고. 중학생인 아이들은 할머니들이 돌봐주고 있는데, 여기서도 방법이 없다고 했다는 것도 말했다. 두 분의 연애담 같은, 마치 옆집 아줌마 아저씨랑 이야기하는 것처럼 무덤덤한 이야기들이 일상처럼 흘러갔다.

"혹시 맛있는 짜장면집 알아? 병원에 있으니 재미도 없고. 서울 짜장면 맛 좀 봐야겠어. 짜장면을 엄청 좋아하거든."

그 말에 인턴들이 이용하는 주변 식당 배달 리스트에서 중국집만 편집해서 건넸다. 내가 좋아하는 집엔 별표도 쳐서.

"인턴 선생님, 403호 환자 저녁마다 짜장면 시켜 먹는 거 알아요? 와, 간암 환자가 짜장면을 시켜 먹으면 어떻게 해? 내가 미치겠어. 단백질이 올라가면 더 악화되는데, 근처 중국집 전화번호들은 어떻게 알았을까?"

주치의 선생님의 말씀에 정신이 번쩍 들었다. 아, 맞다. 간암 환자는 단백질이 올라가면 간성혼수가 올 텐데, 내가 왜 그랬을까. 다음 날 찾아갔더니 말도 꺼내기 전에 내가 전했던 리스트를 돌려주시는데 별점이 매겨져 있었다.

"여긴 면이 맛있고, 여긴 영 별로더라. 다음에 시킬 때 참고해."

그냥 웃고 말았다. 그래도 다 드셔본 것 같으니 더는 안 드시겠구

나. 며칠 후 또 '우리 집'에 놀러오라신다. 네네, 대답은 했지만, 너무 바빠서 잊어 버렸다. 저녁에도 한 번 더 초대받았지만 가지 못했다. 새벽에 병동 구석에서 일을 하고 있는데 간호사들이 부른다.

"인턴 선생님을 찾아오셨는데요?"

"네? 누가 절 찾아요?"

얼굴을 내밀었더니 능청스런 목소리.

"혜림아."

"푸하핫. 인턴 이름을 그렇게 부르는 보호자가 어디 있어요?"

"뭐, 어때? 딸 같아서 귀여워서 그러는 건데. 우리 집에 오라니까 왜 안 와? 잠깐 이리로 와봐."

따라갔더니 침상 옆에 포장된 떡볶이와 순대 한 그릇이 있었다.

"오전에 사놨는데 다 불어서 이젠 먹지도 못하겠네. 선생님 주려고 챙겨 놓은 건데. 그러니까 오라고 몇 번을 말했는데."

주치의 선생님께서 이제는 가슴에도 물이 차기 시작한 그 환자 흉수천자를 하러 간다기에 도와드리러 갔다. 가는 길에 주치의 선생님께서 아주 쉬운 케이스인데 직접 해보고 싶으냐고 물으셨다. 물론 잘 봐주시겠지만, 한 번도 해본 적 없는 수기는 역시 무서웠다. 병실에 들어가서 환자 등 뒤에서 어시스트를 하고 있는데 선생님이 찌르려다 말고 환자 몰래 입 모양으로 '정말 안 해볼래?' 하시기에, 환자가 눈치 챌까 고개를 살짝 도리도리하는데, 뒤돌아 있던 환자가 갑자기 말한다.

"넌 만날 보기만 하고, 할 생각을 안 하니? 그래서 도대체 언제 배울래? 어차피 복수도 내 거 처음 뽑았잖아? 흉수도 내 거로 연습해봐."

"그걸 아셨어요?"

"아니, 그럼 그걸 모를 거라고 생각했어? 어디 딴 데 가서 또 울 것 같은 얼굴로 뛰어나가지 말고 나한테 해. 내가 특별히 허락해줄게."

그렇게 한 달이 지나고 나는 다른 병동으로 옮겨가게 되었다. 종종 놀러올게요. 간단한 인사를 남기고. 언제나 그 모습 그대로 그곳에 있을 것 같던 분들.

인턴 당직실에서 이번 달에 그 환자를 담당하고 있는 인턴이 그가 간성혼수에 빠졌다는 이야기를 해줬다. 오래 못 버틸 것 같다고. 임종을 맞기 위해 집 근처 병원으로 전원할 예정이라고. 문득 떡볶이를 사놓으셨던 그날이 생각났다. 내 얼굴만 보면 그렇게 집에 오라고 하시던 그날. 그게 겨우 일주일 전인데. 그 초대가 언뜻언뜻 생각나고, 가려면 갈 수 있었지만 바쁘다고 귀찮다고 들르지 못했던 부끄럽던 모습. 다음날 낮에 병동에 가봤더니 벌써 떠나셨단다. 혼수상태로 깨어나지 못해서 인사도 나누지 못한 채로.

다음날 저녁, 일하고 돌아오니 부재중 전화 한 통과 문자메시지.

'인턴 선생님, 우리 남편 떠났어. 고마웠어. 그리고 내 걱정 많이 하고 있지? 난 괜찮아, 고마워.'

돌아보면 그때의 난 차마 의사라고 부를 수 없었던 상태였다. 배의 옆 끄트머리에서 대동맥에 닿지도 않을 길이에 바늘로 찌르고 대동맥을 찔렀을까 걱정하고, 간암 환자에게 단백질 음식이 어떤 의미였는지도 모르던. 하지만 그러한 무지가 그분들을 사랑하고 그분들께 사랑받을 수 있었던 이유는 아니었을까. 때때로 환자와의 소통을 걱정하지만, 어쩌면 자신하고 있는 우리의 지식이 그들을 있는 그대로 볼 수 없게 하는 것이 아닐까.

"인턴 선생, 힘들지? 우리 같이 도망갈까?"

"에이, 전 할 줄 아는 것도 없는데 왜 데려가세요? 주치의 선생님이면 몰라도……."

"할 줄 아는 거 없는 건 내가 제일 잘 알지. 그래도 마음은 편하게 해주잖아. 어차피 병은 누굴 데려가도 못 고치니까. 한번 생각해봐, 밥은 안 굶길 테니. 하하하."

제11회 우수상 수상작

내 환자이자 스승인 그녀에게

오승원 (서울대병원강남센터 가정의학과 전임의)

"그동안 어떻게 지내셨어요?"

"아유, 뭐 그냥……. 애기 잘 크지요? 일전에 휴대전화로 보내주신 사진 본께 많이 컸던디요."

"네, 요즘은 고집이 세져서 엄마 아빠 말을 잘 안 들으려고 하네요."

"고 나이 애들이 다 그렇지요. 시골에서 개가 새끼를 낳았는디 엄청 귀여워서, 가져다 키우시믄 애기가 좋아할 것 같은디……."

"아이고, 애기 엄마가 질색이에요. 바깥 분은 좀 어떠세요?"

"고만고만혀요. 선생님은 지난번에 뵐 때보다 얼굴이 나으시네."

두어 달에 한 번씩 만나는 그녀와의 진료실 대화는 늘 이런 식이다. 의학적인 내용보다 일상에 대한 것이 더 많고, 때로는 내 가족의 근황을 이야기하느라 짧은 진료 시간을 써 버리기도 한다. 덕분에 막상 증상에 대해서는 늘 함께 오는 딸과 따로 통화를 해서 들어야 할 때도 있다. 지금은 다른 환자를 만날 때도 종종 있는 일이지만,

애초부터 환자와 편하게 이런 대화를 나눌 수 있었던 건 아니었다.

의과대학 교과서는 증상의 원인을 진단하고 검사 결과를 해석하는 법으로 가득하지만, 환자와 교감을 나누는 방법은 가르쳐주지 않는다. 그렇기에 의사로서 첫걸음을 뗀 뒤 환자와 그 가족의 감정을 직접 마주하는 순간에는 막상 어쩔 줄 몰라 하다가 오히려 한걸음 뒤로 물러나 버리기도 한다. 초보 의사였던 나도 마찬가지였다. 맡았던 환자의 사망이 주는 상실감과 무력감은 마음을 많이 나눴던 환자였을수록 더 컸고, 몇 차례의 그런 경험은 환자와 가까워지는 것을 무의식적으로 경계하게 만들었다. 혹시나 내 마음에 상처가 생길까 두려워 움츠러들었던 것이다.

'그녀'를 만난 것은 내가 적당하다고 생각한 만큼의 거리를 두면서 환자를 대하는 데 익숙해져가던 전공의 시절이었다. 60대의 나이에 당뇨와 고혈압, 고지혈증을 앓고 있던 할머니는 오래 전부터 지속된 요통과 다리의 방사통을 호소했다. 근래에 들어 부쩍 심해진 통증은 일상생활을 하는 데 큰 지장을 주고 있었다. 오래된 통증이었지만 할머니와 가족들은 정확한 원인을 알고 싶어 했고, 입원 후 여러 가지 검사를 받게 되었다.

하지만 정밀 검사로도 심한 척추신경절병증 상태라는 것 이외에 근본적인 원인은 밝혀지지 않았고, 할머니는 결국 통증만 줄이는 것을 목표로 약을 처방받고 퇴원했다. 워낙 지병이 많은 환자였기에 통합적인 관리가 필요했고, 입원 당시 담당 의사였던 나는 퇴원 이후에도 자연스럽게 주치의가 됐다. 할머니를 치료하는 데 교과서적인 접근법으로는 한계가 있음을 깨달은 것은 오래지 않아서였다. 워낙 질병이 많아 각각에 맞는 처방약만 해도 매일 먹기 힘든 정도의 양이었고, 이전부터 있던 위장 장애가 약을 먹을 때마다 구토를 할 정도로 심해졌기 때문이었다.

두세 달에 한 번씩 할머니를 만날 때마다 한 번에 한 움큼씩 되는 처방약을 가능한 한 줄이기 위해 매번 모니터를 뚫어져라 쳐다봐야 했다. 진료 전날이면 조금이라도 더 통증을 줄일 수 있는 방법이 없을까를 고민했다. 통증이 일반 진통제로 조절이 안 되는 상황이 되자 나는 가족과 상의해 마약성 진통제를 처방했고, 다행히 이 처방으로 할머니는 휠체어보다 지팡이를 더 자주 이용할 수 있었다.

후덕한 생김새에 수줍음을 많이 타는 할머니는 마음에 드는 의사가 아니면 아무리 유명한 의사라도 더 이상 찾아가지 않는, 아주 고집스런 분이었다. 할머니와 그 가족은 늘 내게 식사 대접을 하고 싶다고 말했는데, 그럴 때마다 수줍은 웃음을 짓곤 했다. 함께 식사를 하는 것이 하루 종일 통증에 시달리는 할머니를 잠시나마 즐겁게 해줄 수 있을 거란 생각이 들었지만 다음날이 되면 늘 잊어버리곤 했고, 2년 후 나는 전임의 과정을 마치고 다른 대학 병원으로 근무지를 옮겼다. 할머니는 내가 병원을 옮긴다는 사실을 알려준 몇 명 안 되는 환자들 중 하나였고, 이후엔 훨씬 먼 길이었음에도 내 진료실을 찾았다.

어느 날 딸에게서 연락이 왔다. 어머니가 갑작스런 질 출혈로 부인과 진료를 받았는데, 자궁내막암인 것 같으니 정밀 검사를 하자는 이야기를 듣고 놀라서 연락한 것이다. MRI 검사 결과, 악성자궁내막암 중에서도 예후가 좋지 않은 종류의 암종이 의심됐다. 수술을 통해 자궁을 적출해 확진과 치료를 동시에 하는 방법이 최선이지만, 오랜 통증으로 지쳐 있던 할머니는 수술을 받기 싫어했다. 주치의로서 건강관리를 제대로 해주지 못한 것 같아 자책감이 들었고, 무엇보다 힘든 하루하루를 보내는 할머니가 다시 너무 큰 짐이 지게 된 것이 안쓰럽고 안타까울 뿐이었다. 큰 수술을 견딜 수 있을지 걱정하는 할머니와 가족을 설득해 수술을 받도록 하고 일정을 주선했다.

"선생님께서 수술을 받으라고 하시니 받지요."

그 와중에 할머니는 이렇게 말하곤 했는데, 진단과 수술 모두 내가 직접 관여하지 않았던지라 이 말을 들을 때마다 난처한 기분이었다. 그런데 수술 후 최종 병리 결과는 악성종양이 아니었다. 방사선 치료를 비롯한 힘든 치료들을 추가로 받지 않아도 되는 것은 다행스러운 일이었지만, 수술 후에 기력이 부쩍 떨어지고 수술로 인한 새로운 통증이 생긴 할머니의 상태를 옆에서 지켜봤던 가족은 수술을 받기로 한 결정에 대해 많은 후회를 해야 했다. 원래 예약된 날짜가 훌쩍 지나 휠체어를 타고 진료실에 들어오는 쇠약해진 할머니를 보면서, 나 역시 당시로선 최선이라 생각했던 결정이 결과적으로는 할머니를 더 힘들게 만든 것 같아 마음이 아팠다.

통증이 심해져 힘들어하면서도 꿋꿋하게 내 진료실을 찾았지만, 약해진 할머니의 몸은 시간이 지나도 쉽게 회복되지 않았다. 그렇게 두 번의 진료 후 다음 예약 날 할머니는 방문하지 못했다. 이후 한동안 나는 할머니를 볼 수 없었다. 가끔 딸과 통화를 했고, 여전히 기력이 좋지 않으며 최근 생긴 치주염 때문에 식사를 제대로 못하고 있다는 상태를 전해 들었을 뿐이었다. 할머니를 보지 못하는 동안, 함께 식사하고 싶다는 할머니와 가족의 바람에 응하지 못한 게 늘 마음에 걸렸다. 혹시 앞으로는 그런 기회를 가질 수 없는 게 아닐까, 너무 늦어 버린 건 아닐까 하는 생각에 진즉 시간을 내지 못한 걸 후회했다.

그리고 몇 개월 뒤, 오랜만에 할머니가 방문했다. 그동안 잇몸 치료를 받느라 다른 병원에 다녔고 이제는 좋아져서 다시 이 병원으로 다닐 거라며 예의 그 수줍은 미소를 지으신다. 이전보다 핼쑥해진 얼굴에 수술 받은 부위가 여전히 불편하고 다리 통증도 여전하다고 했지만, 그럼에도 불구하고 정말 기뻤던 건 휠체어가 아닌 지팡이에 의지해 걸어 들어오는 모습이었다. 일단 부족한 약들을 처방하고 한 달 뒤에 간단한 검사 후 처방을 조정해드리기로 했다.

가벼운 마음으로 오전 진료를 끝내고 세미나에 참석해 졸음을 참고 앉아 있는데 딸에게서 문자메시지가 왔다.

'선생님, 오랜만에 봬서 반가웠습니다. 선생님이 살도 빠지고 피곤해 보인다고 어머니가 걱정하시네요. 늘 건강하세요.'

순간 가슴이 먹먹해졌다. 스스로의 몸을 가누기도 힘겨워하는 할머니가 오히려 나를 걱정하고 있었던 것이다. 할머니와 가족은 늘 내게 고마움을 표시했지만, 나는 특별한 일이 아니라 의사로서 당연히 해야 하는 일을 했을 뿐이다. 오히려 내가 할머니에게 받은 것이 너무나 많았다. 할머니는 교과서적인 치료에 대한 관심이 전부였던 때에 환자의 삶의 질이 중요하다는 것을 가르쳐주었고, 주치의로서 환자와 가족과 진실한 관계를 쌓아가는 과정을 자연스레 경험하게 해주었다.

그 이후로 또 몇 년이 지났다. 여전히 통증과 이런저런 문제들에 힘들어하는 할머니는 아직도 내게 어렵고 고민스런 환자이지만, 이젠 종종 전화로 안부를 묻고 휴대전화로 사진도 주고받는 사이가 되었다.

문득 지금보다 훨씬 겁 많고 유약한 초보 의사였던 그 시절을 떠올려본다. 환자와 가족의 감정을 조금 더 자연스럽게 받아들이고 어루만질 수 있는 여유를 갖게 된 지금, 내 환자이자 소중한 스승이었던 할머니에게 감사할 따름이다.

제11회 우수상 수상작

참 말 안 듣는 환자 연대기

최은석 (제9공수특전여단 군의관)

"군의관님, 공 갑니다!"

군대 축구의 라인업은 실력과 아무 상관이 없다. 계급에 따라서 나는 감독 겸 최전방 공격수다. 역시 '군대스리가'에 오프사이드 같은 건 없으니, 받기만 하면 골키퍼와 1대 1이다. 왼발로 공을 받아서 떨구고는 어느 쪽으로 슛을 날릴까 잠깐 고민했다. 그 순간 디디고 있던 오른쪽 발목에 날카로운 통증이 느껴졌다.

"악."

소리를 내고서는 발목을 쥐고 쓰러졌다.

"형! 괜찮아요?"

백태클의 주인공인 동료 군의관이다. 미안해서 어쩔 줄 몰라 하는 동생 앞에서 더 이상 아픈 내색을 할 수 없었다.

"응, 괜찮아. 먼저 들어갈게."

절뚝거리며 의무대로 돌아왔다. 발목은 외측의 통증이 심했고, 금세 부어올랐다. X-ray 검사로는 이상이 없어서 진단은 명료했다.

전문용어로 '전방 거비인대 손상을 동반한 족관절염좌', 쉽게 말하면 '심하게 삐끗 하셨네요.' 다. 나는 정형외과 의사다. 수련 중에도, 군의관이 된 뒤에도 가장 많이 봤던 병이다. 이럴 땐 항상 매뉴얼처럼 정해진 말을 해준다.

"어유, 어쩌다 그러셨어요? 그러게 축구 그만하시라니까요?"

그러고는 마치 접시 깬 아이를 보듯 근엄하게 일러준다.

"얼음찜질 열심히 하시고요, 부목 고정한 거는 꼭 일주일 동안 하세요. 초반에 관리 잘못하면 오래 고생해요. 당분간 축구는 절대 안 됩니다!"

다친 후에도 관리를 제대로 못하던 환자들이 생각났다.

'나는 제대로 해야지.'

당장 의무대에 있는 얼음주머니를 가져와 찜질하고, 부목을 대고, 다리를 올리고 누웠다. 그렇게 이틀을 목발까지 짚고 지냈는데, 다행히 부종이 금방 가라앉았다. 아직 통증이 좀 남긴 했지만, 훨씬 수월해졌다. 군의관이 목발을 짚고 다니니 다들 재미있다는 듯 한마디씩 한다.

"중이 제 머리를 못 깎네."

게다가 날씨는 더워서, 부목이 답답하고 땀이 찬다. 슬슬 귀찮아진다.

'괜찮을까?'

부목을 떼고 살살 걸어보니 시원하고 생각보다 걸을 만했다. 일주일 계획이었던 부목 고정은 이틀 만에 끝나 버렸다.

아무리 부상 중이어도 스포츠는 계속된다. 나는 농구를 좋아하는데 마침 통신대와 시합이 잡혀 있었다. 군대 농구니까 역시 감독 겸 주전 선수였지만 부상 중이니 감독으로 나갈 수밖에 없었다. 초반엔 팽팽하다가 후반이 되니 우리 팀이 밀리기 시작했다. 결국 후반 종료 5분을 남기고, 월드컵 때 황선홍 선수가 머리에 붕대를 감고 뛰듯 비장한 각오로 발목에 테이핑을 하고 경기에 나섰다. 이날 승리와 함께 발목 재활은 물 건너갔다. 이후로 좀 아프긴 했지만 매일 축구, 농구, 달리기를 하며 즐겁게 지냈다. 나는 늘 얘기하는 '참 말 안 듣는 환자' 였다.

6개월쯤 지나자 통증이 너무 심해졌다. 자고 일어나서 첫걸음을 떼기가 어려웠고, 운전을 하고 나면 뻐근한 통증이 몰려왔다. 보지 않던 책과 논문을 찾아보니, 우선은 진통소염제와 스트레칭이 필요하다고 나온다. 당장 약을 챙겨 먹고, 아침저녁으로 스트레칭을 했다. 좀 나아지나 싶더니 다시 아파졌고, 별 수 없이 MRI를 찍으러 갔다. 진단은 '전방 거비인대 손상을 동반한 전방감입증후군' 으로 거창했지만, 쉬운 말로는 '말 안 듣고 오래 고생하게 된 케이스' 였다. 결국 통증이 심해서 모교 병원에서 수술을 하기로 결정했다. 부대 일들을 정리하고, 수술 전날 입원을 했다.

9층 정형외과 병동. 내가 전공의 4년 동안 살았던 곳이다. 스테이션에서 간호사들과 인사를 하고, 왜 이렇게 왔는지 구구절절 수다를 떨고서는 병실로 갔다. 괜히 환자들과 서먹해질 것 같아서, 간호사들에게는 모르는 척해달라고 했다. 병실은 9021호. 의국 바로 옆 6인실이다. 항상 가운 입고, 환자 일보를 들고 가던 방에 환자복을 입고 들어갔다. 내 자리는 문 바로 옆 침대였다. 옷가지를 정리하려고 캐비닛을 열었는데, 옷걸이가 없었다. '이걸 어쩌나' 싶어서 잠깐 두리번거리는데 처음부터 계속 날 지켜보던 중년 환자가 말했다.

"거 젊은 친구, 병원에 첨 와봤구만. 옷걸이는 기본이지, 기본. 기본을 모르고 입원했어, 그래! 슬리퍼는 가져왔어? 거봐, 기본이 안 돼 있네!"

"아, 예."

그분을 다시 보았다. 얼굴은 검고, 머리숱이 드문드문 보인다. 의사들은 병실에 들어서면, 환자 얼굴보다는 침대 앞에 걸린 ID카드를 먼저 본다. 나도 같은 습관이 있다. 김XX, 54세, HO(혈액종양내과). 항암 치료 중인 환자다. 한 번 말문을 튼 김 씨 아저씨는 신참인 내게 질문을 쏟아 부었다.

"그래 어디 아파서 왔어? 무슨 일 하나? 집은 어디고?"

"회사원입니다."

얼떨결에 대답하며 주위를 보니, 다른 환자랑 보호자가 모두 다 나만 바라보고 있었다. 김 씨 아저씨가 신나서 이야기해준다.

"그게 제일 안 좋은 자리야. 다른 환자 나가면 좋은 자리로 옮겨준다고. 그러고 아침 8시랑 오후 4시에는 회진이니까, 그땐 떠들지 말고. 뭐 모르는 거 있으면 나한테 물어봐."

"아, 예."

떨떠름하게 대답하면서 다시 보니 아저씨 손에 텔레비전 리모컨이 있었다. 6인실에 텔레비전은 한 대다. 리모컨을 쥐고 있는 김 씨 아저씨가 '방장' 이었다.

병원에서 일할 때는 눈썹이 휘날리게 바쁘기만 했는데, 환자복을 입고 보니 너무 무료했다. 침대에 앉았다가, 누웠다가, 밥 나오면 먹고, 다시 같이 텔레비전을 본다. 마치 장거리 가는 비행기를 탄 것처럼 시간이 느리게 갔다.

4시쯤 되자, 후배 전공의 하나가 드레싱 카트를 끌고 바쁘게 들어왔다. 갑자기 모든 환자와 보호자들이 하던 일을 멈추고 그에게 집중한다. 마치 길에서 유명한 연예인을 만난 것 같다는 표현이 꼭 맞았다. 문에 가려진 나를 보지 못한 모양이다. 담당 환자에게 묻는다.

"박○○ 님, 오늘 잘 지내셨어요?"

"아, 예. 그런데 수술한 자리가 아파서 낮에 혼났어요."

“예, 상처는 좋은데. 제가 약을 하나 더 처방할게요.”

그러고는 다시 바쁜 걸음으로 나간다. 그가 나가자마자 조용하던 병실이 갑자기 시끄러워진다.

“아, 재가 친절하더라고.”

“우리 개(?)보다 훨씬 낫네.”

“근데 재는 몇 년차여?”

“아니야, 가끔 쌀쌀맞더라고. 전에 진단서 얘기할 때는 쌩하더라고. 오늘은 기분이 좋은가 보지.”

다들 한마디씩 품평을 한다. 역시 연예인 만난 뒤에 팬들이 두런거리는 것 같았다.

이 장면을 본 나는 정말 큰 충격을 받았다. 병동 가운데 있는 의국에서 4년을 먹고 지내면서, 수많은 환자들을 만나왔지만 환자들이 이렇게 의사들을 보고 평가하는 줄은 꿈에도 몰랐다. 나는 4년 동안 얼마나 많은 평가를 받았을까? 더 신기했던 건, 하루에 딱 두세 번 보는 의사들의 성격을 거의 정확히 맞춘다는 것이었다. 사람이 좋다, 틱틱 거린다, 냉랭해 보여도 속은 좋더라 등등. 이런 평가의 시간은 교수, 전공의, 간호사가 들고날 때마다, 한 번도 빠짐없이 계속됐다.

그렇게 하루를 보내고 수술 날 아침이다. 나는 ‘의국 선배’라는 강한 빽(?)이 있어서 아침 첫 수술로 예정돼 있었다. 7시면 수술 방에 내려가야 했다. 그런데 7시가 다 되자, 주치의가 찾아오더니 급한 수술이 있으니 잠시만 기다려달라고 했다. 계속 기다리는데 점심이 지나자 허기와 함께 슬슬 부아가 오른다. 바쁜 사정을 아는 터라 재촉할 수도 없는 일이지만 전화 한 통 없는 것이 괘씸했다.

‘이 녀석 수술 방에 가면 한마디 해줘야지.’

결국 오후 4시가 돼서야 수술 방에 들어갔다. 막상 수술 방에 들어가서 후배를 보니, 점심도 못 먹은 게 훤히 보일 정도로 초췌해 보였다. 아무 말 않고, 척추마취를 받고서는 수술대에 누웠다. 바쁘게 일하는 사람들 가운데 혼자 누워 있자니 명동 한복판에 누워 있는 것처럼 어색하다는 생각을 하다가 곧 잠이 들었다.

잠에서 깨고 보니, 회복실이었다.

"저보다 더 잘 아시죠? 12시간 동안은 절대 머리 드시면 안 됩니다."

주치의 때 항상 하던 말이다. 척추마취 환자가 12시간 이내에 머리를 들면 마취 주사 바늘구멍으로 척수액이 새어나올 수 있다. 그러면 심한 두통이 생기는데, 약으로는 진통이 전혀 되지 않고, 다시 누워야만 통증이 사라진다. 오후 7시가 다 돼서야 병실로 돌아왔다. 옆 침대의 밥 냄새를 맡으면서 다시 까무룩 잠이 들었다.

깨어 보니 밤 10시다. 새벽 4시나 돼야 일어나 앉고 걸을 수 있을 텐데, 시간이 더디다. 새벽 2시. 배가 고프고 답답해서 견디기 힘든 지경이 됐다. 처음에 부목을 뗄 때처럼 슬그머니 머리를 들어봤다. 괜찮다. 머리가 아프지도 않고, 별다른 증상이 없다.

'에이, 이거 괜찮네.'

복도에 있던 휠체어 하나를 집어타고, 병동 간호사실로 갔다. 시원한 주스 2병을 마시고는 돌아와 잠이 들었다. 그런데 다음날 오후부터 머리가 조금씩 아파왔다. 처음에는 조이는 듯하더니, 점점 깨질 것처럼 아팠다. 내가 먼저 돌아다녀서 생긴 거라 주치의에게는 창피해서 말도 못했다. 결국 이틀 동안 꼼짝 않고 누워 있어야 했고, 일주일 넘게 고생했다.

6개월 동안 '참 말 안 듣는 환자'로 지내면서, 그 치료 지침이라는 것들이 얼마나 지키기 어려운 일인지 몸으로 깨달았다. 목발을 짚는 순간부터 쏟아지는 주변의 배려 아닌 관심들, 불편함으로부터 벗어나려는 자신과의 갈등, 그리고 배고픈 상태로 12시간 동안 누워 있는 것이 얼마나 어려운 일인지 알았다. 척추마취 후에 머리가 아프다는 환자들에게 "그러게 제가 뭐랬어요? 그건 약도 없어요!" 하며 빙글거렸던 내가 얼마나 얄미웠을지 알게 됐다.

하나 더 알게 된 건 환자들만의 세상이었다. 입원해 있는 4일 동안 마치 팬들 사이에 숨어든 연예인이 된 느낌이었다. 의사들에 대한 팬(?)들의 평가가 쏟아질 때마다 내게 하는 것 같아서 마음이 찔렸던 말이 있다.

"저놈 참 쌀쌀맞네."

오늘부터는 일부러라도 더 웃고 팬들에게 말을 붙여봐야겠다. 난 원래 까칠한 '독고진' 씨가 아니라, '유재석' 같은 연예인이 되고 싶었으니까.

2557호 이야기

김윤숙 (순천향대천안병원 산부인과 교수)

2557호는 우리 병원 산부인과 병동인 신관 5층 간호사실 옆에 바로 붙어 있는 6인실이다. 6인실이므로 대부분 장기간 입원해야 하는 환자들이 들어온다. 나는 이 병원에서 보드를 딴 후 8년째 일하고 있고 같은 병원 부속 의과대학을 졸업했고, 인턴과 전공의 과정, 전임의를 마치고 조교수로 일한다. 전공은 고위험 임산부인데, 정말 많은 아기를 받았다. 그중 정말 기억에 남는 산모가 두 명 있는데, 모두 이 병실에 입원해 아기를 낳고 퇴원했다.

첫 번째는 송○현 산모다. 벌써 여섯 살 쌍둥이 엄마가 됐는데, 스마트폰 카카오톡 프로필 사진을 보니 정말 잘생기고 또래보다 키 큰 남자아이 2명의 사진이 올라와 있다. 6년 전 키가 아주 크고 정말 마른 17주 임산부가 배가 아파 외래로 찾아왔다. 첫 임신으로 자연 쌍둥이를 임신했는데 배가 규칙적으로 뭉친다는 것이다. 수축검사를 해보니 정말 3분마다 70토르 높이로 자궁 수축이 있었다. 장기간 입원이 예상되어 2557호에 입원을 하게 됐다. 수축억제제를 아무리 써도 수축이 잘 잡히지 않았다. 아기를 잃을까 너무 걱정이 됐다. 수년이 지난 지금은 좋은 수축억제제가 수없이 나와 있으나, 6년 전에는 그리 다양하지 않았다. 경험도 미숙하고 정말 무서웠다.

우선 산모에게 절대 움직이지 말라고 했다. 식사도 누워서 하고, 소변과 대변도 누워서 받아내도록 했다. 그런데 큰 문제가 생겼다. 친정엄마와 여자 형제가 없어서 수발을 들 가족이 없다는 것이다. 그때 남편이 직장을 그만두고 이 일을 하기 시작했다. 식사야 그렇다고 하지만 결혼한 지 얼마 안 된 부부에서 냄새나는 대변을 받아낸다는 것은 쉬운 일이 아닐 것이다. 여자는 누구나 그렇듯이 남편에게 그런 모습 보이기 싫을 텐데. 아기를 위해서 그것을 참아내는 산모의 모습이 산부인과 의사이면서 여자이기도 한 내가 보기에는 너무 안쓰러웠다.

문제는 여기서 끝나는 것이 아니었다. 조기 진통으로 입원하여 절대안정을 하다 보니 대변이 안 나오는 것이었다. 쌍둥이를 임신해 있으니, 얼마나 많은 음식이 먹고 싶을 것인가? 그런데 정상적으로 배변이 안 되니 배에 가스만 차고, 그래서 배는 더 아프고 변은 안 나오게 된 것이다. 그래서 입원한 지 일주일 되었으나, 변을 한 번도 보지 못하게 되었다. 내가 변을 파주기로 했다. 전공의 선생에게 시키려고 하니 한 번도 환자의 변을 파준 적이 없다는 것이다.

내가 의사가 되고 처음 환자의 변을 파주게 된 계기는 1999년 의대 졸업 후 인턴 때였다. 혈액종양내과를 돌고 있는데, 갑자기 화장실에서 벨이 울렸다. 놀라서 여러 명이 뛰어가 보니, 70세쯤 되는 백발 할머니께서 땀을 뻘뻘 흘리고 계셨다. 이유를 여쭈어보니, 일주일 동안 대변을 보지 못해 화장실에 왔는데, 아무리 힘을 주어도 변이 걸려서 나오지 않는다는 것이었다. 그래서 인턴인 나는 장갑을 낀 채 그 좁은 화장실 안쪽 할머니 옆으로 들어가 안에서 문을 닫은 후 할머니 항문 아래쪽에 쭈그리고 앉았다. 할머니께 힘을 주시라고 했다. 그런 다음 손가락을 항문 입구에 대어보니 정말 단단하고 큰 변이 막혀서 나오지 않는 것이었다. 그래서 손가락으로 힘을 주실 때마다 파내기 시작했다. 정확히 기억나지는 않으나 할머니께서 작고 통통한 분이셨던 것 같다. 정말 많이 나왔고, 냄새도 많이 났으나, 할머니께서 변을 시원하게 파낸 후 어찌나 좋아하시던지……. 장갑을 꼈는데도 사흘 동안 수세미로 손을 그렇게 문질러도 냄새가 났다. 그런데 이상하게도 그 손으로 음식을 먹는 것이 아무렇지도 않았다. 그다음부터 '변 인턴'으로 통했고, 다른 병동까지 원정 가서 변을 파주는 인턴이 되었다.

이런 화려한 과거가 있는 나는 산모의 변을 사흘에 한 번씩 파주기 시작했다. 일요일에도 나와서 변을 파주었고, 초음파는 아기 몸무게 변화와 양수 양 변화를 봐야 하니 초음파실 기계를 1주에 한 번씩 옮겨서 보았다. 2주 정도 지나자 남편이 자기가 손가락으로 변을 파주겠다는 것이다. 나는 괜찮다고 했다. 그랬더니 남편이 완강히 본인이 하겠다는 것이다. 산모는 처음에는 부끄러워 어쩔 줄 몰라하더니 남편이 완강히 나오자 그러겠다고 했다.

그렇게 시간이 흘러 임신 34주에 양수가 파수되어 아기가 거꾸로 있어 응급 제왕절개수술로 분만을 하게 되었다. 산모는 17주간 한 번도 일어나지 않아 원래도 말랐는데, 다리가 정말 나뭇가지 같았다. 퇴원할 때 걷지를 못해 휠체어 타고 퇴원을 했다. 그 후 2주가 지나서 걷게 되었다고 한다. 퇴원 후 가끔씩 비슷한 산모를 보면 송○현 산모가 생각이 났다.

그런데 얼마 전 텔레비전에서 '산부인과' 라는 의학 드라마를 방송할 때 밤 11시에 문자가 왔다. 산부인과를 보고 있는데 주연배우인 장○희 씨가 나와 닮아서 생각이 많이 나서 문자를 보냈다는 것이다. 참고로 나는 정말 짧은 커트머리고, 얼굴이 매우 뾰족하다. 정말 고마웠다. 그 드라마를 방송하는 동안 닮았다는 문자와 말을, 과장하면 수백 번 이상 받고 들은 것 같다.

다음으로 생각이 나는 임산부는 얼마 전 퇴원한 고○정 산모다. 산모는 임신 18주 5일에 자궁 문이 30% 열려서 입원해 응급 봉축수술 후 임신 36주 3일에 아기를 분만하고 얼마 전인 8월 31일에 퇴원한 임산부다. 물론 이 환자도 2557호에 입원을 하게 됐다. 자리는 창가였다. 창가에 온갖 살림, 특히 물과 성인용 기저귀, 물티슈가 창문을 완전히 가릴 만큼 쌓여 있었다. 127일 동안이나 입원해 있었으니, 살림도 많았다. 분만 후 병실에서 남편에게 고맙다는 큰절도 받았다. 기쁘기도 하고 좀 무안하기도 했다. 환자는 예전 임신 20주에 자궁 내에서 태아가 사망해 임신 종결을 하고 둘째를 가졌는데, 임신 18주에 갑자기 자궁 문이 스르르 열린 것이다.

산모는 원래 성격이 뚱한 편인지 말이 없었다. 친정어머니는 매우 키가 작고 마르고 단단하게 생긴 분이었는데, 우리 병동에서 싸움닭으로 통했다. 산모가 자는 동안 아무도 말을 하면 안 됐고, 텔레비전도 절대 볼 수 없었다. 냉장고에는 산모가 먹을 음식이 꽉 차 있어 다른 사람이 음식을 넣을 공간이 거의 없었다. 그러니까 6인실을 1인실처럼 사용한 것이다. 옆 침대 환자가 사흘 이상 견디지 못하고 매일 다른 병실로 옮겨갔다.

이 환자는 임신 26주가 되자 갑자기 임신성 당뇨가 왔다. 그래도 그동안 변은 잘 보았는데, 임신성당뇨로 과일 등 단것을 먹지 못하고, 무나 오이 등의 야채는 또 원래 전혀 먹지 못한다고 하니 변이 안 나오기 시작했다. 어머니는 본인은 절대 변 파주는 일은 못한다고 했다. 아마 딸의 변을 파주다가 아기가 잘못될까 걱정이 돼서 그러신 것 같았다. 간호사들과도 매일 싸우니, 변을 파주는 일이 내 차지가 되었다.

어느 날은 변을 파주기 시작하는데, 환자도 변을 보려고 깻잎 등 야채를 많이 먹기는 했는지 정말 변이 끝이 없이 나왔다. 과 회식 약속 시간도 임박해서 그만 파주었으면 좋겠는데, 환자는 계속 항문에 힘을 주어 변을 밀어냈고, 밀어낼 때마다 변이 끝없이 밀려나왔다. 30분 정도 파준 후 끝내고 손 씻고 준비하느라 과 회식에 10분 늦었다. 밥을 맛있게 먹기는 했는데, 혼자서 왜 그렇게 이유 없는 웃음이 나던지…….

매일 회진을 가면 환자가 오늘도 또 파주었으면 하는 눈치를 보낸다. 아기만 건강하다면 평생 하는 것도 아니고, 잘하기도 하니 변 파주는 일은 자신 있다. 어쨌든 100일 이상 동안 친정엄마가 대소변 다 받아내고, 산모 본인도 노력하고, 의사인 나와 전공의, 신관 5층 간호사들 모두 열심히 변을 파주고 고생해서 환자는 37주를 채우기 나흘 전 무사히 아기를 잘 낳았고, 산모와 아기 모두 건강하게 퇴원했다.

이 글을 쓰는 오늘 2557호 병실에는 누가 있을까? 세쌍둥이 임신 중인 양○정 산모, 쌍둥이 임신 중인 위○경, 서○영 산모, 본원 중환자실 간호사이면서 조산으로 입원해 있는 정○연 산모, 첫아이를 임신 34주에 전자간증으로 잃고 둘째 임신 중인 윤○주 산모, 첫아이를 31주에 조산 후 둘째 아기를 오늘 임신 35주에 분만 후 내일 퇴원 예정인 가○화 산모가 있다.

"모두 파이팅 하세요. 제가 항상 끝까지 최선을 다할게요. 사랑합니다."

웨딩드레스를 입고 실려 온 한 신부

김현구 (분당차병원 신경외과 전공의)

2주 만에 찾아온 주말 오프다. 바깥세상을 구경할 요량에 내 가슴은 콩닥콩닥 뛰고 있었다. 헌데 병원 정문을 나서기 일보 직전에 '응급 왔숑' 알람과 함께 휴대전화 화면에 '5.8.4.0' 선명한 네 글자가 찍혔다.

그 순간 내 마음속에 갈등의 회오리바람이 요동쳤다. 햄릿의 고민보다 더 처절한 'To go or Not' 응급환자를 무시하고 오프를 나갈 것인가 아니면 환자를 진료할 것인가 고민에 빠져 있는 사이 내 발걸음은 이미 응급실 문턱을 향하고 있었다.

수술 케이스만 아니어라, 아닐 거야, 아니어야 해.

울렁대는 가슴을 붙들어 매고 중증 구역을 둘러보며 환자를 찾았다. 60대로 보이는 한 할아버지가 숨을 거칠게 몰아쉬며 침대에 누워 있었고, 촬영한 뇌 CT에서는 30cc 가량의 고혈압성 뇌출혈이 의심되는 소견이 관찰됐다. 30cc의 출혈에 근력 저하 등의 신경학적 이상이 동반돼 있었던 그 환자에게는 머리에 프레임을 씌우고 출혈

내 도관삽입술을 시행키로 결정했다. 덕분에 내 소중한 오프는 그 환자의 수술이 종료될 때까지 미뤄졌다.

웃음기 하나 없는, 약간은 찡그린 얼굴로 머리에 나사못 달린 프레임을 열심히 박고 있던 찰나, 의식불명을 주소로 한 젊은 여성을 업은 정장 차림 남자가 응급실 문을 거칠게 열어젖히고 들어왔다.

다시 한 번 가슴은 콩닥콩닥 거렸고, 프레임을 박고 있던 손이 미세하게 떨리기 시작했다. 프레임 거치가 종결된 후 할아버지를 CT 방으로 보냈고, 그 여자 환자가 자칫 신경외과적인 문제를 가진 환자일 수도 있다는 불안한 마음에 그 곁으로 달려갔다.

초진하던 인턴 선생을 밀치고 옆에 서 있던 간호사 선생의 펜 라이트를 빼앗아 동공을 확인해보니 'anisocoric 2F/4F(비대칭 동공), light reflex(대광반사) 없는 semicoma(반 혼수상태)' 였다. 본능적으로 직접 응급 기도삽관을 시행하고 곧바로 CT 촬영을 준비시켰다.

하지만 굳이 CT를 촬영하지 않더라도 뇌에 무언가 문제가 있음을 강력하게 의심할 수 있는 상황이었기에 CT 촬영까지 그 환자와 동행했다. 환자의 벌어진 동공은 뇌경색이든 뇌출혈이든 이미 뇌부종으로 인한 뇌허탈이 진행돼 거의 99% 가까이 머리뼈를 열어주는 응급수술이 필요한 상황이라는 것을 시사하고 있었다.

내 소중한 주말 오프를 위해서, 그리고 그 젊은 여자의 무사 생환을 위해서라도 뇌출혈은 아닐 거라 애써 마음속으로 부정하며 '뇌경색? 간성혼수? 급성호흡부전?' 말도 안 되는 의학적 이유들을 머릿속으로 떠올렸다.

하지만 솔직했던 내 입은 이미 환자 주변으로 모여든 가족에게는 '뇌 문제일 가능성이 90% 이상' 이라며 응급수술이 필요할 수도 있다고 설명하고 있었다. 그 여자의 침대를 직접 밀고 내려가 CT 촬영실에서 즉석복권을 긁는 심정으로 한 컷 한 컷 촬영된 이미지를 넘졌다. 일단 'cortical hemorrhage(피질부출혈)'는 없는 것을 확인한 후, 그 아래인 'Basal ganglia(기저핵)'만 무사히 넘기면 나나 그 여자나 이 상황이 해피 엔딩으로 끝낼 수 있을 것이라는 막연한 기대감을 짧게나마 가졌다.

하지만 CT 32번 이미지를 지나 33번 이미지로 가는 순간 가슴 저 깊은 곳으로부터 긴 한숨이 밀려나오기 시작했고 가슴이 급격히 답답해졌다. 'AVM(동정맥기형)' 파열로 인한 100cc 가량의 뇌출혈, 또한 뇌허탈도 상당수 진행된 상태였다. 두개골 절개를 통한 감압수술이 응급으로 필요한, 그래서 자연스레 내 오프는 다음 주를 기약할 수밖에 없는 최악의 상황이었다.

마음을 가다듬고 어차피 중단될 오프, 환자나 제대로 보자는 심정으로 환자에게 가까이 다가갔다. 그리고 이내 깜짝 놀랄 수밖에 없었다. 그녀가 입고 있었던 옷은 하얀 웨딩드레스였고, 오늘은 바로 결혼식이 치르는 날이었다. 하얀 드레스를 입은 채 의식불명 상태로 누워 있는 그녀의 옆에서 말끔하게 턱시도를 차려입고 흐느껴 우는 사람은 바로 그녀의 배우자가 될 사람이었다.

사연을 들어보니 병원 건너편에 있는 웨딩홀에서 열린 결혼식에서 주례사를 듣는 도중 신부가 갑작스레 실신했고, 신랑은 그런 신부를 등에 업고 곧바로 건너편 우리 병원 응급실을 찾아온 것이었다. 이후 결혼식에 참석했던 친지들 역시 응급실로 찾아왔고, 나는 마치 주례라도 선 것처럼 구름떼같이 몰려든 수많은 사람들 앞에서 환자 상태와 치료 계획에 대해서 하나둘씩 설명했다.

수술 후에도 의식이 돌아오지 않을 가능성이 높고 사망 가능성도 30~40% 이상이라는 말에 가족들은 흐느껴 울었다. 그녀의 어머니는 아버지 역시 수 년 전 뇌출혈로 수술을 받았지만 결국 사망했다는 이야기와 함께 그 당시의 고통과 아픔을 다시 겪고 싶지 않고, 설사 목숨은 부지하더라도 식물인간 상태의 그녀를 평생 누가 돌볼 수 있겠냐며 수술하지 말고 그저 편히 보내주자는 말을 그녀의 남편 될 사람과 가족들 앞에 꺼냈다. 순간 정적이 흘렀고, 그 누구도 어머니의 생각에 반대하지 못했다.

하지만 그때 곁을 지키고 있었던 예비 신랑은 어떻게든 살려야 한다며 본인이 평생을 책임질 테니 설사 죽는다 하더라도 그녀가 억울하지 않도록 할 수 있는 최선을 다 해야 되는 것이 아니냐며 수술을 꼭 해보자고 그녀의 어머니와 가족들을 설득하기 시작했다. 10분, 20분 그렇게 시간은 흘러갔고, 가족들 간에 의견이 분분한 가운데 결국 어머니는 수술을 하기로 결정을 내렸다.

동공이 점점 확대되는 것으로 미루어볼 때 환자의 상태는 급격히 악화되고 있었고 더는 지체할 시간이 없었다. 인턴 선생들에게 수술 준비를 지시하고 침대를 밀고 수술 방으로 직행할 것을 종용했다. 침대가 이동하는 사이 나는 그녀가 입고 있던 하얀 웨딩드레스의 한 가운데를 가위로 잘랐다. 하얀 웨딩드레스 옆에 주렁주렁 달린 작은 구슬들이 응급실 침대 옆으로 산산이 굴러 흩어졌다. 수술 방으로 들어선 후 신부에게는 웨딩드레스 대신 하얀 환의가 입혀졌고, 곱게 바른 얼굴의 화장과 공들인 흔적이 역력했던 손톱과 발톱의 매니큐어는 알코올 솜에 의해 무참히 지워졌다. 그녀는 그렇게 사랑하는 가족과 예비 신랑을 뒤로한 채 생사를 기약할 수 없는 수술 방 안 깊은 저편을 향해 서서히 자취를 감췄다.

또다시 날밤을 새야 하는 장시간의 수술은 그렇게 시작됐다. 수술 방 밖으로 나와서 가족에게 경과를 설명하고, 최악의 경우 사망할 수도 있음을 다시 한 번 주지시켰다. 엘리베이터를 타고 병동으로 올라가려던 찰나 그녀의 예비 신랑이 내 손목을 붙잡더니 담배 한 대 같이 피울 수 있겠냐 물어왔다. 평소 담배를 피우지 않았지만 왠지 모르게 이 남자의 이야기를 들어줘야 한다는 알 수 없는 의무감 때문에 함께 밖으로 향했다.

한 개비, 두 개비, 모락모락 피어오르는 연기와 함께 그는 그녀를 처음 만났던 순간부터 지난 8년간의 연애 이야기를 늘어놓으며, 이대로 그녀를 떠나보낼 수는 없다고 했다. 1년에 두세 차례 두통과 구토가 있었지만 대수롭지 않게 생각했고, 병원에 데려갈 생각조차 하지 않았던 자신을 원망했다. 그의 눈가에는 눈물이 고였고, 애써 감추려 노력했건만 두 뺨으로 흐르는 눈물을 주체하기는 힘들어 보였다. 그녀는 장장 8시간에 이르는 긴 수술을 마친 후 중환자실에서 집중 치료를 받았다. 수술 직후 반 혼수에서 혼미 상태로 의식 상태가 일부 호전을 보여 의식이 깰 수도 있다는 희망을 버리지 않았다.

세상에서 가장 아름답고 행복해야 할 날에 머리카락 한 올 남지 않은 채, 인공호흡기에 의지하여 목숨을 연명해가고 있는 그녀를 바라보는 내내 마음이 아팠다. 비록 2주 만의 오프가 잘렸지만 그녀가 무사히 회복되기만 한다면 내 작은 희생이 전혀 아깝지 않을 거라 생각했다. 하지만 그런 그녀는 이런 마음을 아는지 모르는지 묵묵부답인 채로 누워만 있었다. 중환자실을 나서며 예비 신랑에게 그녀의 상태를 간략하게 설명했다. 채 마르지도 않았던 눈가에 다시 눈물이 고이며 제발 살려만 달라는 그를 뒤로한 채 매섭게 돌아섰다. 그녀가 치료받았던 20일 동안 그와 나의 대화는 항상 같았다. '선생님, 깰 수 있을까요?' 와 '아직은 모르겠습니다. 기다려봐야죠.' 라며 평행선을 긋는 대화만 지속될 뿐이었다.

중환자실 침대에 누워서 인공호흡기에 기대어 간신히 호흡만 하던 그녀의 네 번째 손가락에는 작은 반지가 끼워져 있었다. 그리고 그는 매일 그녀의 손을 붙잡고 기도했다. 돌아설 때는 항상 이마에 키스하는 것도 잊지 않았다. 어느 순간 나도 마음속 깊이 사랑의 기적을 기대하며 그들을 응원하기 시작했다. 그의 사랑과 기도 덕분이었을까. 그녀는 치료 중 반 혼수에서 혼미 상태로 의식 상태가 일부 호전을 보이며 잠시나마 한줄기 희망을 갖게 하기도 했다.

하지만 불안정한 뇌 컨디션과 장기간 인공호흡기 사용은 결국 그녀를 폐렴으로 인한 패혈증 악화로 사망에 이르게 했다. 그녀를 더 힘들게 하고 싶지 않다며 'DNR(심폐소생술) 거부의사'을 제출하자던 그녀의 어머니와는 다르게 그는 끝까지 최선을 다해 달라 부탁했었다. 하지만 이미 망가질 대로 망가진 그녀의 몸은 가슴을 짓누르는 땀을 비 오듯 흘리며 돌아오라 외치는 우리의 심폐소생술에도 불구하고 회복되지 않았다. 그렇게 그녀가 죽음의 9부 능선마저 넘어 버렸던, 눈 내리는 어느 추운 겨울날 그와 가족이 지켜보는 앞에서 일직선으로 늘어진 심전도 리듬을 가리키며 사망을 선언했다.

얼마 뒤 병원 장례식장 앞에서 그를 만났는데 그저 묵묵히 얼굴만 바라보고 목례만 할 뿐 그 어떤 이야기도 주고받지 못했다. 하지만 그의 두 눈에는 세상 그 어떤 이보다 슬픔이 가득 차 있었다. 그는 그녀가 사망하기 두 시간 전까지도 설사 그녀가 식물인간이 된다 하더라도 평생 옆에서 그녀를 간호하며 살 것이라 내게 말했다.

만약 나였다면 회복 가능성이 낮았던 그녀를 변함없이 사랑하며 신부로 맞이할 수 있었을까. 죽음마저도 가를 수 없었던 그 위대한 두 남녀의 사랑 앞에서 흐느끼는 그를 뒤로한 채 돌아서는 내 마음과 발걸음은 한없이 무겁기만 했다.

아름다운 이중주

박지윤 (소향라포리스의원 원장)

며칠이 지나도 고열의 원인을 짐작하게 해줄 단서는 나타나지 않았다. 아기는 온몸이 벌게진 채 하루 종일 먹지도 못하고 보채다 늘어져서는 까무룩 잠이 드나 싶다가 이내 울면서 깼다. 이렇게 길어질 줄 모르고 밤마다 아기 옆에 붙어 있었던 남편과 나는 이명이 들릴 정도로 지쳐 있었다.

아침에 집 앞 소아과에 아기를 보였을 때 목만 조금 부었다고 해서 곧 낫겠거니 안심하고 출근했지만 집에 돌아와 보니 할머니는 열이 나 끙끙 앓는 증손자를 안고 어쩔 줄 몰라 하고 계셨다. 얼른 아기를 받아 옷을 벗기고 해열제 좌약을 넣었다. 태어나서부터 별로 보채는 일 없던 15개월 아기가 내 손이 닿기만 해도 짜증을 내며 우는 모습을 보자니 가슴이 찢어진다는 말이 상투적인 표현만은 아니었구나 싶었다.

조용히 노래를 부르며 부채질하기를 두 시간여, 갑자기 아기가 고개를 뒤로 뻗대며 눈을 치켜뜨고 입을 오물거렸다. 경련이었다. 나는 아기가 혀를 깨물지 않도록 손가락을 얼른 아기 입에 물렸고, 남편은 구급차를 불렀다. 구급차 뒷자리는 심하게 덜컹거렸다. 온몸이 떨리고 목구멍에서 자꾸만 뜨거운 울음이 올라왔지만 아기가 불안해할까 봐 허밍으로 노래를 부르며 아기를 어르고 나 자신을 얼렀다. 응급실에서는 아기가 싫어해도 물수건으로 닦아줘야 한다는 말과 함께 해열제 주사를 놓아주었다.

하지만 다음 날도 마찬가지였다. 정해진 시간마다 해열제를 주어도 열은 걷잡을 수 없이 올라 40도를 넘어섰다. 겁이 나서 또 응급실을 찾았지만 문제가 없으니 돌아가라는 말을 들어야 했다. 열에 들떠 괴로워하는 아기를 닦아주며 밤을 꼬박 새는 것 말고는 할 수 있는 게 없다니 답답한 노릇이었다.

몸의 피로보다 더 힘든 것은 아픈 아기를 보는 엄마로서의 괴로움, 그리고 무력한 내 자신에 대한 자괴감이었다. 소아과 의사와 응급실 의사를 향하던 남편의 분노와 짜증은 차츰 나를 향하고 있었다. 피부 레이저라면 대한민국 최고일 거라고 나를 한껏 치켜세우던 남편이었지만 '그까짓' 열도 떨어뜨리지 못한다며 한껏 화가 나서는 당장이라도 의사 면허 허투루 땄다고 몰아붙일 기세였다.

엑스레이도 소변검사도 깨끗하고 목만 부었다는데 열은 왜 이리 치솟는 걸까. 화장실에 가는 양 슬쩍 서재에 들어가 8년 동안 먼지만 뒤집어쓰고 있던 의학 서적과 국가고시 노트를 꺼냈다. 오래된 책을 뒤적이는 것은 앙금이 가라앉아 맑아보였던 물을 휘저어 다시금 뿌연 흙탕물을 만드는 것과도 같았다. 기억 저편으로 밀려나 있던 온갖 희귀 질환의 이름들까지도 내 머릿속을 맴돌았고 막연함은 어느덧 두려움으로 변하고 있었다.

다음날 진료 중에 남편에게서 전화가 왔다. 열이 잦아들고 등에 붉은 발진이 퍼졌다고 했다. 돌발진이었구나, 나는 안도하며 지나가는 바이러스 질환이었고 이제 끝날 거라고 밝게 대답했다. 하지만 퇴근해서 아기를 보니 발진은 등뿐만 아니라 여기저기 퍼져 있는데다 눈이 충혈 되어 있었고 BCG 주사를 맞았던 자리는 유독 붉어져 있었다.

대학 병원에 갔더니 역시나 가와사키병이 의심된다고 했다. 하지만 확진이 돼야 치료를 시작할 수 있다면서 증상이 더 나타날 때까지 기다려야 한다고 했다. 의사로서도 건강보험 삭감 문제는 눈엣가시더니 환자 보호자로서도 마찬가지였다. 본인 부담으로라도 한시라도 빨리 치료하길 원했지만 결국 다음날 밤에야 면역글로불린 투여가 시작되었다. 해열제로 열을 떨어뜨리고 면역글로불린을 맞다가 열이 오르면 면역글로불린을 끊고 기다렸다 맞기를 열 번도 넘게 반복했다.

양가 모두에 첫 손주인 아기가 입원했다는 소식에 강원도에서 어머님이 황급히 올라오셨고 친정엄마도 놀라 일을 마치자마자 찾아오셨다. 여든이 넘으신 할머니도 걱정이 되어 무거운 다리를 끌고 오셨다. 내 아기일 뿐만 아니라 가족 전체의 아기라는 사실이 새삼 묵직하게 실감되었다. 평소 낮 시간에 아기를 맡아 봐주는 시숙모까지 병실로 출근하시니 아기 곁에는 할머니가 네 분이나 계셨다.

아기가 입원하자 나는 오히려 몸의 피로가 줄었고 마음의 부담도 한결 가벼워졌다. 무엇보다도 발열로 시작할 수 있는 수많은 질환들에 대한 불안감에서 벗어난 것이 기뻤다. 한편으로는 진단 기준 중 '5일 이상의 발열' 이라는 간결한 구절이 이렇게 사람 혼을 빼놓는 무시무시한 것인 줄 모르고 시험을 위해 별 뜻 없이 줄줄 외웠다니 스스로 무안해졌다.

병명을 알게 되고 치료를 시작하며 안심했던 것도 잠시, 면역글로불린 치료를 마치고 이틀이 지나도 열이 잡히지 않았다. 담당 선생님은 호흡기 증상에 대해 항생제를 투여하면서 2차 치료를 고려해 보자 하셨다. 며칠 정도의 간병을 예상하고 오셨던 어머님과 친정엄마는 모두 내색은 안 하셔도 완전히 지치셨고 일에도 지장이 클 터였다.

아기는 긴 투병에 생기를 모두 잃었다. 예쁜 목소리로 엄마 아빠를 부르며 어깨와 엉덩이를 들썩여 재롱을 부리던 아기는, 입술이 다 터지고 온몸이 얼룩덜룩 붉어진 채 가쁜 숨소리를 내며 커다란 흰 침대 위에 웅크리고 있었다.

남편은 더 예민해졌다. 하루에 한 번뿐인 회진을 못마땅해 했고 치료에 대해서도 신뢰하지 못하고 있었다. 외국 논문을 인쇄해 보여주면서 85% 정도의 아이들은 1차 면역글로불린 치료로 좋아지고 나머지 15% 정도의 아이들은 2차 치료를 하게 된다고 말해주었지만 남편의 표정은 크게 달라지지 않았다.

낮 시간에 어머님께서 전화를 주셨다. 공양주 보살로 계셨던 절의 스님께 전화를 드렸더니 조왕 기도를 해야 아기가 낫는다 했다는 것이었다. 조왕 기도가 무언지 몰라 남편에게 물었더니 남편은 안 좋은 기색으로 어머님께 전화를 했다.

"어머니, 할머니 모시고 사는 집에서 그런 기도하는 건 쉬운 문제가 아니에요. 할머니 장남이 신부님이신데 집에서 그런 기도를 어떻게 해요? 괜히 애기 엄마 난처하게 만들지 마세요."

남편의 대답이 다행스러웠지만 나는 내색하지 않았다. 아기에게 세례를 받게 할 때에도 상당한 신경전을 치렀던 것이 생각나서였다. 가와사키병이라면 아기 몸의 면역 체계에 쿠데타가 일어난 것이니 여러 가지 검사로 반란군의 규모와 상황을 파악하면서 적절한 약물을 투여해 진압을 도울 수 있을 것이었다. 거기에 기도의 효험이 개입할 여지는 별로 없었다.

퇴근하고 병실에 가보니 어머님은 피곤한 기색이 역력하셨고 눈꺼풀에는 다래끼가 나 있었다. 어머님 모시고 나가 맛난 것 사 드리라고 남편 등을 떠밀어 내보낸 다음 보호자용 식판을 들었다. 같이 들자며 손을 잡아끌었지만 할머니는 소화가 안 된다고 한사코 손을 내저으면서 많이 먹으라고, 뜨신 것 먹어야 하는데 식어서 어쩌느냐며 안타까워 하셨다. 엉덩이를 치켜든 채로 간신히 잠이 든 아기 뒤통수를 바라보며 밥을 먹는데 잘 넘어가지를 않았다. 아픈 아기 때문인지, 밥 먹는 나를 온화하게 바라보고 계신 할머니 때문인지 알 수 없었다.

내가 아주 어렸을 때부터 아침마다 할머니 방에선 촛농 냄새가 배어나왔다. 할머니가 매일 촛불을 밝히고 기도하신 내용은 잘 모르긴 해도 분명 가족을 위한 기도였을 게다. 사제인 아드님, 해외에 있는 따님, 우리 엄마와 아빠, 나와 내 동생, 돌아가신 할아버지, 그리고 몇 년 전부턴 내 남편과 아기를 위해서도 기도를 해오셨을 것이다.

그리고 어머님께서도 똑같은 마음으로 기도하셨으리라. 할머니가 성지순례를 떠나실 때 어머님은 영험하다는 산에 오르셨고, 할머니가 미사예물을 바치실 때 어머님은 부적을 받아 아들 베개 속에 넣으셨지만 자식들 걱정하는 마음만큼은 조금도 다름이 없었을 것이었다.

아픈 손자를 위해 기도하시겠다는 것을 막는 것이 과연 옳은 일일까. 연로하신 사돈 어르신을 생각해 병실 밖에서 따로 전화를 거셨을 어머님을 생각하니 가슴이 시큰거렸다.

내가 결혼을 결심하면서 종교 문제를 크게 생각지 않은 것은 그것이 중요하지 않아서가 아니라 하나의 종교 문화를 당연히 여기며 자란 탓에 종교가 다르다는 것이 어떤 의미인지 전혀 몰랐기 때문이었다. 하지만 내가 세계를 바라보는 방식이 있듯이 어머님과 남편에게도 나름의 분명한 방식이 있을 터였다.

나는 꾸중을 들을 수 있겠다 싶었지만 할머니께 이야기를 꺼냈다.

"어머님께서 애기 빨리 나으라고 우리 집에서 기도를 하고 싶어 하시는데, 그게 어머님이 우리 부엌에서 몇 가지 찬도 만들어야 되고 소리도 좀 내고 그러는 거라서 애기 아빠는 하지 말자고 해. 근데…… 그걸 해야 병이 낫는다는 건 동의하지 않지만, 어머님 마음 생각하면 못 하시게 하면 안 될 것 같아."

할머니께서는 잠시 생각하더니 말씀하셨다.

"그러시라 해라. 필요하신 것 있으면 미리 내놓도록 하마. 잘 생각했다."

며칠이 지나 일요일이 되었다. 다행히 2차 면역글로불린 치료를 받으면서 아기의 발진은 대부분 사그라졌고 열도 38도쯤에서 오르내리고 있었다. 다만 감기 증상이 남아 있고 간 수치가 상당히 높아 항생제와 아스피린 용량을 조절하면서 경과를 지켜보는 중이었다.

나는 아침 햇살이 환하게 드는 병실에서 아기를 안고 만화영화를 보고 있었다. 오랜만에 밤잠을 푹 자고 일어난 아기는 귤 알맹이를 받아먹으며 곧잘 웃었다. 예전처럼 다시 밝게 웃는 아기가 고맙고 대견해 가슴이 벅차올랐다. 정수리와 목덜미에 연달아 뽀뽀를 해대자 아기는 큰소리로 까르르 웃고 몸을 비틀면서 "하지 마."라고 제법 똑똑히 말했다. 깜짝 선물이었다. 그토록 힘겨웠던 보름 동안 아기는 몇 마디 말이 늘어 있었다.

그 시간, 할머니는 성당에서 미사를 드리고 계셨고 어머님은 남편과 함께 집에서 조왕 기도를 올리고 계실 것이었다. 문득 아기를 위한 가족들의 마음이 각자의 방식대로 아름다운 선율이 되어 하늘을 향해 울려 퍼지고 있다는 생각이 들었다. 수많은 선율들이 모인 노래가 세상의 모든 아이들과 어른들을 끊임없이 키우고 있는 것은 아니었을까. 그 보름 동안 나도 조금 더 자랐을지 몰랐다. 더 없이 포근하고 따사로운 일요일 아침이었다.

내가 아이였을 때

성태영 (서울의료원 응급의학과 전공의)

"아이가 열이 나요! 경기도 조금 한 것 같아요."

여명이 다가올 무렵 어머니가 응급실로 아이를 안고 온다. 예빈, 한나, 준서, 지민……. 이 같은 이름을 한 아이들이 땀에 젖어 조금은 지쳐 보이는 듯 때로는 크게 아프지 않은 듯 그렇게 부모님의 품에 안겨서 응급실에 온다. 자주 누군가의 죽음을 목도하고 누군가의 병세가 갑자기 악화되는 것을 지켜보는 응급의학과 의사의 입장에서 환아들은 진정으로 응급한 상황이 아닐 경우가 많다.

의학적인 기준으로 볼 때 지속적인 열성 경련이나 급성 후두개염처럼 뇌의 손상이나 호흡에 문제가 있을 경우가 진정으로 응급인 것이다. 그러나 그것은 전적으로 의학적인 기준이거나 업무 때문에 감정이 어느 정도 둔마되고 차가운 머리만 남은 나의 기준일 것이다.

초겨울 새벽녘의 칼바람을 뚫고 우는 아이를 응급실에 데리고 오는 부모의 마음은 나의 그것과는 분명히 다를 것이다. 응급실에 들어설 때 나는 아이 부모의 옷자락에서 펄럭이는 일말의 불안과 일순 응급실의 공기를 가볍게 냉각시키는 그들의 서늘한 옷에서 나는 바람 소리를 듣는다.

차가워진 그들의 옷자락과 그 옷자락에 품고 있는 뜨거운 아이는 묘한 대조를 만들어낸다. 생로병사의 정점에서 숨을 헐떡이면서 누워 있는 노인이나 생의 시초에서 아프다는 사실을 온전히 몸으로 받아내고 있는 아이들은 다른 듯 닮은꼴로 그렇게 같은 장소, 시간을 공유하고 있다.

나는 병원에 와서 공포에 질려 있는 아이들과 자식에 대한 걱정으로 좌불안석 하는 부모의 마음을 동시에 안심시켜야만 한다. 미열에 의해 지쳐 보이면서도 경계의 눈빛을 풀지 않고 있는 아이의 축축한 몸을 진찰하면서 그들의 부모에게 아이의 이름을 부르면서 어떻게 아프게 되었는지를, 쉽지 않지만 물어보려고 한다. 의학적인 치료가 중요한 경우도 있지만 대개가 부모와 아이의 불안감을 어느 정도 상쇄시키는 것이 꽤 큰 비중을 차지하기 때문이다.

아이들에게는 주사를 주지 않는다고 안심시키고 부모들에게는 이렇게 힘들어 하는 것처럼 보여도 큰 문제가 생길 가능성은 낮다고 경과에 대해 자세하게 설명을 한다. 그러나 문득 땀에 젖은 몸으로 축 처져서 누워 있는 아이들을 볼 때면 직업의식 언저리에 숨어 있던 어린 시절 나의 모습이 겹쳐지면서 불완전하고 미약한 어린 시절 병상 경험이 스멀스멀 온몸을 돌아 나온다.

어린 시절 나는 잔병치레를 많이 했다. 탈장이 있어서 두 번 수술을 받기도 했으며 자주 감기에 걸려서 병원에 가야만 했다. 다행히도 지금은 강철 체력은 아니라도 특별히 아픈 데 없이 건강히 지내고 있으나 어린 시절 자주 병원을 들락거렸던 경험은 일종의 심리적 외상으로 마음속 심연에 조용히 그러나 단호하게 웅크리고 있다. 그리고 그 당시 병자로서 느꼈던 불안과 공포, 일종의 무기력함은 한 시절의 추억처럼 그리고 언젠가는 다시 찾아올 수 있는 암흑의 손님처럼 내 곁에 공존하고 있다.

1980년대, 당시 시골 병원에서는 일회용 주사기를 찾아보기 힘들었고 유리로 된 주사기 몸통과 끝을 갈아서 쓰는 주사침을 가지고 있었다. 설압자도 소독해서 재생을 할 수 있는, 철제로 된 것이었고 벽면 어느 쪽에건 직업적 권능을 보일 수 있는 인체해부도가 생소한 언어로 빼곡하게 적혀 있었다.

병원에서는 언제나 코를 강렬하게 찌르는 소독액 냄새가 났으며 추운 겨울에 가동되고 있는 석유난로에서 나는 열은, 그렇지 않아도 신열에 시달리는 머리에 마지막 일격을 가했다. 그렇지만 무엇보다도 더 무서운 곳은 진료실 옆에 있는 수술실이었다. 낡은 나무로 된 진열대 안에는 차가운 금속성의 도구들이 빼곡하게 늘어져 있어서 진료실에도 그것들을 볼 수 있었고 진열대의 하얀 색은 내게는 또 다른 공포의 색깔이었다. 무영등의 알전구가 나를 물끄러미 바라보면서 '너는 언제 이곳으로 올래?' 라고 묻는 것 같았으며 늘 병원에 올 때마다 '그곳에는 들어가지 않게 해주세요.' 하고 마음속으로 빌었다.

신열이 머리를 몽롱하고 어지럽게 만들고 온몸에서 땀이 뿜어져 나와 이불을 흥건하게 적실 무렵이 되면 어머니는 내 손을 이끌고 병원에 가셨다. 차갑고 엄격한 병원의 분위기에 주눅이 들어 병원에 들어서기도 전에 쥐 죽은 듯이 가만히 시키는 대로 했다. 거기에서 내 의사는 아무런 영향을 미치지 못했다. 차가운 수은체온계를 겨드랑이에 끼고 있는 시간이 억겁처럼 느껴졌다.

그 후에 약간의 구역을 유발하는 차가운 설압자가 목 속 깊숙이 들어왔고 그리고 그 공포의 시간 마지막에는 주사 두 대가 나를 기다리고 있었다. 그것은 거의 예외가 없는 하나의 의식과도 같았으며 간혹 가다가 주사를 맞지 않는 경우도 있었으나 대개는 그런 일은 없었다. 지금 생각해보면 그 주사의 정체는 열을 내리는 주사와 마이신으로 통용되는 항생제였을 것이다. 현재의 상식으로라면 그 당시 나는 몸을 뚫고 들어오는 그 날카로운 침의 존재를 거부했을 것이다.

주사를 맞고 나면 엉덩이 근육통은 며칠간 지속되었다. 그 와중에 어머니는 새끼손가락으로 숟가락에 가루약을 녹여서 내게 주셨고 나는 주사를 맞지 않기 위해 약을 열심히 먹어야 한다는 생각에 그 쓰디쓴 약을 감초인양 삼켰다. 그리고 약 일주일 정도가 흐르면 어느 순간 나는 병마의 사슬에서 벗어나 있었고, 맑아진 머리가 해방감처럼 나를 감싸 안았고 일말의 전지전능한 감정이 따라왔으나 주사가 가져다준 근육통은 그러고도 며칠을 더 갔던 것으로 기억된다.

무엇보다도 나를 압도했던 것은 회백색 머리칼의 날카로운 인상을 가진 초로의 의사 선생님이었다. 그의 인상에서는 알 수 없는 권위와 전능함이 흐르는 듯했다. 병마를 추방시키는 일종의 제사장과 같은 존재로서 나의 어린 시절 추억 속에 남아 있다. 자주 잔병치레를 했던 어린 시절 생로병사와의 투쟁기를 끝낼 무렵인 그리고 더 이상 주사를 겁내하지 않는 초등학교 고학년이 될 무렵 갑작스런 그 의사 선생님의 부고 소식을 들었다. 당시 50대였던 그는 심장이 좋지 않았다고 하며 아침 산행 길에서 갑자기 쓰러졌다고 한다.

애증을 동시에 주던 또 다른 아버지의 표상이었던 그의 죽음은 어린 시절임에도 불구하고 약간의 충격으로 다가왔다. 나를 괴롭히던(?) 존재가 징벌을 받았다는 승리감(?)과 일말의 죄책감, 동시에 인간은 누구나가 언제라도 죽을 수 있다는 것을 그때 처음 깨달았던 것 같다. 그러나 그의 실제적인 죽음의 모습은 잘 상상이 되지 않았으며 어디선가 아직도 그가 살아서 의업을 하고 있을 것 같다는 생각이 들었다. 그의 모습은 상징적으로 나의 심연 속에 아직 살아 있는 것이다.

이제는 공포에 떠는 대상이 아니라 누군가에게 공포를 주는 대상이 되어 버리고 말았다. 의학적 권고이기도 하지만 그런 어린 시절의 경험으로 나는 불가피한 경우가 아니면 아이들에게 근육주사는 자제하는 편이다. 아이의 전반적인 상태가 좋지 않을 때면 통증을 많이 유발하지 않는 수액 주사를 놓아 탈수를 방지한다. 그러나 그 누가 알랴, 그것조차도 아이에게는 심리적 내상이 될지 말이다. 사람은 망각의 동물이다. 이제는 또 다른 입장이 되어 아이들의 공포와 아픔을 응급이 아니라고 가볍게 지나치고 있는지도 모르겠다. 어린 시절의 아픔이야 누구나가 통과해야 할 일종의 의례 같은 것이라고 말이다. 아이였을 때 나는 그것을 그냥 스쳐 지나가는 감기 같은 것이라고 생각하지는 못했다. 아이들의 공포를 완전히 없애 버리지는 못하겠지만 조금은 인내심을 가지고 그들의 심리적인 공포도 조금은 다독여줄 수 있는 여유를 가져야 하지 않을까 생각해본다.

그리고 이제 나는 아이들을 데리고 온 부모들의 마음을 헤아릴 나이가 되었다. 간혹 가다가 아이가 미숙아로 태어나거나 선천적인 장애를 가진 채로 태어난 경우를 보게 된다. 그런 아이들을 볼 때마다 나는 아이들의 부모에게 일종의 존경과 경외 같은 것을 느낀다.

사랑의 힘이 아니고서는 그런 생생하게 현실로써 직면해오는 문제를 감당할 수 없을 것이다. 순간에 느끼는 안타까움이나 연민이 아닌, 몽환을 깨게 만드는 강력하고 지속적인 피로감이 몰려오는 그 현실을 헤쳐 나가는 힘은 그네들의 아이에 대한 사랑일 것이다. 사랑이 아니고서야 그 잔인한 현실을 견뎌갈 힘은 나오지 않을 것이다. 그런 모습을 목도하는 것은 내게 '같은 상황일 때 나는 어떻게 했을까' 라는 무겁고 피할 수 없는 질문을 던진다. 그리고 나는 여전히 쉽게 대답을 할 수 없다.

그러고 보면 20년도 넘은 과거에 병원 문턱을 넘으면 아파하고 공포에 떨었던 것은 나만이 아니었음을 느낀다. 어머니는 나를 병원에 데리고 오면서 얼마나 마음이 많이 아프셨을까?

꿩의바람꽃

오규성 (안산중앙병원 신경외과 과장)

제가 일하는 병원은 그다지 높지 않은 산자락 아래 위치하고 있는, 약간은 오래된 건물입니다. 병원 입구에서 바라보면 우측 끝에 응급실이 있고, 그 뒤쪽으로 나 있는 문으로 들어서서 계단을 올라가면, 2층 계단 바로 옆에 제 외래 방이 붙어 있어 항상 그 길을 통해서 출근을 하곤 했습니다. 그 올라가는 건물 문 바로 옆에는 작은 화단이 하나 있는데 제법 큰 나무 두 그루가 서 있어서 그 아래로는 작은 꽃들도 많이 피어 있지 않는 그런 화단이었습니다.

그날따라 전에는 지나가면서 보지 못했던 작고 예쁜 흰 꽃 한 송이가 눈에 띄었습니다. 가까이 가서 보니 평소에도 보기 힘들다는 '꿩의바람꽃' 이, 아직은 이른 아침이라서인지 햇빛을 받지 못해 꽃잎을 접고 있었습니다. 꿩의바람꽃은 햇빛을 받지 못하면 활짝 피지 못한다는 생각이 떠올라서 점심시간에 나와서 활짝 핀 꽃을 꼭 보아야겠다는 생각을 하며 지나치고 있는데 전화벨이 울렸습니다.

"오하입니다."

"선생님, 응급실 당직입니다. 39세 남자 환자로……."

"응급실 바로 앞입니다. 바로 가서 볼게요."

그날은 평소와 다름없이 초봄의 한가운데 서 있는, 찬바람이 스러져가는 그런 날이었습니다. '3월이 끝나가는 날인데도 왜 이렇게 추워' 하고 생각하면서 외투를 여미고 병원 건물 응급실로 들어가는데 우연히 쳐다본 봄 하늘이 정말로 눈이 시리게 맑았습니다.

처음으로 사서 이사 가기로 한 집 인테리어를 돕다가 사다리에서 머리부터 떨어지면서 의식을 잃고 119구급차를 타고 내원한 분이었습니다. 응급실 내원 당시 의식은 반 혼수상태에 혈압이 잡히지 않을 정도로 상태가 좋지 않았습니다.

"보호자는요?"

"지금 연락중입니다."

"휴대전화 저장 번호 순서대로 다 눌러봐요."

부인과 연락은 10분 정도 후에 됐습니다. 아이 학교 수업 참관 때문에 중간에 전화 받기가 애매해 교실에서 나와 받느라고 늦었다고 하더군요. 운전하기가 무서워서 다른 학부모가 태워다 주어 뛰어서 응급실로 들어왔습니다.

응급실에서 일을 해야만 하는 의사들이 가장 힘들어 하는 것 중 하나는 좋지 않은 상태를, 아니 사실은 살아나기조차 버거운 환자의 상태를 보호자에게 설명해야만 하는 상황일 것입니다. 제가 하는 말을 한마디라도 놓쳐, 상황을 잘못 알아듣고 제대로 대답하지 않으면 큰일이라도 생길 것 같은 마음으로 기대를 갖고 저만을 쳐다볼 때, 그 눈을 바라보면서 좋지 않은 상태라고 말한다는 것은 너무나도 힘든 일입니다. 특히나 머리를 다쳐서 혈압조차 잡히지 않는 반 혼수상태의 환자라면 말입니다.

"환자 상태가 너무 좋지 않습니다. 머리 CT사진을 찍어보았는데 뇌출혈이 너무 심합니다. 머리뼈도 많이 부서졌습니다."

부인의 두 눈이 천천히 감기더군요.

"혈압도 잡히지 않는 상태라서 가망이 없을 것 같습니다."

"……."

부인은 아무런 말도 하지 않고 주저앉아서 울기만 했습니다. 오히려 크게 운다거나, "당신, 의사 맞아?" 하면서 소리를 친다거나 하지 않고 가만히 주저앉아 소리 없이 울었습니다.

같이 온 다른 학부모들이 여기저기 전화하면서 수선을 피웠을 뿐이지요. 그 뒤로 중환자실로 환자를 옮긴 다음 다른 보호자들도 왔다 가고, 여러 가지 약물치료를 했지만 내원 30시간 정도만인 다음날 낮에 어레스트(Arrest, 심장박동이 멈춘 상태)가 왔습니다.

심폐소생술을 열심히 하고 있는데 부인이 제 손을 잡으면서 고개를 흔들었습니다. 그러다가 남편에게 큰소리로 그러더군요.

"이 나쁜 놈아! 네가 행복하게 해준다고 약속했잖아."

남편 팔을 붙잡고 처음으로 큰소리를 내면서 울었습니다. 그전까지 면회 시간에도 항상 가족들 뒤에 서서 다른 분들이 물어보는 것을 열심히 듣기만 하고 아무런 말없이 제 눈을 지켜보고만 있었던 분이었습니다. 응급실에서 처음 보았을 때 입었던 봄하늘색 긴 스웨터를 입고서 말입니다. 그렇게 항상 두 손 모아서 입에 대고는 아무런 말없이 응시하면서 듣고만 있던 분이 그렇게 소리치면서 우시더군요.

"네가 행복하게 해준다고 약속했잖아. 이 나쁜 놈아."

나중에 부인이 진단서를 떼기 위해 외래로 오셨을 때 잠시 말을 나누게 되었습니다. 직장에서 만나 결혼하고는 아이 둘을 힘들게 키우고 있었다고 했습니다. 남편은 중소기업이긴 하지만 정규직이었고, 자기는 임시직이었다고 하더군요. 결혼한 지 10년 넘어 처음으로 집을 장만해서 남편과 너무나도 좋아했는데, 전 주인이 집을 좀 험하게 써서 벽지와 마루만이라도 깨끗하게 하고 들어가자고 정했답니다. 인부들 돈 주는 것 아낀다고 주말에 열심히 했는데 이틀만으로는 다 못해서 남편이 직장에 월요일 하루 휴가를 내고 정리를 하다가, 사고가 난 것이었습니다. 주말에는 같이 일을 하던 아내도 그날따라 학교 학부모 참관 수업에 가야 했는데 그날 일이 발생한 것입니다.

"한 가지만 물어봐도 될까요?"

"네."

"남편이 그날 무척 아팠을까요? 머리를 그렇게 심하게 다쳤는데 마지막까지 많이 아팠을까요?"

"아니요. 남편 분은 전혀 못 느꼈을 겁니다. 그냥 편하게 가셨을 겁니다."

"감사합니다."

저는 부인의 질문에 즉시 전혀 아프지 않았을 거라고 단언했습니다. 저도 사실 알 수는 없는 일이었지만, 부인은 그 말에 안도하면서 슬픈 눈으로 제게 가지런히 두 손을 모으고 깊은 인사하고 외래 문을 열고 나갔습니다.

많은 환자의 죽음을 옆에서 지켜볼 수밖에 없는 직업이지만, 그전에는 생각하지 못했던 질문이었습니다. 환자는 아픔을 느꼈을까요? 아니 환자의 아픔을 보호자는 느꼈을까요? 똑같이 환자 얼굴을 보면서도, 면회 시간이 지나서 보지 못하고 있을 때도 부인은 아픔을 똑같이 가지고 있었을 거라는 생각이 들었습니다. 느끼지 못하는 것은 이제는 죽음을 그냥 아무렇지도 않게 받아들이게 된 담당 주치의 만이 아닌가 하는 생각에 하루 종일 우울했습니다. 언젠가 첫 번째 환자가 사망했을 때는 어떤 느낌이었을까? 그리고 며칠간이나 힘들었을까 하는 생각이 그제야 겨우 떠오르게 된 제 자신이 더 슬펐습니다. 하나의 죽음을 이제는 너무나도 담담하게, 아니 무감각하게 받아들이는 사람이 됐다는 것이 저를 힘들게 만들었습니다. 우연이었겠지만 그날도 부인은 봄하늘색 긴 스웨터를 입고 있었습니다. 그 뒤로 제게는 가을하늘색은 맑고 진한 청량한 색이지만, 봄하늘색은 쓸쓸하고 비가 올 것만 같은 색이 됐습니다.

저는 가끔씩 부부간의 사랑이 언젠가는 끝이 날 것이라는 것을, 혼자 살아계신 한쪽 부모님을 보면서 깨닫고 있습니다. 그렇지만 우리 부부만은 영원할 거라고 여기며 살고 있는 자신을 바라보게 됩니다. 저 역시 이 세상 끝날 때까지 당신을 행복하게 해준다고 말했고, 앞으로도 그럴 거라고 늘 다짐하면서 살지만, 갑자기 끝날 수도 있는 사랑 앞에 선다면 어떻게 해야 될까요? 가끔씩은 저도 제 아내의 두 눈을 바라보면서 "앞으로도 별일 없이 행복하게 해줄게." 하고 꼭 말하려고 합니다. 꿩의바람꽃은 꽃말이 '사랑의 괴로움' 이라고 하던데 우연히 그 꽃을 볼 때마다 그날의 일이 생각납니다.

가을에도 봄하늘색으로 물든 하늘이 보이면 그날 들었던 말이 잊히지 않습니다.

"네가 행복하게 해준다고 약속했잖아, 이 나쁜 놈아."

바다를 닮은

윤태욱 (낙월보건지소 공보의)

1.

섬 날씨는 잔망스러운 데가 있다. 섬에서는 소금기를 머금어 끈적끈적한 비린내가 하루 종일 바람에 실려 온다. 내가 해산물을 잘 먹지 못하는 이유가 비린내 때문인데, 이것 참 곤욕이다. 그래서 거의 대부분 보건지소 안에서 보낸다.

보건지소는 2층짜리 건물이다. 지소 2층에는 내가 거주하는 관사가 있고, 1층에는 환자를 보는 진료실과 '여사님' 이 사용하는 숙소가 있다. 진료실은 주사실과 연결돼 있는데 이곳은 상처를 치료하는 치료실로도 쓰인다. 1층과 2층 사이 계단에는 제비 둥지가 있는데, 새끼 제비 다섯 마리가 자란다. 나는 새끼들을 먹이려 분주한 어미새를 위해 종종 둥지 앞에 과자를 흘려 놓는다.

근무 시간에는 진료실 의자 위에 앉아 진료실로 들어오시는 할머니들의 얼굴을 살핀다. 세월에 바래서 잿빛을 띠는 두 눈은 깊은 주름 속에 파묻혀 잘 보이지 않지만 그 눈이 나를 따라 움직인다는 것을 느낄 수 있다. 입은 약간 벌어진 채 가쁜 숨을 내뱉고 입가의 주름엔 땀이 차 있다. 할머니들은 그 땀을 늘 손바닥으로 닦아낸다.

환자가 없을 때면 나는 의자에 몸을 파묻고 누워 창문 너머로 나뭇가지들을 바라보곤 한다. 진료실에는 양쪽으로 창문이 나 있는데, 언제나 커튼이 쳐 있는 좌측 창문과는 달리 우측 창문은 시야가 열려 있어 길 건너 집 한 채를 오롯이 담는다. 검은색 기왓장이 지붕을 덮고 있는 그 집과 나 사이에는 한 무더기의 작은 나무들이 자라고 있다. 그걸 얼마 동안이고 바라보는 것이 즐겁다. 환자가 거의 드나들지 않는 진료실에서는 시계바늘을 제외한다면, 바람에 흔들리는 그 나뭇가지들만이 유일하게 움직인다.

2.

"여기 아무도 없어요?"

주사실 쪽에서 한 남자의 목소리가 들려왔다. 환자가 왔다. 아마도 여기에 사는 사람이 아닌 듯했다. 여기 주민이라면 곧바로 진료실로 들어와 앉는 게 보통이니 말이다.

"진료실 안으로 들어오세요."

숙련된 의사는 오감을 능숙하게 사용할 줄 알아야 한다. 진료실로 들어오는 그 남자의 모습을 시각, 후각, 청각 등을 총동원해서 읽어 내려갔다. 비릿하고 시큼한 냄새가 코를 자극해왔다. 이 남자는 뱃사람이다.

뱃사람들에게서는 특유의 바다 냄새와 땀 냄새가 난다. 처음으로 뱃사람을 진료해야 했을 때 그 냄새에 적지 않게 당황했었다. 하지만 아무렇지도 않은 척 짐짓 침착한 모습을 유지했고, 술에 많이 취해 있었던 첫 뱃사람 환자는 그 답례로 손에 들고 있던 검은 비닐봉지를 내게 건넸다. 봉지 속에는 갓 잡은 오징어 세 마리가 몸에 먹물을 뒤집어 쓴 채 다소곳이 누워 있었다. 며칠 동안 실컷 오징어 요리를 먹은 후 뱃사람 냄새에 대한 거부감은 사라졌다. 물론 그렇다고 해서 그 냄새가 사람을 기분 좋게 만들어준다는 것은 아니다.

냄새가 일깨운 기억에 잠시 멈칫했지만, 신경은 여전히 눈앞의 환자에게 쏠려 있었다.

'나이는 30대 중반 즈음. 술을 마셔서 얼굴이 불그스름하고, 약간 흥분된 상태이군. 혈색은 문제없어 보이고, 호흡이 힘들다거나 지친 기색도 없네. 술 때문에 속이 쓰려서 왔나?'

그 남자가 왼손을 들어 올리며 말했다.

"여기 좀 꿰매주소."

그는 주먹을 쥐고 있었고, 그 위로 수건이 덮여 있었다. 주먹 사이로 붉은 피가 방울방울 새어나왔다. 온몸의 솜털이 곤두서는 것을 느꼈다. 난 아직 외과적 처치에 서툴다. 잠시 머뭇거리는 사이, 피가 한 방울 바닥에 떨어졌다. 상처를 확인하기 위해 손목을 덮고 있는 수건을 걷어냈다. 왼손 엄지손가락과 손목이 만나는 부위가 약 5cm 정도 찢어진 채 벌어져 있었다. 날카로운 것에 베인 상처였다. 한눈에 상태가 심각하다는 것을 알 수 있었다. 어떻게 하다 다친 거냐고 물어봤다. 회색빛 눈이 나를 향했다. 그는 술을 한잔 마시고 싸우다가 홧김에 주먹으로 유리창을 깼다고 했다.

나는 그를 달래어 치료실로 갔다. 손목 밑에 바가지를 받쳐 흘러 떨어지는 피를 받았고 50㎖ 주사기에 식염수를 담아 세척을 시작했다. 식염수를 뿌려 고인 피를 밀어내자 금세 상처 깊은 곳에서부터 피가 새어나와 다시금 상처를 덮었다. 동맥에 손상을 입은 것이 분명했다.

"예전에 손가락 잘렸을 때도 선장이 바깥 병원에 안 보내줬어."

그러고 보니 환자의 오른쪽 두 번째 손가락이 짧다. 자신의 손가락을 힐끗 쳐다보는 내 모습을 지켜보며 그가 말을 이었다.

"조금 후에 선원들이 몇 명 더 올 텐데, 그때 이 상처가 너무 심해서 무조건 큰 병원에 가야 한다고 얘기해줘요. 안 그러면 여기 보건지소 확 불 질러 버릴 테니까."

갑작스런 으름장에 당황했지만, 나는 있는 힘껏 미소를 지어보였다. 배 주인들은 배에서 일을 하는 선원들이 도망갈까 봐 여간해서는 큰 병원에 보내지 않으려고 한다. 선원들은 사업 실패 등으로 재정적 압박을 견디지 못해 도망치듯 바다로 나온 경우가 많다. 선장은 될 수 있는 한 선원들을 보건지소에서 치료받게끔 했다. 하지만 실제로 큰 병원에 가야만 하는 환자가 종종 발생하는데, 그럴 때면 나 같은 보건지소 의사의 입장은 무척이나 곤란해진다.

환자는 아직 피곤한 기색을 내비치지 않았지만 상태는 한순간에 나빠질 수도 있었다. 그런 상황은 내 선에서 해결할 수 있는 수준이 아니다. 나는 상처를 입은 지 얼마나 됐는지 물었다. 약 한 시간. 시계를 쳐다보니, 바늘이 오후 2시 45분을 가리키고 있었다. 이 섬에서 육지로 가는 마지막 배는 오후 3시 30분에 출발한다. 고로, 나는 이 환자를 직접 꿰매지 않아도 된다! 어깨를 짓누르던 부담이 잦아들면서 입가에는 미소가 자리를 잡았다. 남은 시간 동안은 지혈하는 것에만 집중하자. 상처를 소독하고 멸균 거즈를 두툼히 꺼내어 상처 위에 대었다.

출혈은 좀처럼 잦아들지 않았다. 거즈를 떼어보니 상처의 어느 한 지점에서 피가 심장박동에 맞춰 연거푸 뿜어져 나오는 게 보였다. 나는 그 부위 위에 다시 거즈를 대고 손을 올려 있는 힘껏 내리눌렀다. 통증을 느꼈는지 그의 왼쪽 볼살이 실룩거렸다.

그의 손목을 잡은 채로 나는 한동안 어색하게 앉아 있었다. 진통제를 준비하는 것이 좋겠다는 생각이 들어 나는 지혈하는 것을 그에게 넘기고 장갑을 벗었다. 하지만 아직 술이 덜 깨 흥분한 상태였던 그는 나에게서 벗어나자마자 피 흘리는 것 따위에 신경 쓸쏘냐, 지혈은 안중에 없다는 듯 팔을 휘저으며 지소 여기저기를 돌아다니기 시작했다. 그는 진료실로 들어가 체중계에 몸무게를 쟀고, 세면대 앞에 서서 거울에 얼굴을 비춰보기도 했다. 그러는 동안에도 손목에서는 피가 뚝뚝 흘러나왔다. 나는 얼른 그에게 다가가 흥정을 시작했다. 그가 의자에 앉아서 가만히 지혈을 하면 통증을 가라앉히는 주사를 놔드리겠다고. 그는 나의 제안을 흔쾌히 수락했다. 거래가 성사됐지만, 우리는 악수를 나누지 않았다.

나는 주사실로 돌아와 진통제 주사를 준비했다. 3㎖ 주사기를 꺼내고 알코올 솜을 준비하는 동안, 대기실 복도에 놓여 있던 안마기가 쿵쿵 소리를 내며 작동을 시작했다. 그가 어느새 안마기 위에 올라가 시작 버튼을 누른 모양이다. 주사실 창문이 안마기 진동에 공명하면서 우르릉거렸다. 하지만 얼마 지나지 않아 창문의 울림이 멈췄고, 안마기에 흥미를 잃어버린 그는 내게로 다가와 손으로 내 얼굴을 가리키며 말했다.

"마스크 멋있네. 나도 마스크 하나만 주소."

순간 나도 모르게 손가락에 힘이 들어갔었나 보다. 딸깍. 나는 미간을 찌푸리며 신음을 뱉었다. 진통제 앰플 뚜껑이 깨지면서 그 유리 조각이 손가락에 박혔다. 나는 그에게 마스크를 건네며 손가락을 살폈다. 상처가 깊지는 않았다. 나는 핀셋을 꺼내어 유리 파편 하나를 제거하고 지혈을 위해 상처 부위를 꾹 눌렀다. 지혈은 이렇게 하는 것이라고 그에게 보여주기라도 하듯 나는 팔을 앞으로 쭉 편 채 흔들었다. 물론 그는 이미 마스크와 함께 시야에서 사라지고 난 후였다. 나는 진통제 주사를 준비하는 것을 그만뒀다. 그가 괘씸했기 때문이라기보다는, 술 자체가 어느 정도 진통 효과를 가져다줄 것이라는 판단 때문이었다. 그는 대기실 복도 끝에까지 피를 뿌려대고 있었다.

여사님의 도움을 받아 나는 그를 낚아채 손목에 압박붕대를 동여맸다. 이것으로 내가 할 수 있는 모든 응급처치는 끝났다. 남은 일은 그를 한시바삐 다른 의료 시설로 옮기는 것. 동료 선원들이 어느새 그를 기다리며 들어와 서 있었다. 그를 이끌고 지소 정문 쪽으로 나서자 선원들이 어슬렁거리며 다가왔다. 나는 그들에게 상황을 설명했다. 우선은 급한 처치만 했고, 큰 병원에 가서 제대로 치료를 받아야 한다고. 그리고 무엇보다 지혈을 하는 게 중요하다고. 그러는 동안에도 그의 손을 동여맨 압박붕대 위로 피가 넘쳐 나왔다.

하지만 젊은 초짜 의사가 하는 이야기에 귀 기울여줄 뱃사람은 그리 많지 않다. 겨우 나와 눈이 마주친 한 선원이 쭈뼛쭈뼛 팔을 뻗었지만, 그의 두 손은 환자의 상처 주변을 맴돌았다. 내가 직접 지혈하는 시범을 보여주는 게 나을 듯했다. 나는 환자의 손목을 동여맨 압박붕대 위에 내 두 손을 포개어 감싼 채 보란 듯이 힘을 주어 눌렀다. 환자의 피가 내 손등을 타고 흘러내렸다. 그 모습을 가만히 응시하던 환자는 가볍게 팔을 흔들어 내 손을 뿌리쳤다. 더 많은 핏방울을 흩뿌리려는 듯 그는 두 팔을 앞뒤로 흔들며 밖으로 나갔다. 함께 있던 선원들도 모두 뒤따라 나갔다.

순식간에 평화가 찾아왔다. 여기저기 떨어진 붉은 자취들을 일일이 찾아내 닦아내는 작업이 남아 있긴 했지만 말이다. 진료실 책상 앞에 앉은 채 잠시 숨을 고르자 서서히 손가락에 통증이 스며들었다. 아까 앰플을 열다가 생긴 손가락 상처 주변에는 핏자국이 선명하게 남아 있었다. 상처를 소독할 겸 의료 기구들을 정리하기 위해 처치실로 걸어갔다. 나는 순간 아득해짐을 느꼈다.

'방금 전 그 환자의 피가 내 상처 위로 흘렀나?'

피를 통해 그 선원이 앓고 있던 병이 내게 옮을 수도 있었다. 간염이 있으면 어쩌지? 혹시, 에이즈라면 어떻게 하지? 바로 다음 순간, 내가 그 환자를 접수도 하지 않은 채 치료만 하고 보냈다는 사실이 머릿속에 떠올랐다. 그 환자는 누구였지? 이름이 뭐였지? 나는 그저 다른 병원으로 그를 보내는 데에만 급급했을 뿐이었다. 함께 있던 여사님도 당황하기는 마찬가지였다. 곰곰이 방금 전 상황을 떠올려 보았다. 다른 모든 장면들은 선명하고도 또렷하게 재생됐다. 하지만 내가 상처를 입은 후의 상황, 특히 마지막 지혈 시범을 보이면서 환자의 피가 내 손의 상처 쪽으로 흘러 내려가는 순간의 장면만은 흐릿하게 보였다.

3.

다음 날, 익숙한 땀 냄새를 풍기는 또 다른 선원이 왼쪽 어깨에 통증을 호소하면서 진료실로 들어왔다. 어제 배 위에서 선장에게 맞았는데 뒤로 잘못 넘어지는 바람에 책상 모서리에 부딪혔다고 했다. 촉진을 해보니 좌측 견갑골 견갑극 부위에 통증이 있었다. 보다 자세한 상태 확인을 위해 x-ray 촬영을 해볼 필요가 있었다. 하지만 그는 주말까지 일이 밀려 있어서 뭍으로 나갈 수 없는 상황이라고, 그냥 센 진통제를 달라고 했다. 나는 검사를 받아보는 게 좋겠다고 그를 설득했지만 결국엔 진통제를 처방하는 것에 만족해야 했다. 이런 식의 좌절감도 금방 익숙해진다는 것을 나는 알고 있다.

소득이 없지는 않았다. 나는 이 선원이 어제 그 환자와 한 배에서 일을 한다는 사실을 알게 됐다. 자기가 일하고 있는 배에 어제 소동이 있었다고 했다. 어제 그 환자는 홧김에 유리창을 주먹으로 깬 것이 아니었다. 그는 깨진 유리로 손목을 그었다.

"어제 여기에 치료받으러 왔으니까, 그 애 봤겠네요? 무섭지 않았어요?"

그 와중에도 나는 자존심을 세우려 괜찮다는 태도를 취했다. 나는 그 환자의 상처 치료가 잘 됐는지 물었다. 하지만 정말로 묻고 싶은 것은 따로 있었다.

"어제 그분, 이름이 뭐예요?"

나는 컴퓨터 진료 검색창에 곧바로 그 이름을 입력했다. 긴장으로 인해 어깨가 움츠러들었다. 그의 이전 진료 기록을 확인할 수 있다면, 혹시라도 그가 어떠한 질병을 가지고 있는지 알 수 있을 것이다. 나는 그 이름 위에 마우스 커서를 가져다 댔다. 딸깍 소리가 나며 커서가 깜빡이자 새 창이 열렸다. 하지만 그곳에는 아무런 기록도 남아 있지 않았다.

4.

한동안 가슴이 허허로웠다. 섬이라는 낯선 곳에 부임하게 돼 처음 만나게 된 사람들, 그들은 내게 언제나 환자일 뿐이었다. 나는 그들과 전혀 다른 환경에서 자라왔고 1년 후에는 이 섬을 떠나 다른 곳으로 갈 것이었다. 이들과의 인연은 스치듯 지나치면 될 일이었다. 하지만 손목을 그은 뱃사람의 피가 내 손가락 상처 위를 흘러 지나가고 난 후, 나는 의사도 언제고 환자가 될 수 있다는 단순한 사실을 깨달아야만 했다.

타인의 혈액이 내 몸속에 흘러 들어왔다는 느낌은 쉽게 익숙해지지 않았다. 문제는 그저 시간을 보내는 일이었다. 어느 정도는 나에 대한 생각을 거둬들일 필요가 있었다. 그 일은 생각만큼 쉽지 않았지만 생각만큼 어렵지도 않았다. 나는 매일매일 최신 영화 리뷰를 반복해서 읽었다. 지금껏 거의 관심을 두지 않았던 게임을 시작했고, 몇몇 게임은 최종 라운드까지 다 깼다. 또, 나는 쉬이 읽지 못했던 소설들과 시를 읽기 시작했다. 신경숙의 소설을 꺼내 읽었던 것도 그때의 일이었다. 식사 시간이 되면 직접 요리를 했다. 요리를 한다는 것은 고도의 집중력을 요하는 일이다. 음악 치료나 미술 치료처럼 '요리 치료' 라는 것도 가능하겠다는 생각을 했다. 그리고 여전히 진료실에 앉아 환자를 봤다.

환자를 대하는 내 태도가 변했다. 한편으로 엄격한 태도를 취하며 그들로부터 거리를 뒀고 또 한편으로는 그들에게 따뜻이 다가서고자 했다. 속이 아프다며 혈압 약을 그만 먹고 싶다는 할아버지의 말씀에 나는 미간을 찌푸리며 고개를 저었다. 하지만 제대로 거동을 못하시는 할머니가 홀로 계신 외로움에 눈물을 보이실 때면 나는 그 옆에서 얼마 동안이고 손을 잡아드렸다. 환자에 대한 차가움과 따뜻함이 번갈아 튀어나왔다. 그 중간은 없었다. 환자에게 차갑게 구는 것도, 환자의 손을 따뜻하게 잡아주는 것도 결국 '당신들은 환자이고, 나는 의사입니다' 라는 외침에 지나지 않았다. '나는 아프지 않다' 그런 대답을 듣고 싶었던 것 같다.

어느새 나는 바다의 변덕을 닮아 있었다. 하늘이 '우륵우륵' 변해가는 모습은 두려운 마음마저 일게 하지만, 하늘의 변덕은 바다의 그것에 비할 바 아니다. 맑은 날의 바다는 하늘보다 맑고, 흐린 날의 바다는 하늘보다 검다. 바다는 어중간한 모습을 보여주지 않는다. 바다는 언제나 고요하고, 언제나 요동친다. 하지만 바다의 변덕이 아니라 그 깊은 수심을 이해할 때 진정으로 바다를 닮은 사람이 될 수 있을 게다. 그제야 비로소 나는 나 자신을 보듬어줄 수 있을 것이고 환자를 돌볼 수 있을 것이다. 모든 것을 끌어안는 바다처럼. 난 아직 바다의 깊이를 닮지 못했다.

어느 날, 진료를 마치고 관사로 올라가는 나를 할머니 한 분께서 불러 세우셨다. 할머니의 손에는 수박 한 조각이 들려 있었다. 할머니는 고생한다며 내 어깨를 토닥여주고는 집으로 돌아가셨다. 할머니의 두 눈이 짙은 회색빛으로 빛났다.

주치의 그리고 가짜 보호자

이현동 (제주 한마음병원 외과 과장)

"저 혼자 살고 있고요. 누가 여기 추천해서 왔으니 또 다른 더 큰 병원으로 가라는 말은 하지 마세요. 가라고 해도 안 갈 겁니다. 여기서 할 수 있는 것까지만 다 해주시고요. 할 수 없는 게 있다 해도 어쩔 수 없네요."

진료실에서 그 여자 환자와의 첫 대화는 이렇게 시작됐다. 지금까지 이런 환자는 없었다. 자동적으로 '어디 불편해서 오셨어요?' 라는 의례적인 질문을 해야 하는 나는 순간 적당한 대답을 찾지 못했다. 당황스러웠다. 환자의 얼굴을 잠시 쳐다보았다. 나이는 나보다 아무래도 몇 살 위인 50대 후반으로 짐작됐다. 아주머니도 노인도 아닌……, 호칭도 어렵네. 미인이라 할 수는 없지만 밉상은 아닌 그녀는 자기가 방금 뱉은 말이 너무 단호하고 비장해서 역시 환자가 의사에게 처음 하는 말치고는 어울리지 않는다고 생각했음인지 오히려 내 긴장을 풀어주려는 듯이 알 듯 모를 듯한 웃음을 잠깐 지어보였다.

병세는 만만하지 않았다. 밤톨보다 더 큰 혹이 한쪽 유방의 모양을 일그러뜨리고 있었고 겨드랑이 임파선도 부어 있었다. 한눈에도 내가 치료하기에는 버거워보였다. 환자가 처음 한 말이 떠올랐다. 슬며시 이유 없는, 아니 이유가 너무나도 충분한 짜증이 일었다.

'아니, 이렇게 대책 없이 병을 키우는 사람이 아직도 있다니, 생각이 있는 거야, 없는 거야? 그리고 이런 병을 나보고 알아서 책임을 지라고? 이건 대학 병원에서도 쉽지 않다고. ……그래 누군들 그러고 싶어 그랬겠어? 다 말 못할 사정이 있겠지.'

내가 머뭇거리자 그녀는 기 싸움 하듯이 다시 얼굴 표정을 딱딱하게 정비하고는 아무 데도 안 가겠다는 의사표시를 분명히 했다. 방법 없이 입원해서 CT를 찍고 PET도 찍고 수술 준비를 했다. 병세는 손으로 진찰했을 때보다 훨씬 심각했다. 흉골과 폐까지 전이가 돼 있었다. 그동안 수없이 보아온 말기 암 환자들의 마지막 모습이 빠르게 머릿속을 스치며 지나갔다.

"아니, 이걸 도대체 어떻게 하란 말이야!"

맘 약해지지 말아야지, 단단히 다짐을 하고 병실로 가서는 의사에게는 대체로 어울리지 않는 이런저런 사는 이야기를 시작했다. 고향과 직업과 지금 사는 집과 또 슬쩍 누구나 간직하고 있을 법한 젊은 시절의 사랑 얘기 등등. 경계심(?)이 좀 풀어진 그녀는 내가 다른 데로 쫓아 보내지는 않을 것 같은 믿음이 생겼는지 매우 상냥하면서 애교스럽기까지 한 어투로 꽤 많은 얘기를 털어놓았다. 나는 마치 어디선가 단서를 잡으려는 '셜록 홈즈' 처럼 그녀가 실수로라도 가족 얘기를 하도록 유도했지만 도움이 될 만한 소득은 없었다. 수술 계획에 대해 얘기를 하고 동의서 등을 작성해야 하니 누가 됐든 보호자가 있었으면 좋겠다는 얘기를 살짝 곁들였다. 순간 들려오는 까칠하고 싸늘한 대답.

"없다는데 왜 이러세요?"

조금 전까지 서로 경계심(?)을 누그러뜨리고 토마토주스를 나눠 마시던 모습은 온데간데없다. 할 수 없다. 어쩔 수 없다. 이전까지 암 환자를 만나면 암과의 싸움은 환자와 가족과 의사가 한편이 되어 연합으로 하는 거라고 그럴 듯한 위로와 격려를 했었는데. 그렇게 유방암과 싸울 우리 팀에는 가족이 빠진 채 환자와 의사로만 구성된 2인조가 탄생했고 나는 가끔 어설프게나마 가족이 해야 하는 일도 맡으면서 끝을 알 수 없는 동행을 시작했다.

그녀는 물 한 모금 먹여줄 간병인이나 보호자 없이도 힘든 수술 회복 과정을 잘도 견뎠다. 통증이 좀 줄어들고, 눈만 뜨면 매일매일 나타나 머릿속을 어지럽혔던 불청객인 가슴 혹이 확실히 떨어져나 갔음을 확인한 그녀는 여성이 지닌 아름다움의 상징인 한쪽 유방이 없어진 서운함은 눈곱만치도 없을 만치 명랑해졌고 회진 때마다 장난기 어린 말과 행동으로 같은 병실에 있는 다른 환자들까지 즐겁게 했다.

'암 자체는 다 치료하지 못했지만 일단 마음은 치료했네.'

약간 우쭐한 기분이 들었다. 아무리 외면하려 해도 옷을 갈아입을 때나 목욕할 때, 때론 일을 하다가도 가슴에 툭 튀어나온 멍울이 만져지거나 생각날 때면 그날 하루 생활은 엉망진창이 되었겠지. 다른 암 환자에게서는 이런 마음의 고통을 내가 앞장서 정도 이상으로 짊어질 이유도 마음도 없었다.

초반기 치료는 순항했다. 수술 후 항암 치료도 종양내과 처방을 받아 전부 내가 해야 할 만큼 그녀는 나 이외에 자기 투병 생활에 끼어드는 것을 싫어했고 그 까탈스런 성격에 부담이 조금씩 생기는 것은 어쩔 수 없었다. 특정 환자에게 이렇게 밀접히 얽히거나 정도 이상 에너지를 많이 소모하면 안 되는데. 몇 차례 항암 치료를 하자 그녀의 작은 얼굴에 주름이 많이 지고 체중이 줄며 수척한 모습이 역력했지만 머리칼이 다 빠져 반짝거리는 머리는 오히려 귀엽기까지 했다. 폐에 전이돼 있던 결절이 눈에 띄게 줄어든 CT 사진을 컴퓨터 화면으로 보며 설명을 들을 때면 마치 병이 다 나은 것처럼 좋아해서, "아니, 그래도 아직 멀었다."고 김새게 하고 싶지 않았다. 항암제 치료를 받기 위해 한 달에 한 번씩 입원과 퇴원을 반복할 때면 작은 옷가방을 하나만 달랑 들고 씩씩하게 갔다가 마치 가족처럼 반갑게 인사하며 오곤 했다.

"우리 과장님 먹으라고 이거 사 왔어. 간호사 언니랑 같이 나눠 먹어."

어느덧 슬며시 나에게 반말도 섞어가며 버릇없이(?) 굴기도 했다. 아니 감히, 내가 너무 허물없이 대해주었군. 그렇다고 당장 그러지 말라고, 그러면 안 된다고 할 용기도 없었다. 그렇게 일 년이 지났다. 그동안 좋아진 CT 사진을 보며 그저 좋게만 생각하고 다른 의심은 애써 하지 않으려 했지만 종양내과 선생님이 협진의뢰지에 써 놓은 의견 한 줄은 머릿속에서 떠나지 않았다.

"very high risk patient. cure chance, unlikely. trial chemo recommended (매우 위험도 높은 환자. 완치 가능성 적음. 항암 치료 시도 권유)."

이런 예민한 뒷얘기는 보호자에게 해주어야 하는데, 나 혼자 볼 수밖에 없었다. 가짜지만 당장은 내가 보호자에 가장 가까운 사람이니까. 폭풍전야 같은, 그런 기운이 어딘가 한쪽 구석에 숨어 있음을 느끼며 한 달 뒤 내원 예약을 해주곤 했다. 뿌리가 뽑히지 않더라도 그대로 더 타오르지 않고 얌전히 10년만 있어주길, 아니 5년만. 기적이란 것도 있잖아……. 이런 바람은 의사의 것이 아니고 보호자의 몫이 아니던가. 나는 종종 혼동하고 있었다.

항암제 치료를 끝내고 호르몬제 치료로 전환하면서 여전히 한 달에 한 번 검사를 위해, 때론 지친 몸을 추스르기 위해 병원에 오곤 했다. 그 한 달 동안은 환자를 잊고 지냈다. 어디 가서 무슨 일을 하는지 묻지 않았다. 가짜 보호자와 진짜 보호자의 차이인가 보다. 틀림없이 일정한 직업은 없는데 치료비는 연체하지 않고 퇴원할 때마다 작성해준 입원확인서로 보험금을 타는지 꼬박꼬박 지불하고 있었다.

그렇게 조용하게 지나가던 병세가 어느 날 추적 진료를 위해 찍은 CT에서 악화되기 시작했다. 가슴이 철렁했다. 나는 의사의 냉정한 과학과 보호자의 간절한 비과학적 감정이 뒤엉켜 있는 기분으로 숨죽이고 있던 잔불이 아주 조금 살아날 기미를 보인다고 얘기해주었다.

"에이, 괜찮아. 과장님이 처음에 6개월 살면 잘 산다고 말했잖아. 벌써 일 년도 넘었는데 뭐. 그리고 그동안 보기 싫은 혹 안 보고 편하게 살았다고."

숫제 대놓고 반말이네. 악화되는 암 환자 앞에서 말투를 좀 고치라고 말할 기회는 사라지고 있었다. 내가 그런 말을 했었나? 그때는 냉정한 의사였구먼. 환자는 진짜인지 아니면 그런 척하는 건지 생각 외로 의연했다. 그런데 한 달마다 꼬박꼬박 오던 그녀가 어느 날은 전화만 하고 오지 않았다.

"여기 서울인데요, 다리가 너무 아파서 개인 병원에 있어요. 다음 달에 갈게요."

그러고도 한 달쯤 더 넘겨 많이 힘들어 하는 모습으로 입원한 그녀에게 진단은 골 전이로 인한 대퇴 골절이었다. 암은 사정없이 퍼지고 있었다. 대퇴골에 핀을 박는 수술을 하고 휠체어를 타야 복도라도 나올 수 있게 되자 간병인을 쓸 수밖에 없었다. 나이에 맞지 않게 수다가 있었는데 말수도 현저히 줄어들었다. 축복일 수도 있고 고난일 수도 있는 인생의 바다에서 사연 많은, 그러나 사연을 들어 줄 사람은 없는, 한 육체가 스멀스멀 꺼져가고 있었다.

어느 금요일 퇴근 무렵, 휠체어를 타고 진료실을 방문한 그녀는 발음이 분명하지 않은 말투로 말했다. 뇌에까지 퍼진 암이 자라고 있음이다.

"과장님, 나 돈 OOO원만 빌려줘. 밀린 간병인비 오늘 주고 이제 오지 말라고 하려고. 며칠 후에 내 통장으로 돈이 들어올 곳이 있으니까 그때 줄게요."

아니, 이젠 돈까지 빌려 달라고. 간병비를 나중에 준다고 하면 될 텐데. 간병인한테는 그 말 하기 어렵다는 거지. 보호자의 역할로 돌아서야 할 순간이었다. 나는 가짜 보호자인데. 즉답을 피하고 일단 가 있으라고 한 후 지갑에서 꽤 많은 돈을 꺼내 만지작거리고 있었다. 어떡하지? 망설임 끝에 나는 돈 봉투를 환자에게 전해 달라고 간호사에게 부탁하고는 집으로 갔다. 잘한 건지 잘못한 건지 갸우뚱하면서. 주말을 넘기더니 그녀는 정신이 가끔 혼미해지고 횡설수설하기 시작했다. 이제 이 여자의 생명은 얼마 남지 않았겠지. 동시에 내 머릿속에 떠오르는 반갑지 않은 생각. 내 돈도 돌려받을 길은 없겠지. 부끄럽게도 그 생각은 꽤 오래 동안 뇌리에서 떠나지 않았고 진짜 보호자도 아니면서 환자를 위해 쏟아야 할 정성과 하지 않아도 될 일 아니 하지 말아야 할 일을 혼동한 거야 하고 자책하고 있었다. 환자에게 돈을 꿔주다니.

촛불도 꺼져가기 전에는 한 번 환하게 타오른다던가. 어느 날 그녀는 고마웠다는 말과 함께 너무 아프다는 말을 모기 소리만 하게 했고 자기 치료비는 보험금에서 지급될 거라고 말했다. 하지만, "그렇다면 나한테 빌려간 돈도 줄 수 있겠네." 이 말은 할 수가 없었다.

염치 있는 사람이라면 그런 말은 하면 안 되니까. 환자의 의식이 가물가물해져가고 있을 무렵 내막을 아는 한 간호사가 내게 돈을 가져다 줬다. 다 잘 해결됐다고.

소독약 냄새 진하게 풍기는 중환자실에서 그녀는 가족 누구의 배웅도 받지 못하고, 주치의이자 가짜 보호자가 바닷가에서 열리는 동굴음악회에 가 있는 동안 먼 길을 떠났다. 그렇게 나와는 아무 관계도 없는, 아니 근 3년 동안 너무도 관계가 있었던 그녀는 생을 혼자서 마감했다.

한참이 지난 후 내 이야기를 들은 아내는 내가 생각지도 못한 것을 말해주었다.

"그녀가 죽기 전에 돈을 돌려받았다고 말해줬어야 했나 봐. 이 세상 떠나면서 반말하던 주치의에게 돈도 못 갚고 간다고 마음에 걸리지 않았을까?"

가짜 보호자의 마음이 편하지 않다. 거기까지 마음을 쓰지 못했다. 그리고 분명치 않은 상대에게 화를 내본다. 도대체 어떻게 살았기에 마지막 가는 길 지켜줄 사람이 하나도 없는 거야?

제11회 장려상 수상작

'내 안의 또 다른 나' 와의 조우

최혁기 (지안이비인후과 원장)

책상에 앉아 컴퓨터 모니터를 켠다. 지난 새벽 환자와의 실랑이로 지친 내 온몸을 훑고 기도를 빠져나오는 한숨이 탁한 월요일 아침 공기에 섞인다. 일반 병원에 근무하는 3년차 공중보건의사에게 월요일 아침은 월요일이 주는 일상적인 답답함 이상의 암울함으로 다가오곤 한다.

"흉터가 전혀 안 남을 수는 없습니다. 하지만 조금 남아도 머리카락 때문에 가려져서 보이지 않을 겁니다."

"꿰매기도 전에 책임지기 싫어서 말하는 것 좀 보게. 허! 하여간 요즘 의사들은……."

머리카락으로 인해 잘 안 보이는 부위이므로 걱정하지 말라는 당부에, 이른 새벽 두피에 3센티미터 열상으로 내원한 남자 환자의 반응은 까칠하다. 정성스레 봉합을 하고 나서도 언짢은 기분은 쉬 가시지 않았다. 곧 동이 트고, 쪽잠도 없이 진료실에 앉자, 한 주가 끝나가는 금요일 저녁인 듯 피곤이 밀려왔다.

"의사 나오라 그래. 어디 의사가 '수두' 도 진단을 못해?"

불현듯 들리는 맞은편 내과 진료실 앞에 선 어느 환자의 고성이 녹진한 내 온몸의 세포를 긴장으로 가득 채운다.

"내 딸이 얼마나 고생했는지 아냐고……. 다른 병원 가니까 보자마자 금방 아는 걸 못 찾는 게 의사냐?"

무한대의 폭력적 언어를 난사할 준비가 된 화난 환자 보호자에겐, '수두' 란 병은 초기 피부 병변이 심하지 않아 열과 두통으로는 진단이 어려운 것이라는 설명이 들리지 않는다. 얼굴에 붉은 수포가 잡혔을 즈음, 다른 병원을 내원해서 '수두' 라는 진단을 받았다면, 그에겐 우리 병원은 돌팔이로 여겨지게 마련이다.

지난주에는 환자 보호자가 일반외과 맹장수술 집도의의 멱살을 잡는 모습을 보았다. 환자를 데리고 늦게 도착한 환자 아버지가 맹장이 터져 복막염이 된 이유로 한 시간 동안 수술 준비 시간을 트집 잡던 모습이 떠올랐다.

모든 문제는 오로지 의사의 잘못으로 치부된다. 인터넷이 제공하는 온갖 정보를 등에 업은 환자들에게 의사는 더 이상 전문인으로서 존중받기 힘든 세상이 됐다. 그러려니 하면서도 씁쓸하다. 사람에 대한 예의 없는 사람들에겐, 나도 딱딱해지고 차가워질 수밖에 없는 그런 세상이라는 생각이 든다.

'이봐, 나와 한 약속을 잊었나?'

익숙한 목소리다. 고개를 들어 두리번거렸다. 진료실 한 귀퉁이에 쪼그린 젊은 내가 앉아 나를 측은하게 바라본다. 아, 고대 아틀란티스 대륙처럼 내 의식의 수면 밑바닥에 가라앉아 사라진 줄 알았는데……. 고단한 진료로 점철된 삶 속에 나를 의사의 길로 이끌고, 힘든 시간을 견뎌내어 환자를 돌보는 기쁨을 각인시켜주던 내 오랜 등대, '내 안의 또 다른 나' 를 오랜만에 조우하는 순간이다. 어느새 처음 의사의 꿈을 품었던 그 시절, 초등학교 5학년 모습을 한 '내 안의 또 다른 나'는 예의 순수한 눈빛으로 어른인 나를 바라보고 있다.

공부할 때 쏟아지는 졸음을 참고, 지나가는 여학생은 쳐다보지도 말지며, 그저 그렇게 성실하게 열심히 공부하다 보면 '사랑하는 사람과 함께 있으면서도 300개의 근육과 250개의 혈관과 208개의 뼈를 더듬고 암기하는' 에릭 시걸의 소설 《닥터스》 속 주인공처럼 될 수 있다고 믿었던 내 꿈은, 집안의 장손인 나를 무척 귀여워하시던 할아버지의 갑작스런 작고로 인해 더욱 선명해졌다. 나는, 내가 사랑하는 사람들, 나를 사랑하는 사람들을 내 손으로 고쳐서 오래오래 행복하게 살게 해주는 그런 '의사'가 되고 싶었다.

대의적 명분 없는 그저 사랑하는 사람들을 지키고 싶다는 꿈을 위해 공부에 몰두할 수 있는 힘을 주었던 '내 안의 또 다른 나'는, 때론 운동장에서 마냥 공만 차고 싶은 나, 그림을 그리는 사람이 되고 싶은 나, 소설책과 함께 평생을 하고 싶은 나와 때론 공존하고 때론 대치했다. 하지만 '좋은 의사'가 되라 독려하는 '내 안의 또 다른 나'는 의학 전공을 결정하고 의과대학에 입학하게 했던 원동력이었다.

하지만 좋은 의사가 되어 아픈 사람을 고쳐주고 싶다는 꿈 가득했던 '내 안의 또 다른 나'는 학교 내 동아리 모임을 통해 현업에 종사하던 의대 선배들을 만나 이런저런 이야기를 나누는 순간 막연히 그리던 이상과 직접 환자를 상대하는 현실과의 괴리를 느끼며 당황하게 된다. "의사로서 사는 것이 아름답지만은 않다. 힘들지만 참고 견뎌내야 하는 순간들이 많다."는 선배들의 경험이 빚어내는 씁쓸한 소회는 "그래도 열심히 해보자."는 응원의 말과 함께 부딪치는 마지막 술잔으로 희석되기는 했지만, 그것은 이상적인 꿈만 좇아온 '내 안의 또 다른 나'에 대해 회의하게 했다.

그렇다. 이즈음이 나를 의사의 길로 이끌었던 꿈과 이상으로 가득

한 '내 안의 또 다른 나' 와는 점점 거리가 멀어지게 되었던 시작점이었으리라 생각한다. 인턴 시절 1년과 레지던트 4년 동안, '생각'은 사치였고 꼭 맞물린 톱니바퀴처럼 빈틈없이 돌아가는 시간 속에서 반성하고 내일을 꿈꾸는 '내 안의 또 다른 나' 는 내 속에 머물 공간을 찾지 못해 방황했다. 살얼음판을 걸어가는 아이처럼 조심스럽고, 숨 쉴 시간조차 주어지지 않은 듯 분주했던 전공의 4년을 마치고 공중보건의사로 병원 근무를 하는 동안, 어느새 의사로서의 꿈과 희망, 각오를 품은 '내 안의 또 다른 나' 를 완전히 잊어가는 지경에 이른 것이다.

그랬던 그가 오늘 불현듯 다시 내 앞에 섰다.

'좋은 의사란 무엇인가 고민했었잖아. 아픈 사람은 불안하고, 화나고, 힘들게 되어 있는 거 알잖아. 조금만 더 웃고, 그들의 심정을 헤아리고, 친절하게 알려준다면, 조금씩은 더 나아지지 않겠나?'

탁한 내면의 공기 속에 질식해서 죽은 줄 알았던 '내 안의 또 다른 나' 의 사람 좋은 웃음에 세포마다 찌든 노곤과 짜증마저도 녹아내린다.

"쾅!"

순간 월요일 아침의 첫 환자가 문을 '박차고' 진료실로 들어온다. 해사해졌던 마음에 다시 녹이 끼기 시작했다. '왜 문을 박차고 들어올까' 라는 생각은 '짜증' 이라는 전기적인 신호로 변환하여 신호등에 빨간불 켜지듯, 미간에 '내 천' 자를 그려낸다.

'이봐, 웃어봐. 자네뿐 아니라 환자도 서로 즐겁게 만나는 유일한 길이야.'

'내 안의 또 다른 나' 의 제안에 한숨을 크게 내쉬고, 그가 내게 보였던 사람 좋은 웃음을 무뚝뚝한 환자에게 지어본다.

"안녕하세요."

"……."

환자는 답이 없다.

"어디 아프세요?"

"……."

여전히 답이 없다.

"어디 불편하세요?"

"……목이요."

아, 그렇구나. 그래서 말을 하기가 힘들었군.

"침 삼킬 때마다 통증이 있나요?"

"조금요……."

아, 환자의 말문이 트이기 시작했다.

"아프신 지 며칠 되었나요?"

"조금 됐어요."

"음……, 조금 얼마나 되었는데요?"

"며칠 됐어요."

다시 답답증이 밀려온다. 이건 의사와 환자로서의 대화이기도 하지만 동시에 사람과 사람의 대화 아니던가.

"대략 며칠 되었는데요?"

"그냥 며칠 됐다니까요."

'이봐, 그냥 크게 숨을 한 번 들이쉬고 내쉬어봐. 그리고 다시 말하는 거야.'

'내 안의 또 다른 나'는 여전히 부드러운 미소를 띠고 나를 바라보고 있다.

"'아' 해보세요. 아뇨, 간호사 보고 하는 게 아니라 저를 보고 '아' 하시면 됩니다."

환자의 목 안은 별 이상이 없는 듯하나 소독하고 목 통증에 필요한 처치를 했다.

히포크라테스 선서 이후 환자를 위한 의사가 되겠다는 초심은 온기가 올라 불씨가 생겨 활활 타기도 하고, 가자미눈을 하고 찬물을 끼얹는 사람들에 의해 맥없는 연기만 날리며 사그라지기도 한다. 습기 없는 닭 가슴살처럼 퍽퍽한 생활 속에서 자꾸만 음지로, 자꾸만 음울한 마음 바닥으로 숨으려는 따뜻하고, 다정한 '내 안의 또 다른 나'에 대한 끊임없는 소환이 필요한 시점인 것이다.

처방전을 받으며, 환자는 인사도 없이 다시 문을 '쾅' 닫고 나간다. 하지만 '내 안의 또 다른 나'는 내게 손을 내민다. 우리는 악수를 했다. 나는 이미 더 따뜻한 미소로 다음 환자를 맞을 준비가 됐다.

"안녕하세요, 어디가 불편하세요?"

티티우스와 보데의 법칙

하주원 (강북삼성병원 정신건강의학과 전임의)

우리가 처음 만났을 때, A씨는 삶에 대한 의지가 소진된 8학기 휴학생이었고, 나는 질병에 대한 전투 의지가 충만한 전공의 2년차였다. A씨는 평소 불안하고 우울한 채로 살았는데, 한 달 전부터 잠도 못 자고 먹지도 못하고 죽고 싶다는 생각만 하게 되어 비로소 입원했다고 한다. 그럼 도대체 언제부터 재미없고 사는 게 힘들고 두려웠냐고 하자, 오래 되었다고만 하니 나는 계속 캐묻게 된다. 그래도 잘 모르겠고, 살면서 행복하고 즐거웠던 때는 아마 없었던 것 같다고 한다.

"하지만 좋았을 때도 있지 않았나요?"

질문에 A씨는 잠시 대답이 없었다. A씨가 공무원 시험을 준비하던 3년 전, 대학에 입학한 7년 전, 아버지가 돌아가셨다는 15년 전으로 같이 거슬러 올라가보았다. 마침내, 늘 바빴던 아버지가 초등학교 입학식에 따라왔던 날이 떠오르고 그때는 참 좋았다고 했다. 하지만 좋은 일을 떠올려보려고 할수록 슬프고 괴롭고 무서운 기억 밖에 떠오르지 않는다고 했다.

"A씨에게도 살면서 좋은 일들이 많았을 텐데, 지금 힘드니까 안 좋은 일만 떠오르는 게 아닐까요? 우울한 게 좋아지면 좋은 기억들이 떠오를 거예요."

그는 내 말에 처음으로 살짝 미소를 지었다. 몇 주간의 입원 치료 후 A씨는 예전보다 잘 자고 잘 먹을 수 있게 되었다. 그렇지만 여전히 밤도둑처럼 찾아오는 불안을 힘들어 했다. 죽으려고 애를 쓰지도 않겠지만 딱히 살고 싶어 하지도 않았다. 우리 병동은 담당 의사의 재량으로 휴대전화를 지니거나 혼자 산책도 할 수 있었지만, 내가 보기에 A씨는 혼자 산책하기에 위험한 상태였다. A씨는 단 한 번만이라도 혼자서 원내 산책만 하게 해달라고 졸랐다.

"A씨의 치료와 안전을 위해서입니다. 답답해도 조금 참으셔야 해요."

"뭐가 위험한데요? 저는 이제까지 울타리 없이 더 위험하게 살았어요."

A씨는 병동 생활이 답답하지만 퇴원한 후를 생각하니 더 답답하다고 했다. 병동에 있으니 많은 사람들이 함께 하고 용기를 주려고 하지만, 막상 퇴원했을 때 달라지지 않은 오래된 불안과 외로움이 다시 찾아올 생각을 하니 무섭다며 눈물을 글썽였다. A씨는 퇴원한다, 머무른다를 번복하다가 마침내 여기 있어도 밖에 있어도 힘든 건 똑같다는 말을 남기고 퇴원했다. 그 후 A씨가 외래에 와주는 것만으로도 고마웠다. 첫날 A씨가 지었던 미소가 내 말에 힘을 얻은 덕분인줄 알았다. 그러나 2년 동안 A씨에 대해서 더 많이 알게 될수록, 당시 의사의 말이 우스워서 그랬을지도 모른다는 생각이 문득 들곤 했다. A씨의 삶은 뜨거운 모래바람이 부는 사막 같았는데, 나는 자꾸 그런 사막에서 한 그루의 소나무라도 찾자고 몰아붙였으니

말이다. 나는 A씨의 삶에서 그를 괴롭힌 사람들에게 동참하지 않기 위해 애썼다. 때로는 마음이 더 편해지지 않는 것에 대해 화가 난다고 했지만 전보다는 살만 하다고 했다. 불안과 우울을 완전히 씻지 못한 채로 살았지만, 그래도 그는 잘 견뎌주었다.

전문의 시험과 출산으로 인한 몇 달간 진료 공백을 앞두고 있었다. A씨를 어느 선생님이 맡으면 좋을지 물색하고 있었다. 임신 4개월이었던 나는 어느 날 가만히 앉아 있다가 피를 쏟았다. 너무 피를 많이 흘려 아기가 죽은 줄 알고 울면서 산부인과에 갔는데, 다행히 아기는 살아 있었고 나는 한두 달 정도 침상에서 절대안정(ABR)을 해야 했다. 레지던트 시절에 절대안정이라니 꿈같은 일이었지만 상상과는 달랐다. 하루 종일 꼼짝 않고 누워 있어야 하고 씻는 것도 안 된다니 정말 갑갑했다. 책도 눈에 들어오지 않았고, 이상하게 전에 보고 싶던 영화나 드라마를 봐도 재미가 없었다. 머리 감으러 가다가 담당 선생님께 들켜서, 제발 한 번만 씻겠다고 사정도 했다. 나와 아기의 안전을 위해서이니 제발 참으라는 담당 선생님의 말은 나도 많이 해본 말이었기에 이해는 가지만 이 답답함을 알까 싶었다. 이렇게 마음대로 움직일 수 없는 상황에서, 위암 4기로 항암 치료 중이던 아버지의 병세가 악화돼 입원하셨다는 소식에 더 답답해졌음은 물론이다. 하지만 한편으로는 퇴원해서 쇠약해진 아버지를 마주했을 때의 그 무력감이 겁났다. 아직 패배는 아니라고 되뇌면서도 나의 가장 큰 울타리였던 아버지가 암세포와의 싸움에서 밀리고 있는 모습을 보는 것이 두려웠던 것 같다.

퇴원 후에도 꼼짝 않고 집에만 있던 그 가을, 그사이 아버지는 거의 20kg 가까이, 나도 10kg 정도 체중이 줄었다. 병원 밖은 그렇게 더 서글펐다. 먹고 싶은 것도 없었고 텔레비전도 재미없었다. 닫힌 병동이 답답하다고 하면서도 막상 바깥세상을 더 두려워하던 A씨의 심정을 조금 더 이해할 것 같았다. 어쩌면 A씨와 마주 앉아 있던 그때보다 더. 하지만 그런 A씨에게 시험과 출산이 있어 진료 공백이 생긴다는 인사도 못하고, 다른 선생님에게 인계도 해주지 못한 채 가을은 유유히 흘러가고 있었다. 푸른 하늘 붉은 단풍 한 번 구경하지 못하고, 따가운 햇살 아래 한 번 걷지 못한 내 생활과는 상관없이 가을은 흘러갔다. 본래 개인의 운명과 상관없이 계절이 바뀌고 세상이 돌아가는 것이었다. 이 단순한 소외감을 오래전부터 생활의 일부처럼 느꼈을 A씨를 생각하니 가슴이 아팠다. 내가 쉬는 시간에 깔깔거리며 도시락을 까먹던 시절에도, 과외비를 모아 배낭여행을 다닐 때도, 회진 무리의 맨 끄트머리에서 뛰어다녀도 흰 가운 입는 게 마냥 신난 실습 학생 시절에도, 레지던트 합격 소식에 괜히 영어 교과서를 처음부터 읽다가 포기했을 때도, A씨는 그 어느 곳에서 계속 외롭고 힘들게 살고 있었던 것이다. 이 단순한 소외감 속으로 들어가는 데 너무 오래 걸렸다. 이제야 A씨가 신고 있던 빗물 젖고 낡은 신발을 잠깐이나마 신어본 느낌이었지만, 모든 것을 바꿀 수 없다는 사실이 절망적이었다.

만삭인 채로 부친상을 치르고, 전문의 시험을 치고, 아이를 낳고 다시 돌아왔을 때, 봄꽃이 지고 있었다. 몇 달간 병원을 비우고 다시 진료를 시작한 의사의 외래는 한가했다. 어떻게 알고 A씨는 다시 와주었고, 우리는 반년 만에 다시 만났다. A씨는 인사도 없이 사라진 나를 조금 원망했지만, 그래도 기다렸다면서 웃었다. A씨가 입원했을 때 봤던 것과는 분명히 다른 미소였다. 하지만 내가 오히려 눈물이 날 뻔했다. A씨의 이야기를 듣고 싶어야 하는데, 도리어 내가 왜 그럴 수밖에 없었는지 한없이 이야기하고 싶었다. A씨는 완전히 낫지는 않았지만 취직을 했고 담배를 끊었다.

하지만 나는 왠지 A씨의 지난날과 더불어 내 지난가을이 떠올라서 너무 힘들었다. 내 입장에서는 빨리 나았으면 좋겠다는 마음에 했던 말이 그를 힘들게 하지 않았을까 걱정투성이였다. 나는 한 계절만으로도 그렇게 힘들었는데 A씨는 어떻게 그렇게 오래 힘들 수 있었을까, A씨를 볼 때마다 슬퍼졌다. 다음 진료 때, A씨가 나에게 무언가 달라졌다고 하기에, 역시 내가 깊이 공감했던 그 경험이 전달됐나 보다 싶었다. 하지만 그보다는 내 태도가 조심스러워졌다며, 자기가 나을 수 없다고 생각해서 포기하는 건 아니냐고 물어서 난 깜짝 놀라고 말았다. A씨를 더 잘 이해할 수 있던 그 공감의 기회가 더 도움이 될 줄 알았는데, 그렇다고 더 큰 도움을 줄 수 있는 것은 아니었다. 참으로 이상했다. A씨의 문제는 아니었다. 갇혀 있던 두 달간의 우울감, 아버지와의 이별, 나 자신에 대한 실망과 후회를 시험과 출산에 쫓겨 제대로 정리하지 못한 내가 문제였다. 과도한 감정이입은 어쩌면 A씨를 위한 것이 아니었을지 모른다.

큰 병을 앓아본 의사가 가장 좋은 의사라고 늘 말씀하시는 교수님이 계신다. 왜 하필 큰 병을 '앓아본' 의사일까 궁금했는데, 이제야 알 것 같았다. 그리고 큰 병을 '앓고 있는' 의사가 가장 좋은 의사라고 생각하지는 않는다. 힘든 상황에서 둘 다 주저앉아 울고 있어서는 아무것도 해결할 수 없기 때문이다. 결국 의사는 공감과 객관성의 줄타기 속에서 가장 좋은 지점을 스스로 찾아야 하는 것이었다.

나는 A씨와 같은 경험을 할 수 없다. A씨를 돕고 싶지만 매일 함께 있을 수 없다. 우리에게는 각자의 몫이 있었다. 태양을 빙빙 돌며 티티우스와 보데의 법칙에 따라 각자의 위치를 지키는 행성처럼, 너무 멀어져서도 가까워져서도 힘든 것이 의사와 환자의 관계일지 모른다. 그러므로 대신 느낄 수 없고 완전히 함께 할 수 없다는 사실을 절망으로 받아들일 필요는 없을 것이다. 아기의 손을 잡아줄지언정 억지로 걷게 하고 말하게 할 수 없는 것처럼. A씨도 나도 아버지의 마지막 고통을 대신할 수 없었던 것처럼. 저마다의 궤도를 이탈하지 않고 반짝이는 별처럼.

*티티우스 보데 법칙(Titius-Bode law) : 태양계 중심으로부터의 행성 위치를 나타내는 법칙. 지구를 1번 행성으로 하고, 지구와 태양 사이의 거리를 천문단위인 1AU(약 1억4,960만km)로 나타내면 n번째 행성의 평균 거리를 공식 '$a=2^n \times 0.3+0.4$' 로 나타낼 수 있다.

제11회 장려상 수상작

아가야! 사랑한다, 그리고 고맙다

황종윤 (강원대병원 산부인과 교수)

밤샘 야간 당직으로 지친 나는 다음 분만을 기다리면서 분만장 창밖으로 보이는 바깥 풍경을 바라본다. 밤새 내린 하얀 눈은 삭막하고 분주한 병원을 포근하게 감싸면서 온 세상을 하얗고 평화롭게 만들었고 마음까지도 한결 차분하고 부드럽게 만든다. 하지만 창밖의 평화로운 풍경과는 다르게 분만장 안의 풍경은 매우 분주하다.

분만 대기실에는 진통에 고통스러운 임신부의 고함 소리와 이를 안타깝게 바라보는 남편들, 임산부를 도와주면서 분만을 준비하는 간호사, 산부인과 의사들의 움직임이 뒤섞여 매우 소란스럽다. 이윽고 분만이 임박해서 모든 분만 준비가 끝나면 그동안의 분주함은 사라지고 아이가 탄생하기 직전에는 잠시 극도의 정적이 흐른다.

이윽고 아이의 울음소리가 들리면 나는 굉장히 큰 함박웃음을 지으면서 눈을 살포시 뜨는 아이를 가슴으로 꼭 껴안으며 말한다.

"아가야! 사랑한다, 그리고 고맙다."

첫 번째 하는 말은 세상에 처음으로 태어난 아이에게 내가 전해주는 세상의 첫 메시지이고, 두 번째 하는 말은 아이가 건강하게 태어난 걸 고마워하는 나의 마음이다.

산부인과 의사 13년차인 내가 처음부터 이랬던 건 아니다. 이런 나를 만들어준 날은 2009년 12월 어느 날. 오늘처럼 눈이 많이 내린 날이었다. 그날도 다른 어느 날처럼 새벽에 울린 휴대전화 벨소리에 계속되는 야간 분만으로 지친 나는 습관적으로 전화기에 대고 "응, 바로 나갈게."를 외치고 있었다.

하지만 전화기 너머 다급히 들리는 응급실 인턴의 목소리는 야간 분만이 아니라 임신 4개월 임신부가 6층 집에서 떨어져 다발성 골절로 응급실로 내원했고 그래서 임신부의 상태 및 태아의 이상 유무를 진찰해달라는 것이었다.

급하게 응급실로 달려가 보니 20대 후반의 젊은 임신부가 고통에 찬 얼굴로 진통제를 포함한 모든 약을 거부하고 있었다. 고통스러운 그 순간에도 자신의 몸보다는 아기의 건강을 걱정하면서 산부인과 의사인 나를 기다리고 있었다. 내가 태아에게 문제없는 약이 있다는 설명을 하고서야 임신부는 안도의 한숨을 쉬면서 진통제를 맞고 다소 안정을 되찾았다.

환자의 상황은 예상보다 심각했다. 단순 X선 촬영에서 양쪽 대퇴부 및 골반 골절이 진단됐고 내부 장기 출혈을 확인하기 위해서 컴퓨터 단층촬영을 실시한 후 응급수술을 시행해야 했다. 컴퓨터 단층촬영은 비록 교과서에는 태아에 안전하다고 쓰여 있지만 되도록이면 임신 중에는 촬영을 피하라고 되어 있는 진단 방법이다. 하지만 임신부의 생명을 위해서는 피할 수 없는 과정이어서 최대한 방사선 노출을 피한 채 촬영하고 태아 초음파를 시행했다. 다행히 아이는 문제가 없었다.

문제는 여기서 끝나지 않았다. 골절 복원 수술이 남아 있었다. 수술 중에는 임신부가 한 자세로 오랫동안 누워 있어야 했기에 태아에게는 매우 심각한 상황이었다. 그래서 나는 하루 종일 정형외과 수술실 옆을 지키면서 수술 한 단계, 한 단계 끝날 때마다 초음파를 통해서 태아와 산모의 안전을 지켜봤다. 다행히도 수술은 문제없이 끝났다.

그렇게 6주간의 병원 입원이 끝나고 퇴원해 임신부는 산부인과 외래로 산전 검사를 받기 위해서 정기적으로 내원했다. 수술 후유증으로 잘 걷지 못해서 목발을 짚어야 했고 의자에 앉고 일어설 때마다 통증으로 얼굴이 일그러져 있었지만 항상 내원 할 때마다 "우리 아이 괜찮겠죠?"라고 눈가에 눈물을 맺히면서 물었다. 나는 "걱정하지 마세요. 괜찮을 겁니다."라고 힘주어 임신부에게 답해주었지만 그 말은 임신부뿐만 아니라 나를 향한 자기 최면이기도 했다.

태아독성학을 전공으로 했던 나는 통계상으로는 기형의 확률이 낮지만 실제로는 어느 누구도 그 어떤 방법으로도 태아의 안전을 100% 확신할 수는 없고 추측만 가능할 뿐이라는 사실을 너무 잘 알고 있었다. 임신 중 컴퓨터 단층촬영도 마찬가지였다. 컴퓨터 단층촬영의 안전 기준도 일본 원자폭탄 투하 때 나온 근거와 동물 실험을 통한 근거이지 실제 인간을 대상으로 한 실험은 아니었다. 의료윤리 문제 때문에 인간을 대상으로 한 실험은 할 수가 없다. 이런 연구 결과의 한계를 잘 알기에 마음 한구석에는 태아 기형에 대한 걱정으로 조마조마했다.

임신부가 외래를 보고 간 날에는 밤에 아이가 건강하게 태어난 꿈과 태아가 기형으로 태어나는 꿈을 번갈아 꿨다. 누군가가 그랬다. 산부인과 의사는 임신 10개월을 임신부와 같은 고민을 하기에 의사-환자 관계가 다른 의사들보다 훨씬 가까워서 꿈에 나타난 것이라고……. 그렇게 남은 6개월을 임신부와 같은 고민을 하고 걱정을 하면서 분만일을 기다렸다.

임신부는 골반 골절 후유증으로 자연분만이 어려운 상황에서 제왕절개술을 결정했고 드디어 수술 날 아침이 됐다. 그날도 아침부터 눈이 내리고 있었다. 나는 여느 수술과는 다른 마음으로 수술실에 들어갔지만 임신부를 향해서는 "다 잘될 겁니다."하고 외치면서 수술을 시작했다. 그리고 얼마 후 아이를 꺼내서 아이의 얼굴을 보는 순간 아이가 눈을 한 번 뜨더니 나를 향해 찡그리고 곧이어 큰소리로 울어 젖혔다.

그 순간 나도 모르게 아이를 가슴에 껴안고 나온 한마디.

"아기야! 사랑한다, 그리고 고맙다."

아이의 건강한 모습에 엄마 눈에서는 눈물이 쉴 새 없이 흘렀고, 이런 위대한 모성애를 바라보는 간호사, 의사들도 감동받았는지 수술실 안에 있던 모든 사람의 눈에는 눈물이 맺혔다. 창밖에는 아침부터 내린 눈이 쌓여 온 세상을 새하얗게 만들었다.

그리고 그날의 감동은 매너리즘에 빠져 있던 나에게 산부인과에 지원했던 초심을 일깨워주는 계기가 됐다. 돌이켜 보면 이 세상에 처음 나오는 아이가 제일 먼저 만나는 사람은 산부인과 의사인 나였다. 그런 아이에게 항상 기쁨을 주고 희망을 줬어야 했는데 지금껏 너무 무미건조하게 분만을 받았던 건 아닌지 다시 한 번 생각하게 됐다. 서로가 경쟁만 해야 하는 이 사회에 아이가 처음 태어나서 듣는 말이 사랑한다는 말이면 아이는 얼마나 행복할까? 그날 이후로 나는 아기가 태어날 때마다 내가 줄 수 있는 최고의 선물인 "아기야! 사랑한다, 그리고 고맙다."는 인사를 외치며 가슴 깊이 꼭 껴안아주면서 내 스스로에게 말한다.

"넌 참 운 좋고 행복한 놈이야. 매일 아이에게 사랑의 메시지를 전해주고 너도 매일매일 행복해지니까."

그리고 덧붙인다.

"너! 산부인과 하길 정말 잘했다."

곡진한 경험에서 나오는 진솔한 이야기

황동규, 성석제, 손정수

우리는 올해 투고된 83편의 글을 읽으면서 여태껏 느껴왔던 의사들의 곡진한 경험으로부터 흘러나오는 진솔한 이야기의 감동에 더해, 이번에는 특히 자신의 경험을 표현하는 기교가 점점 더 풍부하고 세련되어 가는 것을 기쁜 마음으로 확인할 수 있었다. 그런 맥락에서 투고된 글들을 읽는 일은 이전에 비해 더욱 즐거웠는데, 우리의 시선이 유난히 오래 머물렀던 다음 네 편의 글에 대한 감상으로 그 즐거움의 일부를 드러내고 싶다.

〈내 환자이자 스승인 그녀에게〉는 환자 모녀와의 지속적인 관계를 통해 의사와 환자 사이의 진정한 관계에 대한 소중한 깨달음을 나눠주고 있다. 스스로의 몸을 가누기도 힘들면서 오히려 의사인 '나'를 걱정해주었던 그 환자는 교과서적인 치료를 기계적으로 수행하던 '나'에게 환자의 삶의 질이 중요하다는 것을 가르쳐주었고 주치의로서 환자와 그 가족들과 인간적인 관계를 쌓아가는 과정을 경험하게 해주었던 것인데, 이 글은 그 교감의 과정을 대화와 서술을 교차시키면서 자연스럽게 표현하고 있다.

〈참 말 안 듣는 환자 연대기〉는 군대에서 축구 경기 중 발목을 다치는 바람에 환자들의 세상 한복판에 놓이게 된 어느 군의관의 이야기다. 그 세상 속에서 '나'는 의사들을 평가하는 환자들의 목소리를 듣고 새삼 놀라기도 하고 스스로 '말 안 듣는 환자'로 지내면서 치료 지침이라는 것들이 얼마나 지키기 어려운 일인지 몸으로 경험하기도 한다. 이 글은 환자의 시선으로 의사를 바라볼 수 있었던 그 경험을 탁월한 재치와 유머 가득한 문장에 담아 들려주고 있어 의사들의 글이 보여줄 수 있는 유쾌함의 새로운 경지를 느끼게 만들었다.

〈초대〉 역시 한 초보 의사의 재미있는 경험담을 들려주고 있는데 이 글에서는 무엇보다 간암 말기 환자와 초보 의사 사이의 수평적이고도 다정한 관계가 신선했다. 이 글은 차마 의사라고 부를 수도 없는 처지였기에 오히려 가능할 수 있었던 그 관계를 통해 '때때로 환자와의 소통을 걱정하지만, 어쩌면 우리가 자신하고 있는 우리의 지식이 그들을 있는 모습 그대로 볼 수 없게 하는 것이 아닐까' 하는 상념을 떠올리고 있는데, 그 내용과 더불어 대화의 생동감과 내적 독백의 실감을 십분 활용하는 세련된 서술 방식도 이 글에서 감상할 만한 부분이다.

〈어머니와 아들〉은 가족과 이념으로 인한 갈등으로 막상 의대에 진학하고서도 의사가 될 뜻이 없었던 '나'가 한 흑인 혼혈 환자와 그 어머니를 통해 의사로서의 정체성을 점차 갖게 되는 과정을 마치 소설과도 같은 정확하고 절실한 문장에 담아 그리고 있다. 그 과정에서 '나' 역시 어머니, 그리고 돌아가신 아버지와도 화해를 이루게 되고 구체적인 삶과 세상 속에서 겸손하고 따뜻한 의사로서 살아가고 싶은 기대와 희망을 품기에 이른다. 문장도 그렇거니와 굴곡진 삶의 사연을 표현하는 이 글의 실감은 한 편의 소설을 방불케 했다.

각자 채점한 점수를 합하여 비교한 결과 〈어머니와 아들〉이 대상으로, 나머지 세 편이 우수상으로 결정되었는데, 수상 여부를 떠나 투고된 글들 모두가 수준이 고르게 높아서 의사들의 세련된 교양을 새삼 확인하는 한편, 이제 11회를 맞이하고 있는 이 수필문학상의 존재 이유에 대해서도 뿌듯한 확신을 가질 수 있었다.

이런 품격과 세련미를 갖춘 이야기들을 읽으면서 우리는 이제 좀 더 욕심을 내봐도 좋은 단계에 이른 것이 아닌가 하는 생각을 가져보기도 했다. 의료 현실에 대한 의사로서의 진단과 통찰을 담은 무거운 수필도 시도해볼 만하겠고, 혹은 그러한 경험의 모티프를 살려 본격적인 소설 창작으로 확장시켜도 좋지 않겠나 하는 의견을 나눴다. 내년에는 더 다양한 내용과 스타일의 글을 기대해도 좋을 것 같다.

심사위원장 : 황동규
심사위원 : 성석제, 손정수

황동규는 시인이자 서울대 영문과 명예교수와 예술원 회원이다. 서울대와 동 대학원 영문과를 졸업했고, 1958년 시 〈시월〉 〈동백나무〉 〈즐거운 편지〉 등으로 등단했다. 지은 책으로 시집 《삼남에 내리는 눈》(1975), 《악어를 조심하라고?》(1986), 《몰운대행》(1991), 《풍장》(1995), 《버클리풍의 사랑 노래》(2000) 등 10여 권과 산문집 《삶의 향기 몇 점》(2008) 등이 있다. 현대문학상, 이산문학상, 대산문학상, 미당문학상 등 문학상을 7회 수상했다.

성석제는 소설가다. 연세대 법학과를 졸업했고, 1986년 시 〈유리 닦는 사람〉, 1995년 단편 〈내 인생의 마지막 4.5초〉로 등단했다. 지은 책으로 《홀림》(1999), 《내 인생의 마지막 4.5초》(2003), 《황만근은 이렇게 말했다》(2002), 《소풍》(2006), 《참말로 좋은 날》(2006) 등이 있다. 한국일보문학상, 동서문학상, 이효석문학상, 동인문학상, 현대문학상, 오영수문학상 등을 수상했다.

손정수는 문학평론가이자 계명대 문예창작과 교수다. 서울대 공법학과와 동 대학원 국문과를 졸업했고, 1998년 〈조선일보〉 신춘문예로 등단했다. 지은 책으로 평론집 《미와 이데올로기》(2002), 이론서 《개념사로서의 한국근대비평사》(2002), 《텍스트의 경계》(2002) 등이 있다.

한미수필문학상 작품집 네 번째

사진관 앞 떡볶이집

지은이 | 권준우 외 37명의 의사들
펴낸이 | 이왕준

펴낸날 | 1판 1쇄 2012년 8월 25일

펴낸곳 | ㈜청년의사
출판신고 | 제313-2003-305호(1999년 9월 13일)
주소 | (121-829) 서울시 마포구 상수동 324-1 한주빌딩 4층
전화 | 02-2646-0852
팩스 | 02-2643-0852
이메일 | books@docdocdoc.co.kr
홈페이지 | www.docdocdoc.co.kr

ISBN 978-89-91232-45-7 03810